近代史资料

Sources in Modern Chinese History

中国社会科学院近代史研究所《近代史资料》编辑部 编

总134号

中国社会科学出版社

图书在版编目（CIP）数据

近代史资料．总 134 号／中国社会科学院近代史研究所《近代史资料》
编辑部编 ．—北京：中国社会科学出版社，2016.8
ISBN 978 – 7 – 5161 – 8875 – 0

Ⅰ．①近…　Ⅱ．①中…　Ⅲ．①中国历史—近代史—史料
Ⅳ．①K250.6

中国版本图书馆 CIP 数据核字（2016）第 213337 号

出　版　人　赵剑英
责任编辑　李尔柔
责任校对　宗　合
责任印制　张雪娇

出　　　版　中国社会科学出版社
社　　　址　北京鼓楼西大街甲 158 号
邮　　　编　100720
网　　　址　http://www.csspw.cn
发 行 部　010 – 84083685
门 市 部　010 – 84029450
经　　　销　新华书店及其他书店

印　　　刷　北京君升印刷有限公司
装　　　订　廊坊市广阳区广增装订厂
版　　　次　2016 年 8 月第 1 版
印　　　次　2016 年 8 月第 1 次印刷

开　　　本　880 × 1230　1/32
印　　　张　9.875
插　　　页　2
字　　　数　257 千字
定　　　价　42.00 元

目　　录

锡良函稿（五）………………………… 锡　良 著（1）

李用清家书二十四通 ……………… 谢冬荣 整理（80）

六二回忆（三）………………………… 李景铭 著（101）

英国与国民政府的战后处置

　　——英国外交档案选译 … 甄小东　侯中军 编译（172）

赛珍珠致美国政府的备忘录 ………… 张民军 译（233）

清华大学留学史料选编 …………… 金富军 整理（242）

孙中山佚文《还我自由禁烟主权》 … 丁义华 译（302）

钱穆佚文《苦学的回忆》 … 陈　勇　孟　田 整理（304）

锡 良 函 稿（五）

锡 良 著

33．复安西满函
光绪二十八年三月十八日

敬启者：

顷奉惠书，备聆种切。泌阳一节，前已檄委陈、马道督率印委各员，带同兵练，严拿首要各犯；并将各处教堂随时保护，教民妥为抚恤。兹迭据南阳各印委先后禀报，席小发一名已先前拿获在案。嗣于初九日三更时分，缉获在逃要犯朱书堂一名；又于初十日在王冲地方诱获吉四妮一名；并探知张云卿仍在高、程二店及竹林一带地方游匿，即购同眼线，分投密访，一得该匪下落，即会营兜拿等情。除电饬朱、陈道等，限半月内逐节藏事，再迟严参外，查此次教案事起仓猝，既不能平情办理，防患未然；又不能尽法严惩，补救于事后，以致执事苶劳特甚，心殊不安。惟有仍饬该印委等密速严拿，不使要犯有所漏网，以副雅命耳。

来示谓上谕内开各节，尔时适甘肃平罗、广东南雄等处教案纷起，而泌阳事又乘其后，为此发凡起例之言，或职是故耳。至敝处并未据有禀呈，亦未登诸奏牍。执事胸襟浩落，尤弗以此介怀，是为祷盼！

把总时秉泰、哨长毛文炳等已撤参查办。至其前此与张沄卿结盟滋事，蓄意已久，兹仅咎其不能速为办理者，因恐操之过激，或更滋生事端，不得不审慎周详，期于无弊而已。祈明公有以谅之为幸。

陈道、钱令所遗难民银米各项，亦缘此辈遭此无妄之灾，妥为抚恤，理亦应尔。区区之数，承蒙齿及，滋愧实多矣。手此布复。

再启者：

承示毛州牧大猷一节谨悉。查该牧行止不端，前已劾参在案。兹蒙贵主教殷殷垂念，一片劝善公心，不觉流露楮墨，深为钦佩。惟该牧平日所言所行，绝非谨饬一流，殊有难于原宥者。愿执事绝不与交，弗为盛德之累，尤为至属。合并奉闻。

附：安西满函
光绪二十八年三月十八日到

敬启者：

泌阳一带匪徒仇教，惨无天日，渥蒙檄委陈、马两观察督同许多兵练，远临剿办，足见麾下于慎固邦交之中，兼寓怀柔远人之至意。望风百拜，结篆五中。惟是两观察初临时，匪徒尚知敛迹，似识法律所不容。继则日久，伊见按兵不动，无心进剿，更为猖獗。复造谣言，兵来不与交战，兵去复行烧煞。难民愈为惊惶，邻近为之震动。

两观察意欲将被烧房屋先行修起，俾灾黎各归旧业，暂为和解。远人再四熟思，设如此办理，窃恐匪胆益炽，蔓延难图，波及邻邑，将来更不可收拾，何以安良懦而警刁风。伏乞麾下柱石长才，速筹尽善尽美之法，即将滋事各凶犯务获到案，尽法惩办，拯孤苦于水火，睹天日于有期。设使凶犯一日不获，则难民一日不安。故临颖不禁为无数灾黎九叩首也。

所有泌阳滋事罪魁名目，前经禀明交涉局，想已转禀麾下矣。兹复开具罪魁名目三纸及禀帖一件，呈请鉴核。

日前新野钱明府闻敝处告急，慨馈大米千斛、白面千斤，作为抚恤难民之助。真所谓周急之君子，扶困之仁人，令远人心折奚似。并以布陈。

前函缮就，忽承陈观察惠赐千金，俾资赡养，并谈及拟于初十日亲诣泌阳查办，十日内定行获到首要张云卿等语。泐笺再陈。

敬再启者：

顷读京电第十九号上谕内开："据每有莠民借入教为名，横行乡里，倚势作威，无端构讼，一不遂意，则以肤受之愬，恒使教士闻之不平，代为申理。平民被抑，积愤滋多"一节。捧读之余，诚惶诚恐。即照入教章程而论，必先察其人之性情善恶、行为臧否，然后酌其入与不入，如是可谓莠民得而及门乎！况遇有交涉异端应办案件，未尝不先查其详情，再请地方官持平剖断。如遇有田产细故案情，敝处原不预闻。况亦屡次出示晓谕各教民，毋得横行妄作有干禁例之事。设有一不遵乎法度之处，亦未尝不交地方官严行责办。凡敝处行于地方官文件，均盖有洋字印信，以别真伪。如无洋字印信者，皆系假冒微名，则与远人无涉。即如泌阳先行被杀教民顾姓一家，前于二十六年构衅时，因各邻里以其素行良善，竭力保护，故未曾被抢财物，被扒房屋，伊亦未有控告情事。今则突然被杀，邻里救护无及，至遭此惨。如是可谓教民横行所致乎？如张云卿二十七年八月十五日同石广谦藉仇教为名，竖旗造反，冬月二十八日又复聚众，本年二月初八日再行聚众。烧堂、杀教、攻城各不法情事，皆缘该匪系保甲房书，先以当地税契情事，造有谣言多端，民心已为移动。及费大令莅任后，复造谣言云："此系洋官。"民情更为煽惑。该匪又与泌阳城守汛时把总秉泰结为盟好。滋事之先，时把总已得详情，而竟隐匿不报。及围城之际，该把总又与驻防之毛弁文炳互相退缩观望。其意何居，是所不解。况去岁敝处即闻有该张匪欲动之信，屡禀请该地方官速为办理，该地方官竟慢若罔闻。所以酿成此巨祸也，则于远人何尤焉！谁氏安禀麾下，致有此番上谕。远人遭此无妄之咎，是不得不详陈巅末，想麾下襟怀朗朗，必不以佞口好辩见责也。

另再启者：闻毛州牧大猷卸事后，亦曾微服妆扮某江湖样，暗偕其在任时队伙，驰赴泌阳一带访拿宜办首要。所闻如是，再肃以闻。

附：南阳天主堂禀

敬禀者：

为烧杀掳掠、聚众扒堂，恳缉例办，以敦和议而全保护事。缘二月初八日，讵有泌阳叠次纠众竖旗造反、抄杀教民、拆毁教堂之房书张沄卿者，恃与该县把总时秉太、带哨毛文炳等会盟为护符，终日聚饮，弊朦上宪，延不踩缉，是以凶横，肆无忌惮，遍行转［传］单，邀集席小法等党恶匪首四十余名，督率数万余众，猖獗仇教。适将桐柏、唐县、泌阳等处教民杀焚抄掠，抛尸、犬吃、掷火焚烬者有之，并有投井溺死者，诛戮全家无遗者，财物罄掠，男逃女散，无家可归者，难以枚举。可痛教民无辜，冤遭如此。敝堂远人，亦知中律：杀人者抵偿，抢掠斩决，放火者不赦，聚众者必诛。房书张沄卿竖旗造反，纵火杀人，俨如宋江之叛，胆率众匪，攻围泌城。该县总役李殿芳、王建中、侯得印多人，亦同扒毁西关教堂；并有劣绅朱铎、王汉洲、王拱辰、焦允文等憎恨县令藏匿教民，逼令驱逐城外、任匪杀戮未允。该绅等与匪勾通，显而易见。况把总时秉太，何以张云卿未乱之先，预将家口送归府城，与匪串谋更可知也。串匪勾匪，杀人造反，枭首凌迟，亦难尽其罪矣。且张云卿已于去年八月十五日同石广谦竖旗造反，即经敝堂禀控，未加深究。嗣于敝堂和处后，自思返悔，冬月二十八日复又聚众，几乎闹出奇祸。数次禀追，仍无严究，以致酿成巨案。

目今略呈大概情形，但匪首名数，教民被杀几人，分堂拆毁几座，房屋焚烧几间，财物抄掠多寡等数，尚未查明。讵敝堂未得速查详细者，的因匪首张云卿闻各宪统兵往该处群拿，奔逃确山，沿途筵请匪党，散布流言，煽惑民心，各隘险卡匪守截抢，探报不便，一时实难详查。确山分堂教士已逃该城内矣。今确境尚属安靖，而泌阳虽蒙大帅赏兵驰泌弹缉，匪众仍不畏法，时常造谣暗害，以致教民依然昼夜惊慌，陆续奔逃敝堂不已。若不正法示众，终难相安。刻已派人前往详查，俟查实后，再为禀明。肃此丹禀。

34．致蓝斯明①函
光绪二十八年三月十九日

泌事日久，尚无头绪，令人焦急。以惨杀教民多人之重案，若使首要各犯终不就获，竟无收束之法。近来各处禀报，不能得该匪实在踪迹，有谓仍在高、程二店及竹林一带地方游匪者。台端与陈道、马道曾否会商，设法向该处访拿。

把总时秉太闻其本知该匪详情，隐匿不报，驻防之毛弁炳文退缩观望，贻误事机，均有应得之咎。应请阁下即将该二人暂行看管，一俟查明实情，再行核办。事关重要，勿令得间逃逸。是为至要。

————————

　①　蓝斯明，时任南阳镇总兵。

35．札南阳府速讯席小发等

光绪二十八年三月十九日

案查前据该前府禀，提审泌阳县滋事匪犯席小发，开具供折，请照章惩办缘由到本院。据此，当因供甚含糊，并未指出伙匪姓名及首要逃匪处所，批饬该署府确讯另禀。今已半月，未据禀办，实属任意迟延，不知缓急。纵或该匪刁狡，亦可按照安主教暨该前府查开各逸犯姓名，逐一指明诘讯，使之无从遁饰。即泌阳县姚令报获之朱书堂等，并由营获送之李六，尤应作速饬讯禀办；一面设法密拿首要各犯，务获究报，方足以昭惩创，合行排递四百里飞札严催。札到，该府立即查明，克日提讯禀办；一面督饬所属会营严密查拿，毋再延宕；已获之犯，迅即研讯禀报，均勿违延，至干参咎。切切！特札。

札行南阳府四百里马递粘排单。

泌阳县逆匪名目：张云卿、高玉昌、席小法、李继善、朱书堂、李宾如、王泽钧、张应和、吴万生（系泌城西关保宗）、张应科、胡四、丁永年、王小光棍、王明魁、张金声、张华荣、姚鹿、张三迷（系张云卿之胞弟）、张七迷（亦云卿之弟）、李国彦、季四妮、邢三、王六、李六、官凤山、梁八、雄五寅、褚百申、张七乌

唐县逆匪名目：罗振杰、杨正宪、杨正谓、李云三、郝道衡、石明俊、郝生钦、何振立、郑三大王、薛二炮、安自荣、郝二立、贾劳井、安三把鞭、卢六才、李运三、郝生莲

泌阳城南高、程店地方逆匪：程劳八、程劳十、吴劳八、胡二少、丁玉美

以上系教堂派人查明确实者。

桐柏县逆匪名目：李忠、刘廷炳、刘廷彪、李狗、王玉钟

泌阳计开匪首名：张云卿、张振川、张三迷、张七迷、席小法、赵清法、周富中、彭三声（大古城）

桐境：杨正宪（杨庄寨）、杨天宾、杨天章、安三鞭（安棚）、罗六耶、张振坤、史润生、姚金川、姚鹿、王二楼、王小孩、李国彦、王六、李六、季四妮、程劳十、胡二少、李继善、范芸周、李三化

泌境：方殿用（大磨）、张世忠（江沟）

唐境：王集王姓、郝店郝姓、毕店王好意

计开匪首名目：

席小法　已获。

张云卿　泌阳东关，系保甲房书。

张振川　张云卿之子，系烧杀顾姓、叶姓领人之首犯。

罗振杰　唐县罗庄，即罗六耶，系主使杀邓魁保者。

罗臭粪　罗振杰之胞侄，系杀邓魁保之正凶。

胡二少　泌阳高店上二门，名惠南，号克庵，系烧毁顾姓、叶姓之首。

程劳十　泌阳程店三座屋，名义奇，系烧杀顾姓、叶姓之首。

杨正宪　唐县杨庄。

杨心灵　杨正宪之孙。

毕锡魁　泌阳王集北毕店。

朱振纪　唐县聚众之首，先勾结之人。

安四把鞭

褚百申　泌阳褚湾人。

丁玉美　杀死师文铎之正凶。

吴劳八　被逼胁从。

以上十五名，系傅太守在泌现查明开来者。

附：南阳府知府宋承麟禀讯席小发情形

敬禀者：

窃卑府于初四日回府，清理积牍，初九日又赴泌阳，已将公出日期具报在案。席小发一犯，获案之后，讯供甚属含混，究其党羽姓名，不肯吐露。卑府此次到泌，督同姚令提席小发逐细研供，仍狡猾如前。兹复悉心推问，据供与张沄卿商谋纠合起事，内有唐县罗六爷即罗振杰、罗臭粪、安三秃，泌阳县人胡二少即胡会南、李宾如、李纪善、程劳十即程义岐、褚百申、南方策并张沄卿之徒李应芝，共计十人，转约乡民逼胁同行毁堂杀教，现俱不知逃往何处。诘其此外有无同谋，则称人多记忆不清。

查席小发系著名刀匪，狡黠异常。除再严行究追党羽，务得确切供情，另行开折禀报，一面督饬营县会同练军，侦探首恶张沄卿暨席小发供出之罗六爷即罗振杰等潜匿踪迹，严密拴拿，务获惩办外，合先将审讯席小发供出党羽姓名大概情形，飞禀大帅鉴核。

再，张沄卿潜藏诡秘，兵役营练责任缉捕，固无懈泄。惟旷日持久，逸匪藏之愈密，急切莫能图功。现经卑府捐廉，日购眼线，不惜重资，设法拿办，以期匪恶早日歼除，用示儆戒而安民教，并以仰慰宪廑。合并声明。

批：据禀提讯席小发，供出逸匪罗六耶即罗振杰等缘由已悉，仰仍督同复讯明确，迅即录供禀办。其供出逸匪姓名，除南方策外，均与安主教暨傅守开送各单相符。应即会营督属，赶紧设法严密查拿，悉获究报，以昭惩创。泌阳县姚令报获之朱书堂并由营获送之李六，速饬研讯禀办，均毋违延。切切！至胁从之人，从宽免究，并宜切实开导，勿听匪党谣言，致怀疑惧。其余良民，更不可稍有株连。倘各处兵勇、书差、地痞人等，胆敢借端讹诈，致使闾里不安，查明讯实，即行飞禀，就地正法，以安善良而免扰累，是为至要。缴。光绪二十八年三月二十日。

附：南汝光道朱寿镛禀查报教案情形
光绪二十八年三月

敬禀者：

窃照泌阳县匪徒纠众围城，拆毁教堂，杀死教民，焚烧房屋一案，职道前在许州途次，当将预筹办理情形禀陈宪鉴；一面密派外委赵镇海驰往侦拿匪首张沄卿务获去后，嗣蒙宪台电饬，勒限半月破获等因，遵经分别移饬勒拿各在案。

职道接篆后，将积牍清厘，即于初九日起程，次日先抵桐柏。查据该县胡令禀称：乌金沟教民顾高顺被杀，一家七命，被烧草房五十七间；并由泌阳架来教民两名，一并杀害，查系师文铎、叶劳四。该处教堂仅止门窗、檐瓦略有损坏，并未毁及房屋。现正会同王前令缉拿匪犯。

是日于平氏途次接见宋守。十一日驰赴泌阳，面晤陈、马二道，商筹办法，意见相同；并亲往西关外教堂查勘。该堂瓦房四十二间，屋顶全行扒毁，四面墙壁犹存，间架历历可数。堂内物件，经费前令先期搬移署中，未经损失，已逐件送交安西满点收。该县褚湾教民叶长荣一家四命均被杀害，业经分别验报，尚有被害教民禹九功尸尚未获。该县姚令续获匪犯朱书堂、吉四妞二名，叠经提同席小发质讯，均据供认帮同张沄卿滋事不讳，而于同伙姓名，坚不吐实。该令当将各犯供词录折呈送前来。其首要各犯仍饬设法严拿。

职道十三日抵唐县。据该县欧阳令面禀，境内黄沟、乔庄被烧教民房屋六十余间，张林庄教民邓魁保被架至小王庄杀死。刻亦比拿凶犯，堵缉各匪。三县除教民房屋被毁外，民间丝毫未扰。匪徒早已解散，地方一律安靖如常。

伏查该匪首张沄卿因与教民寻仇，纠众拆毁教堂，杀人放火，其意虽非谋叛，而围城抗官，扰及三县，惨杀多命，穷凶极恶，实属法无可宽。密访该匪尚匿泌境，委未远飏。所有赏格，该府县又各加银五百两，共有二千两之多，群图其利，争充线民，随处跟追，该匪自终难漏网。惟该匪平日以小忠小信施于邻里之间，乡愚受其欺朦，大都目为善士。职道此次亲历该县之程店、高店等处，凡乡耆来见者，无不力陈其冤，代求从轻办理。是以该匪隐匿之处甚多，内线颇难购觅。现在马步各军星罗棋布，该匪闻拿严急，更复不敢出头。昨传言该匪有愿来职道处自首之信。职道察度情形，不得不随机应变，遂于接见绅耆并提讯该匪妻子之际，佯言该匪果来投首，必当代乞恩施，意欲诱其穷蹙来归，立可就获；一面仍督饬该府县等，实力缉拿，不敢稍形松懈。职道复严札姚令熬审席小发等犯确切供词，刻速先行禀办。至泌阳被毁教堂尚存四壁，桐柏教堂损坏无多，修整尚易。

职道十五日冒雨抵宛。十六日往晤主教安西满、教士倪三多，宣布宪台德意，抚恤被难教民，并严限勒拿张沄卿及各要匪等，总期悉数弋获，尽法惩办；一面饬令桐、泌两县将教堂及教民房屋先行设法筹修。安西满等同声感激。

除将续办各情形，会同蓝镇，陈、马两道再行禀报外，合将赴宛筹办缘由，并县讯各犯供词，照录清折，禀请大帅察核，批示祇遵。

再，正在缮禀间，经南阳镇缉获泌阳东关人李六一名，业已就近发交南阳县研讯确供，录呈核办，合并声明。肃此具禀。

计禀呈清折一扣。

吉凤山供词①

据吉凤山即吉四妞供：泌阳县人，年三十七岁。父亲吉永昌，母亲刘氏。弟兄三人，小的行二，哥子吉长太，兄弟吉兴太。女人刘氏，生有子女。向在城东做估衣铺生理，并无为匪。合已革书办张沄卿平素交好。光绪二十八年二月初七日，张沄卿走去，说他合席小发扬言要向县官硬抗上年民间赔偿洋款，后被各教民查知不依，把他控县差拿，心怀不甘，现已纠允唐、桐一带莠民到褚湾、乌金沟各教堂扒毁泄忿，邀小的一同前去。小的当时未允。张沄卿即向小的吓称，如不随同前往，将来到官，定把小的供扳。那时小的心里糊涂，又想哥子吉长太上年因闹教，无辜牵案被押，尚没释回，冀图借端求放，就即允从。

到初八日，小的随张沄卿们一同前往，走到半路，因患旧疾，在途等候。至初九日，张沄卿合席小发们一同折回，又扒毁西关教堂。那时县官合营哨督带兵役，驰往扑捕，忽起大风雷雨，张沄卿们都各纷纷逃散，小的也逃往各处躲避。后闻查拿紧急，昼伏夜行，并没一定住处。

不料日前小的潜回家中探听消息，就被兵役们盘获了。今蒙审讯，小的实被张沄卿逼胁入伙，并无同谋攻城，也没杀教扒堂的事。张沄卿现逃何处不知。是实。

朱书堂供词

据朱书堂供：泌阳县人，年三十三岁。父母俱故，三个兄弟，女人田氏已死。朱怪是三弟，先没为匪。合现获的席小发及在逃的张沄卿平素交好。光绪二十八年二月初七日，张沄卿走去，说他合席小发因上年抗摊偿款，后被各堂教民查知不依，把

---

　① 以下各供词标题为编者所加。

他控县斥革差拿。他不能出头，心怀不甘，合席小发商谋纠众扒堂泄忿，邀小的同往，并说他合席小发已在唐、桐一带纠允莠民数百人。小的亦因上年闹教被牵，屡次差拿挟恨，希图借端报复，就即允从。

初七日，小的合张沄卿们分携刀械，先至褚湾教堂。那时人多势众，不知何人已扒教堂焚毁，教民杀伤。初八日，又赶到桐柏县境内乌金沟地方，大家聚齐，又把教堂焚烧。究竟当日杀毙教民几人，没看清楚。初九日，小的同张沄卿、席小发们折回，扒毁西关教堂。初十日至城下，向县官讨要城内教民放出杀死。张沄卿喝令放枪，适天时大雨，火药受潮，枪没过火。城上开放枪炮，轰伤伙匪十余人，张沄卿闻亦带伤，各自奔逃。小的也就逃往各处躲避，被兵役兜拿紧急，潜回家中探信，被兄弟朱怪盘问，声言要把张沄卿找出邀赏。小的恐张沄卿到案供及同伙，小的害怕，斥阻不听，情急顺拔身带小刀，向兄弟扑扎。兄弟转身往县前直奔，小弟跟踪追至，把兄弟扎伤倒地，当被队勇们赶上拿获。后闻兄弟伤重，移时身死。今蒙审讯，小的实止听从张沄卿扒毁教堂这一次，此外并没为匪不法及逃后知情容留的人。张沄卿们现逃何处不知道，求恩典。是实。

席小发供词

据席小发供：泌阳县人，年二十三岁。父亲已故，母亲史氏，兄弟席小振，并没妻子。游荡度日，合已革县书张沄卿彼此交好。张沄卿告说，上年不知何人扒毁教堂，教民叶长荣向主教学说诬指他主使，把他禀县饬革，屡派兵役搜拿，心怀忿恨，嘱令小的纠邀刀匪报仇。适闻唐、桐毗连高、程各村乡民，无力摊赔教案偿款，小的合张沄卿同谋倡首，乘隙煽惑，鼓众硬抗；并合张沄卿分途邀约匪人入伙，声言扒毁教堂，焚杀教民。那时村民并没答应，小的又合张沄卿向众恫吓，如不帮同助势，定要焚庄杀害。乡民惧怕，大家允从。

光绪二十八年二月初七日聚齐，先到本境褚湾，杀死教民叶长荣父子一家四命，并杀毙教民禹功九①一命，扒毁房屋。初八日，又折至桐柏县境乌金沟地方，杀毙不识姓名教民家男女七命，焚烧教民房屋不记间数；并见泌境教民叶姓、师姓二人在乌金沟，一并把他杀死。到初九日，四乡教民纷纷逃避进城，小的随同张沄卿率众来县，扒毁西关教堂；又至城下，向县官讨要教民刘万乾放出杀害，方肯罢休。县官不允。到初十日，忽起大风雷雨，村民渐渐散去。那时城上施放枪炮，把张沄卿合伙匪十余人都被轰伤。小的就喝令开枪抗拒，不料枪被雨淋受湿，多没过火。十一日，练军合本府大人带兵来到，大家害怕，分路跑散。

小的来城潜探消息，就被官兵人役们追拿擒获。胁从乡民，早都隐避，人数众多，他们姓名也都记不清楚；洋炮撩弃。今蒙获讯，据实供明，实只纠众扒毁教堂，焚杀教民，并未抢掠民间资财，亦没有心围城。张沄卿们现逃何处，不知道。是实。

批：据禀已悉。续获之朱书堂等，已据泌阳县禀经批饬研讯禀办。现复由南阳镇弋获李六一名，已交南阳县收审，即饬确讯通禀。至首伙逸匪尚多，亟应相机设法查拿，总以迅速缉获为要。一面仍察探匪踪，不露声色，严密掩捕。若辈均隶本籍，又有庇护之人，断不致远飏无迹，全在办理合宜耳。勿任宕延，致干未便。缴，折存。三月十九日。

附：参将刘水金等禀保护教堂情形

敬禀者：

窃管带水金、福田等于二月十五日接奉湖北督宪张、抚宪端

---

① 前为禹九功。

咸电开："据法领事称，河南泌阳、桐柏、唐县三处闹教，男女被害二十人，泌阳城被围危险，南阳教堂亦危等语。应派参将刘水金、游击李福田，各带马步队一百名，驰赴南阳保护教堂"等因。奉此，管带等当于次日由襄起程，于十九日抵宛。除谒文武外，即驰赴靳岗会晤安主教，述明来意，商筹驻防处所。酌定卑营均扎宛城西关，距靳冈不远，有警可以速赴防护。彼时管带等理应具禀，恭叩宪安，特以卑营甫抵宛后，泌事稍松，宪饬措置极为周密，教案一节不久想可藏事，是以未便具禀，致渎宪听。

嗣于二月二十七八等日陡起无稽谣言，均称三月三日该匪有窜攻靳岗之说据，教堂一日数惊。卑军各营日派马步精细勇丁数十名，驰往靳岗周围远近，相机弹压，以免意外之虞。及至是日，管带等督率弁勇，亲赴靳岗巡视一切，以防不测，至戌刻无事始返。此后教堂意见渐归安谧。讵世事变迁靡常，直延至前二十八日，居然接仗。所幸宪廑先事预防，百密曾无一疏。该匪屡经挫折，余党各自鼠窜，计图漏网。泌案现已就绪，不久谅可议结。所有卑军两营赴宛事宜与在防情形，合肃禀陈。

批：据禀已悉。泌匪滋事，密迩郡城，该营马步自襄阳远道而来，藉资镇慑。此事在鄂督部堂、抚部院顾念邻疆，拨营分布。该管带均能不辞劳瘁，周历巡防，深堪嘉许。现在宛郡一带安谧如常，该管带防护之力为不少也。此缴。

36．复安西满函
光绪二十八年三月十九日

接到惠函并公牍一件，清单三纸，具悉一是。张沄卿等聚众仇教，为王法所不容，本部院当将泌令费鸿年参革留缉，南阳府换员接缉要犯；并一面咨行南镇，派委陈道、马道，分带防练各营，迅来滋事地方，弹压查缉。盖以凶徒聚众，人心惶骇之际，必须先行镇慑解散，保全未经被害之教民，然后乃可徐拿毁堂杀教之凶犯。席小法、吉四妮、朱书堂三名业经拿获，其余张沄卿等，近闻仍在本境地方游匿，已严饬文武各员，合力访拿，务获惩办；并将寄来三单，抄行各处，一体捕缉矣。教民闻谣惊恐，情殊可悯，必将匪党严拿歼除，不使死灰复炽，庶期民教永远相安。现在各该营弁，分途密访，其意在务得案内真犯，尽法惩办，以儆将来。若皂白不分，一意搜捕，真匪未得，徒激众怨，非教民之福也。

另笺所录上谕数语，是贵主教误会语意。朝廷之意，欲使平民、教民毫无畛域之分，共享和平之福，而后贵主教等来华传教之意，乃可使人人群相敬信，教之所传，亦必日益宏远。其恐入教之莠民欺压平民，以败坏传教之道，亦如恐不入教之莠民逞忿于教民，败坏地方之事也。贵主教试取上谕全语读之，其意自见，奈何略叙数语，以词害义，辜负朝廷保教之心乎！

至泌事初起，本部院即据实上陈，并将地方官奏参缉匪，并无他言。原折业经分别咨行，可考而知。朝廷以甘肃平罗、广东南雄教案方见，而吾河南又有泌阳之事，遂下此筹保民教之谕旨，其优恤远人不可谓不至。贵主教更奈何误会谕旨，兼多余疑乎！

贵主教住中最久，受恩亦深。本部院则忝抚斯土，无论入教不入教，无非吾之部民，固当彼此申戒爱护，同以除莠安良为心。张云卿等教堂之仇人，即中国之叛逆，非严行拿办，无以绥靖地方。被害教民，贵主教所伤心，亦即本部院所轸念，必设法保全，乃可消除后患。此固本部院与贵主教所应共尽之责也。除饬各镇、军、道、府、州等严缉各匪，以期速了此案外，先此奉复。

再，毛革牧大猷因其声名狼藉，经本部院奏参，奉旨革职，驱逐回籍，不应仍在宛南一带逗遛。此人品行不端，贵主教万勿因其小事殷勤，误相亲近，致累盛名。素佩台端正直公平，为省垣同官所推许，特此据实直言，希仔细访查，即知所言之不虚也。

37. 札交涉局饬属张贴告示
光绪二十八年三月二十一日

照得泌阳闹教滋事匪首张沄卿等，至今在逃未获，在事各员何以缉捕无能至于此极，令人愤懑！而兵勇书差，缉匪不足，转恐藉端扰害无辜，是坚愚民、党匪之心，何时是获匪之日？言之诚堪痛恨！合亟刊示札发。札到，该局立即转发泌阳、桐柏、唐县以及邻近州县，遍行张贴，务使绅民晓然于官之注意缉匪，严禁扰民，庶几良莠分明，不相连累。斯访拿有下手之处，而捕犯无结党之虞矣。该文武印委各员，宜将此意切实到处开导，仍将告示粘贴处所办理情形禀报查考，切切！此札。

计发告示六百张。

附：南汝光道朱寿镛等会禀办理唐县截差情形

敬禀者：

本年三月十七日，职道等访闻唐县差役赴乡拿人错误，被乡民聚众追截，将差役扣留情事。当因未据该县禀报，正在饬查间，次日晤南阳蓝镇面称：据练军马步各队哨禀，三月十四日，唐县差役赴县属安棚西北四里之杨庄寨，缉拿张沄卿匪党罗振杰、杨正宪等未获，将杨正宪年约十五六岁之孙拿解赴县。讵罗振杰等聚集各村联庄会多人追赶，行至贺店，扣留落后之差役十一名。适署南阳府宋守由唐县回郡，询知该守是晚即住安棚，已禀请马道派队弹压，业经拨派马队前往各等情。

职道等会商，当以安棚等村与泌阳之高店、程店相隔不远，泌匪甫散，首要在逃，深恐闻风响应，再滋事端。即经飞函马道，赶派队伍弹压，并分驻桐柏之乌金沟，泌、桐交界之平氏等处。该两处均离安棚二十余里，扼要防范，消息灵通，以杜勾结四窜。一面出示晓谕，并饬县赶往解散去后。十八日戌刻，南镇马兵王弼臣自泌阳来郡禀，嗣经安棚首事安修衡等往杨庄寨陈说利害，罗振杰、杨正宪等尚知畏惧，已将联庄会人众陆续解散，扣留之差役全行送还，恳求调回马队等语。南阳蓝镇亦据该营哨官等禀报相同。

职道等伏查唐县杨庄人杨正宪、杨心灵，罗庄人罗老六即罗振杰、罗臭粪，均系教民邓魁保被杀案内要犯，因安西满切嘱拿办，该县欧阳令是以访查踪迹，派役掩捕。讵差役等事机不密，致该犯等翻墙脱逃，遂将杨正宪之孙混拿搪塞，又为村众追截扣留差役多名，大属不成事体。现查业已解散，送还各差亦经马道讯明遣回，已照旧安静。而该差等办事荒谬，几酿巨祸，应令该县严行究办；并饬讯明杨正宪之孙，如无为匪，即行开释。所有各犯仍饬照案设法缉拿，毋任漏网。联庄会名目，于地方贻害非轻，尤应檄饬该府严行禁绝，以净根株而弭后患。除分饬遵办具报外，合将会同办理唐县杨庄村民聚众截差情形，禀陈大帅察核，批示祗遵。

敬再禀者：

卷查唐县人罗振杰，系邓魁保案内主使，罗臭粪系下手正凶，杨心灵、杨正宪系聚众首要，均经傅守查禀有案。安西满屡以该犯等未获藉口。此次该县欧阳令查明踪迹，并访知泌匪程劳十即程义奇亦匿该寨，饬役往缉，意在速擒，尚属勇于任事。而差役等操切从事，殊非该令意料所及，情有可原。现在民众业已解散，地方安静，尚乞格外成全。理合附禀。

批：禀悉。唐县差役查拘要犯一无得手，仅将杨正宪年甫成丁之孙混拿搪塞，殊属可恨。该署县签差不慎，亦难辞咎，姑念意在速擒要犯，从宽免其记过。仰将办事荒谬各役，饬发南阳府宋守提审。若讯有藉端骚扰情事，立置重典，毋得稍涉宽纵。现获一犯年仅十五六岁，是否即属随同滋事之杨心灵，抑系该役等任意妄指，应即切实讯明。如无匪为，罪不及拿，即行传饬妥人具领开释。仍饬所属将首要各犯设法严密查缉，务获究报。兵勇差役倘敢妄拿无辜，牵累农懦，随时会督访办，以防流弊而息事端，是为至要。并饬宋守将办理情形飞禀查考。缴。三月二十一日。

38．严禁兵役讹索告示
光绪二十八年三月二十一日

为严禁事：

照得泌阳闹教，只许严拿首要，至被胁勉从人等，概勿株连。诚恐兵勇书差不遵约束，藉端扰害，波及无辜，亟应出示严禁。

为此仰军民人等知悉：倘有地痞棍徒，勾通兵勇、书差人等，藉搜查逸匪为名，任意讹索扰累，许尔等据实告官究办，即置重典，决不姑宽。尔等亦不得窝藏匪党，自干罪戾。如能将首要匪犯擒献，或密送确信，定照赏格优给赏银。各宜懔遵毋违！特示。

39．复安西满函
光绪二十八年三月二十六日

展诵琅函，备悉种切。就维起居牧善，道履绥和，忭如所颂。

启者：泌阳滋事各犯，迭经严饬地方文武悬赏购线，不遗余力，设法缉拿，迄今未获，焦灼万分。此事变起仓猝，锡令未能消患无形，已另核办。费令疏于防范，经本部院奏参，仅予撤任留缉，原属从轻，钦奉特旨革职，系为顾念邦交起见。幸有留缉一层，费令果能奋勉图功，将首犯张沄卿等克期擒获，藉赎前愆，即可为开复地步，方合例章。此中曲折，费令自必深知之而力勉之也。专此布复。

附：安西满来函
光绪二十八年三月二十五日到

不奉光仪，瞬经半载，每缅尘教，辄殷蚁慕。比维公私叶吉，为颂以慰。

敬启者：窃本年二月间，唐、桐、泌匪人扒毁教堂，杀害教民，前经禀恳饬办在案。兹查张沄卿起祸之根，实由上年泌阳锡明府办事疏虞，漫不经心，纵匪所致。且张沄卿系该县房书，迭次造谣聚众，屡由敝处函请太尊饬办，并请锡明府赶紧拿获究办。当时甚易，讵皆置若罔闻，是以案悬未结，以致恶胆益张，激成巨案。复查底细，咎在锡令。逆匪张沄卿虽欲起事，何不在于去冬二十八九间聚众之时，亦不在锡令交卸之际，而竟于锡令去泌之后，思无袒护，突生此变。锡令同情，显而易见。况费令到任月余，并无办理不善之处，讵被革职留缉。议其中情由，的系从中捏禀，咎归费令，以图卸己罪之地步耳。第此次闹教，事起仓猝，彼时苦无兵力，又兼众寡不敌。况费令昼夜守城数日，视势危急，使队勇开放大炮，匪众始退，城池幸未失陷，万民得生，即附近教民均被护迎署内，未得杀害，著有劳绩。已将拿获首犯席小发讯供不讳。似此情节，犹有可原可惜之处，远人不得不代为陈白之。用敢函祈大人恩施格外，一俟案有端倪，赏将费令开复原职，以昭公允。是否有当，尚乞酌夺，弗敢安窘也。

40．咨南阳镇设法缉拿张沄卿

光绪二十八年三月二十八日

为咨明事：

照得泌民仇教滋事，案情甚重。将近两月之久，而首犯张沄卿等在逃未获，不惟事难归结，窃虑因循日久，枝节横生。贵镇久历宛南，素娴方略，于唐、泌地方情形、营练属员能否，自必深悉，必不至仅凭弁勇之搪塞，以为查无踪迹，遂可畏难苟安。应如何指授机宜，择能驱使，总期首要速就擒获，方于营汛地方两有裨益。

至把总时秉泰等，前据交涉局转详，曾经咨请确切查明，并因勒限届满，咨请开送衔名各在案，相应咨催。为此合咨贵镇，烦为一并咨复，以凭核办。本部院不为已甚，即因缉匪获惩，仍准其奋勉图功，以观后效。其防绿各营，现派何员承缉，何员派赴何处踩访，暨如何设法购拿，仍希妥速筹画，迅即咨报，望速望切施行！

41．札赵尔丰①密查泌阳教案

光绪二十八年三月三十日

为札委密查事：

照得泌阳闹教一案，至今月余，首匪张沄卿等仍未缉获，以致案无收束。不知该文武印委各员以及防绿各营所司何事，殊堪痛恨！亟宜委员前往密查，合即札委。札到，该道立刻束装前往泌阳一带查勘办理情形，据实飞禀查考，以凭核办，毋稍徇延。切切！特札。

---

① 赵尔丰，时为永宁道道台。

附：南阳府泌阳县会禀研讯匪犯情形

敬禀者：

窃照前获刀匪席小发与匪首张沄卿同谋倡首扒堂杀教一案，节经监提席小发复鞫，供词异常狡猾，研讯伙党亦不肯吐露实情。嗣经访获伙匪朱书堂、吉四妮、王耳篓到案，禀蒙本府下县督同卑职提犯，悉心研诘环证。该犯席小发无可抵赖，始据供出张沄卿所纠伙党罗六爷即罗振杰、罗臭粪、安三秃、胡二少即胡会南、李宾如、李纪善、程劳十即程义歧、褚百申、南方策、李应芝等十人，并该犯纠邀之著名惯匪刘四即刘汶明、赵小黑、赵守发、曹劳大等四名。其余分纠伙匪姓名，再四穷究，坚称实系当日一时号召，记忆不清。因该犯伤未平复，未便过事刑求，当将该犯等分别监禁。业将续获伙犯究出余匪情形，驰禀宪鉴在案。

伏查该犯现供张沄卿所纠伙党罗振杰等十人，多居唐境安蓬及泌境边界，与唐、桐毗连之程、高二店附近。因地处偏僻，路径纷歧，易于窜匿，非多募得力眼线，设计诱拿，难期就擒。当蒙本道暨本府面授机宜，督同卑职，密派亲信友丁，带同线勇，改装分投探捕。兹据该线勇崔毓庚等面禀，于本月十三日傍晚，踩至唐境所属之北宋庄地方，侦知惯匪刘四纠领匪类在宋光显家盘踞讹闹，勒派酒饭，伊等踵至捕拿。该匪瞥见，赶出放枪拒捕，幸未伤人。适豫正军队闻风驰至，一同围捉。讵该匪党合力拒斗，仅将匪犯刘四一名擒获，余匪逃窜。时因昏黑，追捕无踪。当在刘四身上搜出单筒洋炮一杆，一并送案。

提验该犯并无拷刺痕迹。讯据刘四供称：伊上年与同伙赵小黑、赵守发、曹劳大等在唐、桐一带截夺过客银钱，约共十余起，并在乡僻孤庄屡向居民讹派钱饭。嗣被兵役捕拿，逃往山西省解州境内藏身，又行劫过客两次，均不记年月日期、事主、地名。本年二月初间，潜逃回家。那时席小发走去，说好友张沄卿因抗摊教案赔款，被教民指控差拿，不能出头，心怀忿恨，嘱他代约同伙前往扒堂杀教泄忿。伊即允从，当转邀赵小黑、赵守发、曹劳大等入伙。至本月初七日，齐赴楚洼、乌金沟、西关各处，帮同扒堂杀教等语，直认不讳。质之前获之席小发等供亦相同。

查该犯现供平素叠次讹抢，已属罪不容诛。迨潜逃回家，辄复听从席小发转纠伙党，帮同扒堂杀教，后又盘踞宋光显家讹派酒饭，被兵役围拿，尤敢喝令匪党放枪抗拒，实属凶暴昭著。若久羁囹圄，设或一旦瘐毙狱中，深恐幸逃显戮，应与前已复讯明确之匪首席小发、朱书堂二名，并请速正典刑，以昭炯戒。

除仍选派线队，不动声色，密访查拿逸匪张沄卿等务获究报外，所有此次续获帮同扒堂杀教要犯刘四即刘汶明一名，现讯供情，合肃驰禀大帅鉴核，俯赐批示祗遵，实为公便。

批：禀悉。该县续获刘四即刘汶明，既讯系惯匪，自应迅速严惩。至前获之席小发等先经批府督审，旋据朱道禀称，拟即亲赴该县勘办，批令录供禀夺。今朱道正在办理秋审，如尚未提讯禀办，仰南阳府宋守亲赴该县，立即督同将席小发、朱书堂、吉四妮、王耳篓暨现获之刘四，一并提询切实研讯，照章按拟，飞速禀办，以昭炯戒，毋再展转延宕。仍严密缉拿首要张沄卿等务获究报，并由县申报司、道、交涉局查考。缴。三月三十日。

附：唐县知县欧阳明禀讯杨新朗情形

敬禀者：

窃查卑职前因派差张万林等缉拿闹教案内逸匪罗正杰、杨正宪等，曾经谆谕不动声色，严密掩捕，不准张皇骚扰。该差等旋将杨正宪之孙杨新朗拿获送案。嗣因往拿罗正杰，致被罗正杰纠众将张万林等追获诬匪，送交马道宪营中，业经通禀宪鉴在案。兹蒙马道宪将张万林等发回，提同杨新朗悉心研鞫。

据杨新朗供称，年十七岁。伊祖杨正宪，伊父杨天昭，堂叔杨天宾，堂兄杨心鉴，族中并无名杨心灵之人。今年请泌阳王楼秀才毕泛舟即毕锡魁在家教伊读书。同学十人，惟伊一人姓杨。张沄卿滋事之时，令席小发约伊同往。伊不允，席小发即欲将伊杀害，伊无奈，全家逃往南山躲避。听说黄沟一带房屋是张沄卿领人烧毁。邓魁保系罗振杰在小王庄杀害。

质之差役张万林等供称，伊等奉差往拿罗正杰等，去有三十余人。十四日连夜到罗庄，见罗正杰门首摆列许多抬炮，未敢骤拿。随转到杨正宪庄内，查找杨正宪无获，因将他孙子杨新朗拿获送案。伊即协同驻扎安棚练军前往搜拿，罗正杰预先躲匿，练军即时回防。伊等往饭铺吃饭，不料被罗正杰探知，率领多人赴彼捉拿。伊等且拒且走，及至贾庄，都被捉获，诬为匪徒，交与韩哨官带营。伊等并无骚扰情事各等语。再三究结，坚供如前。

查前奉本道札饬查拿逸匪粘单内开：杨心灵系杨正宪之孙，为程劳十等主谋之毕锡魁，系杨心灵之师。今所获之杨新朗讯系杨正宪之孙，毕锡魁系其业师，同学十人仅伊一人姓杨，其族中并无名杨心灵之人。且杨正宪仅此一孙，正与奉饬查拿之杨心灵恰相符合，其为杨新朗即系杨心灵无疑。惟杨新朗年仅十七，迭次研讯，坚供并无随从滋事，似未便遽事刑求，致滋冤滥。余将杨新朗及差役张万林等遵照宪批，解府讯办，并仍设法购线，严密查拿首要各犯务获究报外，所有讯供情形，理合开具供折，禀呈大帅鉴核示遵。肃此具禀。恭请勋安，伏乞垂鉴。除禀藩臬司、交涉局、本道、本府外，卑职明谨禀。

谨将研讯拿获闹教案内匪杨正宪之孙杨新朗及差役张万林等供词，开具供折，呈请宪鉴。

计开:

据杨新朗供:小名高升,住尖庄,十七岁,尚未娶妻。祖父杨正宪,祖母吴氏,年均七十一岁。父亲杨天昭,母亲李氏,年均四十七岁。堂叔杨天宾,堂兄杨心鉴。别没兄弟。族中并无名杨心灵的人。小的上学五年了。去年在桐境新集从李元宾上学,今年请泌阳王楼秀才毕泛舟即毕锡魁在家教读。同学十人,独小的一人姓杨。本年三月间,张沄卿要向教堂闹事,令席小发约小的入伙。小的不允,他就要把小的杀害。小的无奈,全家逃往南山躲避。听说二月初八日张沄卿纠约罗庄罗正杰即罗劳六、程劳十等千余人,先到乌金沟将顾姓一家杀死。安三把鞭、李士英同往靳庄,向邓魁保生气,因罗正杰未到,没敢动手。邓魁保系罗正杰拉至小王庄杀死。黄沟一带房屋,系张沄卿领人烧毁。后到泌阳滋事,连看的有数千人。皆小的听人说的。本年三月十五日天将明时,被差役张万林们把小的拿获。小的实没随从闹教情事是实。

据差役张万林、夏长林、王国忠、王志贤、刘光亮、赵光兴、夏长兴、王长法、孙进朝、谢振江、杨德全同供:本年三月十三日,奉差密拿罗正杰、杨正宪们,小的共去有三十余人。十四日,连夜到罗庄,见罗正杰门首摆列许多抬炮,未敢骤拿。随转到杨正宪庄内,查找杨正宪没在家中,就把他孙子杨新朗拿获,派差先把他送案。小的即求驻扎安棚管带练军程总爷帮拿罗正杰。总爷允从,当派六人先去探信,总爷带领练军合小的们随后俱到,哪知罗正杰预先得信躲匿,没得拿获。总爷带领练军即时回防。小的们合他且打且走,及至贾庄,小的们俱被捉获,其余差役都得逃脱。罗正杰把小的们带到他家,派人看守。后来诬为匪徒,把小的们交给韩哨官带至营中。今蒙解回提讯,小的们实没藉端骚扰情弊。至罗正杰、杨正宪门首所放抬炮,小的们因系军器,且恐藉此滋事,把杨正宪抬炮拿走三杆,罗正杰抬炮拿走二杆，都交与安棚练军收存是实。

批：据禀已悉。该县以杨正宪仅只一孙，族中又别无名杨心灵之人，证为杨新朗即系杨心灵无疑。惟年仅十七，且复讯无相从滋事确供，何得遽以罪名相加。仰按察司速饬署南阳府宋守，迅即提案复讯。如无相从滋事确供，仍即遵照前批，取保省释。一面仍饬该县设法缉拿各逸犯，务获究报，毋得稍涉逡延。切切！缴。折存。光绪二十八年四月初三日。

附：南汝光道朱寿镛禀将席小发等正法

敬禀者：

案查泌阳县匪徒张沄卿，起意仇教，纠合刀匪，拆毁该县教堂，杀死教民叶长荣父子四命、禹功九一命，扒毁房屋，窜扰桐、唐两境，杀死教民顾高顺男女七名，并叶劳七、师文铎、邓魁保等，焚烧房屋，临城抗官一案，经该府县禀蒙宪台分派马步各军弹压解散，悬立重赏，勒限严拿首要。即经各军会同该县等缉获要匪席小发、刘四、朱书堂、吉四妞、王耳篓及形迹可疑之赵福旺等，先后共计十一名，并经南阳镇获匪李六一名。前据该县开录席小发供折，禀请就地惩办，蒙台批府复讯禀办等因。职道到宛后，并饬该府提同续获之刘四等一并审办去后。兹据该署府宋守将席小发、刘四、朱书堂三名，审明确供，开折禀请提勘前来。经职道提犯，逐一亲加复鞫，据供无异。

查该犯席小发、刘四系著名刀匪，犯案累累，此次胆敢纠约伙党，帮同张沄卿扒毁教堂，惨杀教民多命，焚烧房屋，又复临城抗官，实属罪大恶极。朱书堂听纠入伙，在场放火杀人，且因其弟朱怪欲报官缉拿张沄卿，该犯将朱怪追至县前，用刀扎毙，亦属同恶相济，均应照土匪例就地正法。主教安西满屡以办犯迟延藉口。现查张沄卿在逃未获，该匪席小发、刘四、朱书堂三名业经职道隔别研讯，所供纠伙滋事情形如出一辙，正犯无疑，未便稍稽显戮。职道于讯供后，即饬该县姚令将各该犯绑赴市曹处斩，传首犯事地方，悬杆示众，以昭炯戒。其余吉四妞等各犯，饬令该府县复讯，分别拟议禀办，并会营上紧勒拿张沄卿等，务获究办，以绝根株。合将复讯泌阳要匪席小发等先行正法缘由，开录供折，禀请大帅察核，批示祗遵。肃此具禀。恭请勋安，伏乞垂鉴。职道寿镛谨禀。

敬再禀者：

　　窃查就地正法之案，情节较重者，本有复讯后即行处决通行。此次泌阳案内要匪席小发等供词刁狡，该府县因案情重大，不厌详求，而安西满误会有意迟延，屡以未办一犯藉口。职道昨与议明，先就现犯严办数名，该主教始允订立草约。是以职道于提犯复审后，查照通行，先行正法，庶足以伸国法而寒匪胆，彼族心能输服，议结方不致棘手。又查职道所属汝、光二属秋审，向例由道代勘，现查限期将逾，事关大典，未便稽延，且有奉文查禁光属习拳结会之案，拟于发禀后即赴汝、光赶办秋审，并密查光属有无习拳结会情事，计十余日即可完竣。

　　至泌案草约立定，头绪已清，专责该府督拿逸犯，职道似可照常办事。如果泌案尚难结束，职道再当驰往办理。合并声明。肃此。再请钧安。职道寿镛谨又禀。

　　南汝光道谨将南阳府泌阳县前后拿获匪犯席小发等复审供词，开折呈请宪鉴。

　　计开：

　　据席小发供：泌阳县人，年二十三岁。父亲已故，母亲史氏，兄弟席小振，并没妻子。游荡度日，合已革县书张沄卿交好。本年二月初，闻张沄卿告说，他因抗摊教案赔款，被教民叶长荣控他上年主使扒毁教堂，经县革职差拿，心怀忿恨，嘱令小的纠邀同党刀匪报仇。适闻唐、桐毗连高、程各村乡民，无力摊缴教案赔款，小的合张沄卿同谋乘隙煽惑，鼓众硬抗；合张沄卿分投邀约村民，声言扒毁教堂，焚杀教民。那时他们并没答应。小的合张沄卿向众恫吓，如不帮助，立刻焚庄杀害。乡民惧怕，大家允从。张沄卿又另邀伙党罗六爷即罗振杰、罗臭粪、安三秃、胡二少即胡会南、李宾如、李纪善、程劳十即程义歧、褚百申、南方策合他徒弟李应芝们十人，小的也另邀刀匪刘四即刘汶明、朱书堂、赵小黑、赵守发、曹劳大入伙。

二月初七日聚齐，先到本境楚洼，杀死教民叶长荣父子一家四命，并杀毙教民禹功九一命，扒毁房屋。

初八日，又折到桐柏县境乌金沟地方，杀毙不识姓名教民家男女七命，焚烧房屋；并见泌境教民叶姓、师姓二人在乌金沟，一并把他杀死；还到唐县烧毁教民房屋，杀死教民邓魁保。究竟当日何人杀毙何人，因人多手杂，记不清楚。

到初九日，四乡教民纷纷逃避进城。小的随同张沄卿率众来县，扒毁西关教堂，又到城下向县官讨要教民刘万乾们放出杀害，并向县官勒要上年闹教被押人犯方肯罢休。县官不允。

到初十日早，忽起大风雷雨，村民逐渐散去。城上施放枪炮，张沄卿合同伙十余人都被轰伤。小的就喝令开枪抗拒，枪被雨淋，多没过火。

十一日，探闻练军合本府到来捕拿，大家害怕，小的合张沄卿们分路逃跑。后来小的进城潜探消息，就被兵役追拿擒获。胁从村民早已隐避，实是人数过多，记不清楚。洋炮撩弃。小的平日在乡间讹抢各案及在山西、湖北各省抢劫，杀伤事主，因犯案过多，年月、地处、事主姓名也记不清，今蒙复审，据实供明。张沄卿们现逃何处，不知道。求恩典。是实。

据刘四即刘汶明供：泌阳县人，年二十六岁。父亲刘清，母亲李氏，哥子刘汶成，兄弟刘娃，并没妻子。游荡度日，合这席小发向来熟识。上年曾在泌阳、唐、桐交界地方伙同在逃的赵小黑、赵守发、曹劳大们截夺过客银钱衣物，约共十多次；并到乡僻孤庄屡向居民讹派饭钱，被兵捕拿，逃往山西省解州境内空窑藏身。又行劫过客两次，均不记年月日时、事主、地方。到本年二月初间，小的由解州潜逃回家。席小发走去，说他好友张沄卿抗摊教案赔款，被教民指控差拿，不能出头，心怀忿恨，嘱他代邀同伙报仇，并说他已纠允朱书堂入伙，并合张沄卿在唐、桐一带纠允村民数百人。张沄卿又另邀伙党罗六爷即罗振杰、罗臭粪、安三秃、胡二少即胡会南、李宾如、李纪善、程劳十即程义歧、褚百申、南方策、李应芝们在内，商邀小的一同入伙。小的也因上年受过教民欺侮，就即允从。当带洋炮佩刀，转纠同伙赵小黑、赵守发、曹劳大们一同前往。

到初七日，合张沄卿、席小发们会齐，先到本境楚洼，帮同席小发杀死教民叶长荣父子一家四命，并杀死教民禹功九一命，扒毁房屋。

初八日，又折到桐柏县境内乌金沟地方，杀死教民顾高顺家男女七命，焚烧房屋；并见泌境教民叶劳七、师文铎二人在乌金沟，一并把他杀死。小的用刀只砍叶长荣父子二命。其余死者教民究被何人杀伤，用何凶器，那时人多手杂，一齐乱砍，都不能逐一看清。后来又到唐县烧毁教民房屋，又把教民邓魁保杀死。

到初九日，四乡教民纷纷逃避进城，小的随同席小发、张沄卿率众来县，扒毁西关教堂。席小发们又到城下向县官讨要教民刘万乾们放出杀害，并向县官勒要上年闹教被押人犯，方肯罢休。县官不允。

到初十日早，忽起大风雷雨，同伙村民逐渐散去。那时城上施放枪炮，张沄卿合伙匪十余人都被轰伤。席小发们就喝令小的们开枪抗拒。不料枪被雨淋，多没过火。

十一日，探闻练军合本府到来捕拿，大家害怕，分路逃跑。小的同赵小黑们多人到唐境北宋庄宋光显家讹索酒饭，不料被兵役们查知围捉。小的就喝令同伙放枪抗捕，没有拒脱，当把小的拿获，其余伙党都已逃跑。今蒙复讯，据实供明。洋炮已蒙起获，凶刀早已撩弃。张沄卿们现逃何处不知道。朱书堂向不认识。求恩典。是实。

据朱书堂供：泌阳县人，三十三岁。父母均故，三个兄弟，女人田氏已死。朱怪是三弟。游荡度日，合现获的席小发并在逃的张沄卿平素交好。本年二月初七日，张沄卿走去，说他因抗摊教案赔款，被教民指控差拿，心怀忿恨，合席小发商谋纠众报仇，邀小的同往；并说他合席小发已纠允刘四入伙，他也另邀伙党罗六爷即罗振杰、罗臭粪、安三秃、胡二少即胡会南、李宾如、李纪善、程劳十即程义歧、褚百申、南方策并他徒弟李应芝们十人，另邀村民数百人在内。小的亦因上年闹教被牵，屡次差拿挟恨，希图藉端报复，就即允从。

初七日聚齐，小的合张沄卿们分携刀械，先到本境楚洼，把教民杀死，房屋扒毁。

初八日，又赶到桐柏县境内乌金沟地方，把教民杀死多人，房屋焚烧。还到唐县烧毁教民房屋，杀死教民邓魁保。究竟当日何人杀死何人，因人多手杂，都记不清。

初九日，同张沄卿、席小发们折回。小的先行喝众动手，扒毁西关教堂。

初十日至城下，向县官讨要城内教民刘万乾们放出杀害，并向县官勒要上年闹教被押人犯。县官不允。

到初十日早，忽起大风雷雨，同伙村民逐渐散去。城上施放枪炮，张沄卿合伙匪十余人都被轰伤。席小发们喝令开枪抗拒，不料枪被雨淋，都没出火。

十一日，探闻练军合本府到来捕拿，大家害怕，分别逃跑，小的也就逃往各处躲避。后来闻拿，潜回家中探信。兄弟朱怪说要查拿张沄卿领赏，小的恐怕张沄卿到案供扳，斥阻不听，情急顺拔身带小刀，向兄弟扑扎。兄弟转身往县前直奔，小的追上，把兄弟扎伤倒地，当被队勇们拿获。后闻兄弟伤重身死。今蒙复讯，据实供明。张沄卿们现逃何处不知道。刘四向不认识。求恩典。是实。

批：禀单均悉。该匪席小发等迭经批饬督审。兹据讯明，业将席小发、刘四、朱书堂三名照章正法，传首示众，足昭炯戒。仰仍督饬府县速提余匪王耳篓等，讯取确供，按拟禀办；并会督密拿首要张沄卿等，务获究报。候即分行司局查照。

再，该道拟赴汝、光办理秋审后，即可照常办事。如果事机顺手，岂不甚善。特首要各犯在逃未获，唐、泌交界尚有匪党固结，人心未靖。不但案无收束，且恐后患方长，不可不励精淬神，迅思办法。该道前在河南府等处，缉巨盗，拿讼棍，摘奸发伏，谋略素优，何于此案一筹未展。自应仍由该道督饬府县，多方设法购线，诱擒讯办，方为结案，不得谓草约已定，稍形松懈，致有贻误。仍将访缉情形随时飞报查考。缴。折存。光绪二十八年四月初三日。

42．复安西满函
光绪二十八年四月初二日

顷接来函，备悉种切。查泌阳一案，本部院厚集兵力以保教民，重悬赏格以缉首要，固无俟阁下敦促而所以督饬速办者，不遗余力。前获要犯席小发等，虽据该府县提审，因其供词含混，尚须研讯确情，使之供出伙犯，以为指拿之据，免致真匪漏网，无辜受害，即与函内徼刁风而安善良之指适相符合。现已讯有端倪，即经饬令惩办，并非迁延无绪也。

本部院欲期民教相安，是以严饬营练，迅缉匪徒；而仍力禁兵役，不准骚扰，深恐激成众怒，处处戒严，转失保全之意。近日直隶广宗县之案可为殷鉴。

来函称朱、陈两道及宋守等办理得手，宛郡本该道府辖境，事有专责，与马道之暂时防缉者不同。仍当谆嘱其和衷商办，以期济事。

至锡令任内，丁役如果有舞弊酿案情事，俟详查得实，自不能为该令宽也。此复。

附：安西满来函

敬启者：

泌、唐匪徒仇教一案，现经办理多日，尚无就绪。且迩来匪徒愈为横行无忌，若不从速惩办，深恐愈滋事端，更为难图。况前蒙上谕及麾下悬示，俱有审出确情，由地方官就地正法之例。今兹获到匪犯数名，详情已得，未能立正典刑，致各匪徒愈行肆诞，遇见兵练有开炮轰击不法等情事，而兵练又不与为敌。迤听之下，殊深惊骇。查该兵练所以不与为敌之由，皆系马开玉观察另有意在，所以致该匪徒置国法于不闻，视兵练为虚设矣。所可幸者，刻下朱、陈两观察及宋太守、姚大令意见相合，办法颇称得手。惟马观察固执己见，牢不可破，致为掣肘。可否严饬该观察破除己见，与承办此案诸公同心和济，妥相筹办；抑或先行撤回，另筹善法，免致再生枝节。并乞速为札饬该府县各地方官，自今而后，凡有拿获要犯，如得其情，即行正法，后行经禀。如此神速办理，庶可以警刁风而安良善矣。如拿有此等人犯，远人无不再四详察。若系良民，远人具有天良，必不忍心害理，置之于死地。区区下忱，想早在洞鉴之中。若再迁延无绪，远人只好另行设法，临时幸勿以孟浪见责也。

再，前年泌阳所赔敝处之款，原议定万金之数，近闻民间出有五万之谱。详查其由，皆因前任锡大令遇事不能自主自行，以概委任门丁、吏役、首事人等，是为舞弊蠹吞，不问可知。所以激成此番巨祸，与后两任毫无干涉。由此一观，足见非教堂、教民之所自招也。

前函业竟缮就传呈，顷闻泌阳信息，有匪首程劳十等率领匪徒数千之众，焚烧村庄，威逼从犯。幸朱观察同宋、傅二太守、姚大令坚请马观察起兵往弹。讵料匪等仍敢抗师追杀，兵练各顾性命，奋勇返击，杀毙炮轰十余匪，擒获十余匪。兵练哭号丁路，冒死讨生，未奉马令擅仗，不免有咎，仍就死地也。闻此情形，只得续闻。为此飞呈。惶甚惶甚！顿首顿首！

43. 札南汝光道南阳府查明教案赔款
光绪二十八年四月初二日

照得四月初二日接据南阳安主教函开："前年泌阳所赔敝处之款，原议万金之数，近闻民间出有五万之谱。详查其由，皆因前任锡令遇事不能自主自行，概任门丁、吏役、首事人等，是为舞弊蠹吞，不问可知。所以激成此番巨祸。"等因到本部院。据此，查教案赔款，自应查照原议核实筹办，不得丝毫扰累，如若来函所云，实属骇人听闻。案关丁役舞弊，藉端病民，虚实均应彻究。合行札饬。札到，该道府即行查照函开各事宜，严密查明，据实禀复，勿稍徇隐。切切！此札。

44. 咨复蓝斯明
光绪二十八年四月初五日

为咨复事：

光绪二十八年四月初五日准贵镇咨开：四月初一日夜督队至郝店一带，将匪首罗振杰等一律扑灭等情到本部院。准此，查泌匪罗振杰等初因仇教滋事，今复胆敢纠约刀匪多人，在安棚至郝店一带地方，逼胁平民，肆行窜扰，经官军分路进剿，打死烧死数十人，割首级十九颗，生擒四十一名，并夺获旗锣、炮械、马匹等件。惟罗振杰、罗臭粪二匪，究竟是否阵毙，尚无确据。倘该匪等于击败之时，即行窜匿，难保不纠合余党，与张沄卿、程劳十等合股滋扰，死灰复燃，势将滋蔓，殊属可虑。务会同豫军分统马道及正任南阳府傅守严密筹商，督率兵队，探明各首要匪犯踪迹，务获究办，并将余匪搜捕净尽，勿令再滋萌蘖。一面解散胁从，抚慰良善，严禁各路兵勇，毋得藉端骚扰，如有玩违，立即照军法从事，庶可整肃营伍，安定人心。

除札饬署南阳府宋守于前发赏项银内提银二百两，解交贵营赏给受伤之勇丁二十名，并饬将生擒匪党四十一名由该守赶紧讯明，分别禀办外，所有在事出力文武大小员弁、兵勇，应先存记，俟拿获首匪张沄卿等讯办后，再行汇案，择尤分别奏请奖叙，以示鼓励。相应咨复。为此合咨贵镇，请烦查照施行。须至咨者。

附：南阳镇总兵蓝斯明咨报剿捕罗振杰等情形
光绪二十八年四月初三日

为咨报事：

光绪二十八年三月二十六日本署镇曾将公出日期咨报在案。二十九日至唐县城，三十日由唐至大河屯、涧岭店。沿途见百姓纷纷迁避，询其所以，据言匪党罗振杰、程老十等自三月二十八日经官军击败之后，分途而窜。罗振杰窜泌阳之西南，程老十窜泌阳之东北，到处纠人，有不从者即焚其屋；并闻三十日该匪在桐柏境平氏以北地方滋扰等因。旋据探报，情形大致相同。本署镇查该匪罗振杰，平日桀骜不驯，豪霸一方，武断乡曲，人皆畏之。

四月初一日，本署镇辰刻由涧岭店至杨庄、罗庄、毕店，抵安棚驻扎。而分统豫正左军马道派管带前锋炮队之贾游击福昌率马步七哨，亦至安棚。本署镇以该匪既分两股远窜，沿途放火，逼胁平民，以图抗拒官军，其志不小。既恐回窜泌阳，负嵎固守，与张沄卿、程老十合股滋扰；又恐南窜湖北，贻害邻疆，是以商令贾游击将其所带之马步队折回，分扎程店、高店及泌阳县城，以杜该匪折回泌阳东窜之路。本署镇自驻安棚，居中调度。

未刻，据平氏汛外委金璐禀称，匪首罗振杰于三十日领二百余人在平氏以北各庄派饭，并纠约刀匪数十人，由平氏镇、孙庄一带向西而窜双河镇、姜河一带等语。接阅之余，当派马步队伍，倍道而驰，以为迎头截击之举。原以唐、枣毗连，路径纷歧，惟有迎头截剿，乃可收夹击之功，如随后尾追，追之愈急，则入之愈深，完善之地必遭蹂躏。正筹画间，酉刻又据探称，闻百姓传说此股匪党内有刀匪多人，系罗振杰为首，已窜安棚至西北乡郝店一带，逼胁平民，意图西窜南阳靳冈之说。时卸任南阳府傅守凤飚协同筹商，谓张沄卿、罗振杰、程老十等初本仇教起衅，执迷不悟，并无畏罪悔过之诚，是必大加惩创，乃可以昭炯戒而儆效尤。本署镇当将派出迎击之队，改调赴郝庄，围擒罗振杰等匪，以杜西窜南阳之路。

各队去后，三更时，见火光烛天，人心惶惶。幸早已传令饬各居民一更闭户安枕，勿得惊慌。并催队进发，即饬眼线桐柏县武生闵正魁；唐属民人王国恩，文童王宗显、吴辛乙、王国喜、安之善、王长进等。一更后，本署镇督饬马步兵勇六哨，均到狗庙齐集，相距郝店十余里。又派兵勇往探，回称我军三更接仗，匪势甚强；天明时又复两相对打，至辰刻该匪势不能支，向外冲出，我军正在追杀，先行回营禀报等语。

正盼念间，据马步各哨官、哨长等带队回称：四月初一夜，哨官等带队至郝店地方，探悉匪首罗振杰并纠约刀匪及裹胁百姓及其羽党约计三四百人，分居郝庄、翟庙两处，闭门固守，门外匪人林立，密排抬炮，一见队至，连环齐施。我军开炮回击多时。罗振杰见势不敌，乃自焚其占踞翟庙后郝庄郝翰臣之屋。自三更至黎明，庙内之贼闻多系刀匪，上屋抛掷砖石，仍不稍懈。哨官等激励军心，我军奋勇直前，打开庙门。该匪竭力抵御，开炮轰击，兵勇受伤二十名，仍然猛扑，短刀相接，始将该匪击败。又复追杀数里，惟山冈坳凹，恐有藏匿，现仍派队搜寻。除开炮时先行潜逃者均系被胁之民，约计有一百余人。其打死烧死有数十人，割首级十九颗，生擒四十一名，夺获抬炮八尊，蓝旗一杆，红旗二杆，长矛、大刀、绳鞭、钢叉三十八件，更锣一面，又夺获罗振杰之白马一匹。

惟据庙内僧人得江供称：匪首罗振杰已经烧毙屋内，其侄罗臭粪亦受炮伤身死。然罗振杰是否烧死，尚不得知。拟暂驻安棚一二日，搜寻山谷有无余匪伏匿，俟查毕再行赴泌，同马道筹商严缉张沄卿、程老十等务获究办。

所有此次剿捕匪首罗振杰暨炮毙余匪及生擒匪党缘由，并本署镇马步兵勇受伤者，先发伤药医治，并由傅守凤飏就近验明伤痕，分别等第。及生擒匪党四十一名，一并讯明，解交署南府宋守承麟讯明，分别禀办。至所割首级，已解交宋守饬属悬竿示众，以昭炯戒而快人心。其在事出力之文武大小员弁兵勇，可否准其择尤请奖，以示鼓励，及受伤兵勇应否量予赏恤之处，出自逾格鸿慈。

本署镇查该匪罗振杰，藉仇教为名，纠众滋事，已属罪不容诛。今又明目张胆，纠约刀痞多人，裹胁平民，在乡滋扰，实属行同叛逆。幸仗大帅福威，二日之内即将该匪首罗振杰等一律扑灭，洵足以伸国法而快人心。相应备文咨报。为此合咨贵抚提部院，请烦鉴照施行。须至咨者。

附：泌阳知县姚启瑞等会禀剿捕罗振杰等情形

敬禀者：

　　窃卑职日前探得唐民罗劳六即罗振杰与毗连卑境程店之程劳十即程义歧，因拒伤唐差之后，虑恐兵役捉拿，复纠前被诱胁伙党啸聚负嵎。当就近禀承本府，督同卑职，星驰安蓬①、罗夫交界之程、高二门各庄，分投弹压。经过村庄传集各该首事，开诚布公，晓以大义，导以利害。乡民颇知悔悟，金称自此之后，宁拒匪而死，勿从匪而死，是以地方敉靖。业将解散弹压情形，驰禀宪鉴在案。

　　兹于三月二十七日晚，据高、程等庄首事程入云、李芳茂、石光璧，地保吴云卿等联名来署密禀，金称罗劳六、程劳十自知罪重，复纠伙党数百人，演习枪炮，夜聚明散，意图抗拒；并向附近村庄居民逼胁，如不随行，定要烧房杀害；民不聊生，奔城恳请发兵往剿等情。旋据探报回称，以该匪点燃房屋，火光透赤，喊声震耳等语。当经卑职随同本府傅、宋二守暨本道、马道，面授机宜，设法防守。一面会同前署县费令并道府各委员、营典、两学，蒙马观察闻报后亲督豫正左、右两军暨南镇练军马步兵，星夜往拿。至二十八日黎明时，驰抵程店二门庄，已见民房火起，随并力围捕。讵程劳十等胆敢率党先放抬枪，执持长矛大刀，骑马直前拒敌，致被拒伤县队三人。幸兵练枪炮利捷，奋勇夹击，即将该匪等打退，格毙伙匪二十余人，生擒伙犯十八名，夺获抬炮两杆、旗帜等件，其余匪党四散，窜入盘古山一带藏匿。

　　伏查该逆匪程劳十与唐境之罗劳六，因抗拒唐差后，竟敢纠匪逼胁，放火烧房，练习枪炮，布散谣言，以致四乡居民闻惊纷

---

　　①　前作安棚。

纷逃避。幸得信较速，及时扑灭，附近各村尚无被匪抢掠伤及良民，现已［经］卑职会督营典、两学，分投安抚，民心大定。第逆首罗劳大、张泒卿等党羽众多，若不设法捕治，势必日后复聚，养成巨患。非在唐、泌交界之程、高店适中之地驻扎兵练镇慑，不足以戢匪胆而安闾里。

除飞移邻封营县联捕协拿逸匪张泒卿等务获究报，一面将格毙逆匪首级分别悬竿示众，擒获伙犯，随同本道府傅、宋二守，就近提讯明确，分别情罪重轻，另文办理。至前获之席小发、朱书堂、刘四三名，已由卑职开具供折，禀请本道府一并亲提复鞫后，即照土匪章程，先行正法，以昭炯戒。

除将奉到宪台暨本道先后颁发安民告示分路张贴，并由卑职出示安抚，俾免小民惊徙，一面将陆续收养教民共一百九十三名口加意保护，实力防范外，所有逆匪程劳十等复聚匪党与官兵拒敌，当场轰击格毙匪犯多名，并擒获伙匪十八名大概情形，合先飞禀大帅鉴核，俯赐训示祗遵。

批：据禀高、程等庄首事程人云、李芳茂暨地保吴云卿等佥以程、罗二匪纠党逼胁，民不聊生，禀恳发兵往剿等情已悉。惟据称格毙生擒若干名，程劳十等是否在已毙已擒之内，且格毙之匪一时或难辨认，而生擒之匪其姓名一问可知。目前极以得获首要为快，何必定俟讯供之后始行开报。余匪既登时窜入盘古山一带，何以不跟踪追捕，竟听其得间远飏，殊不可解。仰即查照指饬事宜，先行禀复。一面抚慰居民，勿令惊惶失业。应遵照此次四字谕示，如有兵役乘势扰害，从重究办，仍设法查拿张泒卿等务获。切切！此缴。四月初四日。

45. 札赵尔丰研讯人犯

光绪二十八年四月初六日

照得泌阳闹教一案，日内叠据马道暨南阳镇飞报，与匪党两次接仗，格杀多名，先后生擒计五十九名，解交南阳府宋守及泌阳县姚令审讯。查此等莠民，抗拒官军，自应大加惩创，惟所报格杀多名，并无匪首一人，即程劳十、罗振杰、罗臭粪等究竟是否阵毙，亦无确据。则此先后生擒之数十名，断不能尽系愍不畏法、甘心为匪之人，亟应研讯确情，分别办理。前经本部院札委该道驰往查看情形，诚恐此案头绪繁多，该道无员差遣。查有候补知县张令力堂，勤朴明健，堪以派委，除札委该令迅即驰往泌阳一带听候该道差遣外，合行札饬。札到，该道立即会同朱道，督率府县暨委员张令，迅将两次接仗擒获各犯，提同研讯，务得确情。如实有愍不畏法、甘心为匪、至死不悔者，自应禀请惩办。倘委系被胁及畏罪自固、稍有可原之人，或立予保释，免受拖累；或量予羁禁，待其自新。总期无枉无纵，庶重案可结，人心可定。如果朱道、宋守均未在泌，该道即督率各地方官等悉心研究，分别轻重，禀报办理，切勿稍涉率延，并将目前一切情形，随时据实飞报查考。切切！此札。

46. 照复法国驻汉口领事玛

光绪二十八年四月初九日

四月初九日，准贵领事照称："为照会事：案查南阳府属之泌阳等县教案，前准安教主函称：匪首张沄卿系泌阳衙门官员。其于去年八月十五日，曾耸绅民起始扰教，十一月二十八日复行耸害，地方官知置不罚不参，于是张沄卿等虎势益巨，仍复设法害教。且有泌阳武官译西音名石品台者，系张沄卿保荐之人，相助害教。即前拳匪扰教时，至今二年，伊等均在相助为虐。兹闻张匪逃避，如有能获之者，愿赏银一千两。其余匪首现俱安居，本地官不拘拿，只获泌阳匪犯一名，当将该犯舌头割去，眼睛挖去，令其不能言看，可免供指，以获余匪等因。嗣复接准电称：现今官兵已到南阳，不但未曾办事，地方尚未平静，且该匪等反敢将官兵捉去十二名，不知被杀若干等因。准此，本领事披阅之下，殊甚骇异。查该匪首张沄卿应早责参之人，竟容不责不参，办理已经不善。兹复酿成焚杀教民、捉杀官兵等巨案，犹不严拿惩办，匪胆益张，横行无忌。此皆地方大小官员容纵扰害，不力保护之明征。现今泌阳之匪既成群结党，恃官不办，难保河南别处土匪不相续效尤。况今铁路工程修至河南，监造西人甚多，若不赶紧将匪拿办，以靖地方，诚恐祸贻胡底！查泌阳之事与上年义和拳无异，其初只害教与外人，次则轻藐官长，敢作敢为。此等匪徒，贵国国家应飞速剿办，不然恐不久祸延各省，办理为难。本领事除将前因禀报本国驻京大臣外，为此照会，请烦查照，并希将如何办理之法迅速见复。"等因到本部院。准此，查泌阳县民仇教滋事，经本部院拨派防练各营，会同地方营汛弹压保护，严缉首要各犯。自官兵到后，胁从即经解散，而匪徒亦各处潜藏，已据先后拿获十余名，多系安主教开单指拿之犯，内有席小发、刘文明、朱书堂三名，已经讯明正法。此外现正逐细研讯，并非只获泌阳匪犯一名也。所谓只获一名者，想是指首先拿获之席小发而言。所称割舌挖眼，令其不能言看等语，查席小发曾经供出匪犯张沄卿、罗振杰、程劳十等多名，并非不能言看，则传闻之词，殊难凭信。本部院严饬文武各员勒限缉匪，分别赏罚，有撤任者，有摘顶者，有听候参办者。如果匪首现俱安居，岂有官不拘拿之理！何况不获有参处之咎，而获犯有破格之赏。此情此理，不辨自明。

　　至称该匪将官兵捉去十二名，亦系讹传。查唐县差役张万林等赴乡拿案，乡民疑系匪徒，扣留十一名，送交泌阳县讯明释回，禀报有案。如果被匪捉去，焉能如数送回。此并无捉去官兵十二名之实在情形也。

查泌阳界接唐、桐，万山重叠，此拿彼审，最易藏奸。本部院迭经严饬兵练，遍处搜寻，于三月二十八日暨四月初一日夜，在泌境二门庄及唐县之翟庙等处围攻伙匪，斩获几及百名，我军亦受有伤。军情严密，局外岂能周知。此迭次剿办不遗余力之实在情形也。

查除暴安良乃保教之急务。不除暴则遗孽犹存，流毒未艾；不安良则株连无辜，报复相循。本部院先经出示晓谕，开诚布公，欲使民不仇教，永释猜嫌，当为贵领事之所共鉴。

除保护教堂、抚恤教民业经分别饬办，一面仍严饬防练各营暨地方文武员弁勒拿首犯张沄卿等务获惩治，并将武官石品台查明究办外，相应照复贵领事，烦为查照施行。须至照复者。

47. 札道府州军悬赏缉拿罪犯

照得泌匪闹教案内，首要张沄卿、程劳十、罗振杰等犯现均在逃未获。除张沄卿一犯有能拿获者，前已悬赏银一千两外，查程劳十、罗振杰二名亦系案罪恶昭著之犯，亟应一律悬赏购拿，合行札知。札到，该道、府、直隶州即便转饬所属，购线严密访缉。无论军民差役人等，如有能将此案首要各犯拿获送案者，张沄卿一犯赏银一千两，程劳十、罗振杰二犯每名赏银五百两；有能送信拿获者，每名赏银二百两，均由前次解交南阳府赏项银内如数发给。本部院不惜重资，务期获犯，仰即一体饬遵出悬赏格，认真访缉。切切！此札。

附：泌阳县等会禀审讯处置程玉薪等情形

窃卑职于三月二十七日据程、高店等庄首事程入云、李芳茂等密禀："逆匪罗振杰、程劳十复纠刀痞数百人，在二门庄地方演习枪炮，并向附近村民派饭逼胁，如不随从，定要烧房杀害，百姓畏惧奔逃"等情。并据探报回称，情事相同。当经卑职与徐、龚二令禀承本府傅、宋二守，转禀南汝光道咨商马道，面授机宜，督同卑职等分投防御。并蒙马道先期得信，亲督豫正左、右两军暨前府傅守带领护勇，合南镇练军马步，星驰该处弹压。讵该匪先行开枪击打，官军进敌，格毙匪犯二十余名，生擒伙犯十八名，夺获抬炮等件，割取匪犯首级四颗，一并送县审讯。当将首级在犯事地方悬竿示众，以遏乱萌而安民教。业将办理情形，禀呈宪鉴在案。

兹卑职连日会同委员徐令寿兹、龚令镠，将此次抗拒官兵所擒伙匪程玉薪等十八名，提同前获听从张沄卿、席小发纠邀帮同助势之吉四妮、王耳婆，并在四关闲看闹教之赵福旺等六名，隔别研鞫讯。缘泌境因上年刀匪石光谦聚众扒堂之后，所有赔款，议令按阖邑丁粮摊派。光绪二十八年正月初间，有唐县民杨正宪之孙杨新灵因按地亩摊赔偿款，与首事姚玉振等口角，致被姚玉振掌责，心怀不甘，起意硬抗，商同罗振杰等往邀泌境二门庄居住之大户程劳十即义歧入伙，煽惑附近庄民，聚众互相抗偿。虑恐教民不依，各率子侄佃户人等，将上年奉办团练枪炮刀矛，不时在唐、桐交界地处夜习枪炮，冀图借端挟制，邀免偿款。维时适有已革县书张沄卿，亦因挟教民叶长荣，被其向主教前误指村民抗摊赔款系其主使，控县革拿之嫌，潜与正法之刀匪席小发商谋倡首，扬言代民间抗免赔款，借仇教为名，使乡愚有不得不从之势。

张沄卿当与席小发分纠匪痞、业已正法之朱书堂、刘四，在逃之赵小黑、赵守殿、曹劳大，暨现获之吉四妮、王耳婆，并纠允唐、桐一带莠民数百人。张沄卿又另邀罗振杰、罗臭粪、程劳十、安三把鞭、胡二少、李宾如、李纪善、褚百申、南方策、李应芝等十人入伙，约定二月初七、初八等日齐至楚洼、乌金沟，将各处教堂先行扒毁，并杀死教民叶长荣等家多命，暨焚扒各乡教民房屋。至初九日，张沄卿与席小发带领原伙，又扒西关教堂。初十日早临城，复向县官索要教民刘万乾等放出杀害，及索释上年闹教被押人犯。时值大风雷雨，被胁村民逐渐散去，经前署县费令督带队役，会同学典、营练，即将张沄卿等匪党击退，随获赵福旺等六名。并蒙前本府傅守会督营练暨费令并委员周令景棠等，诱获匪首席小发一名。费令未及讯办卸事。卑职到任接准移交，加悬重赏，密派亲信丁勇，购线分投踩缉，续获帮同扒堂杀教朱书堂、刘四、吉四妮、王耳篓到案讯供。禀奉本道府来县，督同本府亲提讯明，与卑职历审供情相同。复蒙本道将情罪重大之席小发、朱书堂、刘四三犯，因其凶恶成性，恐滋事别故，按照新章，先行就地正法。吉四妮、王耳篓二名提出，发交卑职另行拟办。一面由卑职带领刑仵亲诣二门庄，逐一验明格毙伙匪二十二名，饬将尸身分别掩埋回县。

复经卑职会同徐令、龚令提讯所擒伙犯程玉薪，供认伊胞叔程劳十于本年二月初七、八、九日，帮同张沄卿、席小发焚扒楚洼、乌金沟暨西关各处教堂，烧毁各乡教民房屋，并杀死教民叶长荣父子一家四名、禹功九一命。嗣经杨正献之孙杨心朗被唐差捉去，罗振杰又邀程劳十与伊同去夺犯未随。那时罗振杰捆殴差役，虑恐官兵捕拿，程劳十合罗振杰复聚匪痞二百余人，并到各乡派饭，逼胁村民百余人来庄把守。迨于三月二十七日晚，官兵前来捕拿，伊胞叔程劳十意料难敌，就喝令开炮抗拒。因见官兵势猛，抵敌不住，程劳十情急，用火点燃自己庄房，乘间与伊一同逃出。伊当被兵勇轰伤左手就擒，胞叔程劳十闻亦被官兵追砍身死。这解到首级内有黄发小辫，认是胞叔头颅。至张文喜、王娃、张蒿、张玉明、程玉奎、门有才、刘永彦、陶义魅、鲁娃等九人，实被胞叔逼令入伙，帮同守庄。鲁劳六、何起云、陈明、孙法即程得法、胡橛、刘世寅、程瞎子等七人，那时伊实未见他在场，等供不讳。

诘据程义魁即陈〔程〕锡朋供与程玉薪大致相同，惟其坚称伊与程劳十分居多年，舌耕糊口。因程劳十听信张沄卿、罗振杰闹教抗捕之后，屡次进言，谏劝不听，伊恐日后害及全家，即将眷口迁居盘古山内避祸。至本月二十七日，伊因回来搬运家具，被程劳十瞥见，勒令看习枪械，讵被官兵追捕，伊即畏惧逃避，当时实出于迫不得已等语。

质之被胁之张文喜等九名，佥供伊等均系小贸，担柴营生，于二十七日早先后赴二门庄赶集，当被程劳十截住，逼令看守庄门，分拿木棒木牌，如不听从，定行杀害。伊各畏惧允从，一闻官军到来，都先退缩，实非甘心从逆。

并究明鲁劳六、何起云、陈明、孙法即程得法、胡橛、程瞎子、刘世寅等六名，暨费令任内所获之赵福旺、常娃、张江、李雷、杨全、熊五云等六名，咸称当月匪徒抗捕闹教时，伊等实止路过，适被官兵追剿张沄卿、程劳十等伙党，伊等一时逃避不及，致被一并误拿，实系安分良民，并无妄为，均有公正绅耆里邻可证。环诘之下，卑职复与徐令、龚令互相推求，悉心研鞫，供词如一。加以刑吓，极口呼冤，似无遁饰。应请一并拟结，以免冤纵。

伏查此案，程劳十即程义歧，胆【敢】听信张沄卿、罗振杰主谋，率令胞侄程玉薪并刀痞多人，帮同焚扒楚洼、乌金沟暨西关各处教堂，烧毁各乡教民房屋，杀死教民叶长荣父子一家四命之后，尤敢复聚刀痞，随同罗振杰夺犯，抗捕唐差；直待营练会拿，又率匪党开炮拒敌，与官兵俨然对垒，实属形同反叛，似应援照叛案拟办。惟衅起抗摊赔款，且招集匪众只图负嵎自固，并无谋为不轨之心，究与大逆不道有间，自应仍照教民为仇，按新章办理，将其子侄概免缘坐，并免家产，籍没入官。

除将业已复鞫明确、并未闹教之赵福旺、常娃、张江、李雷、杨全、熊五云六名暨未帮同抗捕之鲁劳六、何起云、陈明、孙法即程得法、胡橛、程瞎子、刘世寅分别饬取妥保，先行开释，以省拖累而安民心，并罪应斩枭之程玉薪就近解赴本府，照章惩办外，其余被程劳十逼胁入庄之张文喜、王娃、张蒿、张玉明、程玉魁、门有才、刘永彦、陶义魁、鲁娃等九名，卑职等再四研究，据供迫于畏胁，并非甘心从逆，且均土著愚民，多系年近六旬，并无凶悍形状，揆度案情，果在可原之列。第随同附和，究有不合，应请将张文喜、王娃、张蒿、张玉明、程玉魁、门有才、刘永彦、陶义魁、鲁娃九名，援照"结会树党被诱入伙者杖一百，枷号两个月"之例，拟以杖一百，枷号两个月，期满保释。

至吉四妮、王耳婆二名，虽节次研究，仅止供认听从张沄卿等帮同闹教，在场助势，并未动手。惟明查暗访，咸谓该二犯系属著名刀痞，时在乡僻村庄讹派饭食，小民畏其报复，莫敢告发，实属形同棍徒，自应请照"凶恶棍徒屡次生事行凶，无故扰害良民，人所共知"之例，拟以遣戍。惟匪首张沄卿尚未弋获，且一经定谳，充发到配，势难安心守戍，必至逃而为匪，应请永远监禁。

至程义魁一犯，系逆匪程劳十胞侄，既称在庄看守枪械，本应按照为从科断。第现供一闻官兵捕拿，伊即畏惧逃避，核与随同程劳十上前抗拒官兵者稍有区别。据供迫于尊长所致，似尚可信。惟程劳十尚无下落，难保非恃无质证，逞刁狡供。拟请将程义魁即程锡朋一犯，酌量监禁五年，一俟限满，查看情形，如果民教辑睦，或查明程劳十实被官兵杀死，抑日后拿获到案，再行质明，分别发落办理。

再，程玉薪一犯，正在缮禀间，因受伤过重，即于四月初十日身死。卑职当即亲诣监所，验明程玉薪委系因伤殒命。至日前由营送到首级，曾经程玉薪、程义魁当堂认有其胞叔程劳十首级在内，卑职等诘其有何凭据，则称伊胞叔系黄发小辫、黄睛、牙落可证。惟卑职风闻程劳十已遁入唐县境内，除飞移唐县兜拿，并会同委员徐令不惜重资，多购眼线，带同勇役分投四出，踩缉张沄卿等务获究报，一面录取各供，并业已验埋各格毙伙匪各尸身，及前被扒毁教堂暨教民房屋、杀死叶姓等教民，验报情形，逐一填注图格造册通详察核外，所有获到抗拒伙犯，会委讯拟缘由，是否允协，合肃驰禀大帅鉴核，俯赐训示祗遵，实为公便。

批：禀悉。赵福旺等六名、鲁劳六等七名，既据讯明并未随同滋事抗拒，应即取具妥保开释，以省拖累。其余各犯，除程玉薪业已因伤身死，毋庸置议外，所有程义魁等暨前获之吉四妮等仍分别禁押，俟缉获逸匪，质明拟办。仰仍严密查拿首要张沄卿等务获究报，毋得稍涉宽纵。切切！并候分行知照。缴。四月十三日。

48．札南汝光道缉拿王国恩
光绪二十八年四月二十一日

为札饬密拿事：

　　照得本部院访闻泌阳人王国恩即王十三，本属匪徒，为罗振杰与曾经持械同闹教堂，近欲掩饰前尤，佯为良善，导引官军缉匪，实则暗地护纵，故误事机。若不查拿究办，更恐贻害地方。合亟密拿。札到，该道立即不动声色，将王国恩即王十三设法诱获到案，严讯确供，禀请核办，毋稍疏漏，致干咎戾。切切！此札。

49．札交涉局另行改议泌案
光绪二十八年四月二十五日

　　照得泌阳教案，现经南汝光道朱、候补道陈与南阳主教安西满定约议结。呈到议单，后数条均甚妥协，惟首条拿办案犯，除业经正法并现获讯办者不计外，所开首要重犯尚有十七人，其前次教堂所呈三单，应归分别轻重办理者尚复多名。在安主教与人为善，断不肯株连无辜，惟人数太多，展转访闻，岂无舛误。若不加详慎，概事搜捕，难保不复激成他变。设一波未平，一波又起，是此案结而未结，永无了期。现经该道等禀候批示遵行，合即札行。札到，该局立即会商如何另行改议，以期尽善，仰即妥筹禀复，以凭核办，切速无违。此札。

附：南汝光道朱寿镛陈履成等会禀议结教案

敬禀者：

窃照泌阳匪徒围城仇教一案，头绪纷繁，而撮要不外办犯、赔堂、恤教诸端，前与主教安西满议立草约并拟办缘由，当经禀蒙宪台批饬会同妥商筹办，督率府县，设法密拿首要，务获严惩等因。职道寿镛于四月初三日在汝阳途次，奉批移咨；职道履成于初五日亥刻在宛郡接奉前因，遵饬南阳县潘令函会新野县钱令来郡公同筹商。现在此案首要张沄卿虽未弋获，而要犯席小发、朱书堂、刘四业经正法，吉四妞、王耳婆等供词狡展，正在研讯，分别禀办。且三月二十八、四月初一等日泌阳二门庄及唐县翟庙等处，格毙匪徒多名，斩取首级二十颗，并当场拿获数十人，又经职道寿镛及南阳蓝镇先后禀咨各在案。

刻下泌案匪党迭被官军剿捕，歼除殆尽，洵足以伸国法而快人心。张沄卿等既难克期就获，赔修各节，业与该主教商有款目，应即先行议结。

查赔堂一款，原议银五千两之谱，仍照五千两定议。惟教堂三处所失器物以及教民被抢器物、粮食、牲口等件，并被害教民十五名各家属抚恤，该主教声称非再议赔银四万两不允了结。职道履成当以时事艰难，筹款弗易，与该主教再三缓颊。答以唐、·

桐、泌三县教案并非一处，既经职道连日说项，让银一万四千两。复经婉商，并允将赔堂五千两一包在内，各县被毁教民房屋亦归该主教自行修理，共议赔银二万六千两，一律了结。竭力磋磨，实属不能再少，是以不揣冒昧，允为照办。所有赔款，除前收抚恤银一千两，下余二万五千两，分作两限，定于本年五、六两月清结，款汇湖北汉黄德道衙门转交法领事，再交贝教士。现已书立议单，互相画押。此职道等办理唐、桐、泌三县教案一律清结之实在情形也。

至于逸匪，议明另缉办理，胁从免究。除仍饬该府县设法密拿首恶张沄卿、程劳十、罗振杰等务获究报外，所有此案先行议结另缉逸匪缘由，是否允协，理合禀请大帅批示祗遵。

再，此案赔款已据调署通许、正任泌阳县锡令铎认缴银五千两，又前借赏格银一千两，以宛属捐款作抵，仍短汴银二万两，款尚无著，应如何筹措之处，统乞钧裁。

又，此禀由职道履成主稿，发禀后即拟回省，合并声明。肃禀。恭请勋安，伏乞崇鉴。咨明交涉局外，职道寿铺、履成谨禀。

计禀呈议单一纸、安主教前收抚恤银两。朱、陈即日画押。光绪二十八年四月十二日靳冈议。

敬再禀者：

所立议单，于四月十二日职道面同安主教互相签字画押，当即派差二名，专马送至泌阳，请朱道画押。前曾商定如朱道不在泌阳，即由宋守代为签字。职道函嘱宋守，俟签字后即将议单交去差带回，以便职道十六日起程进省带呈，迄今尚未接到，谨先抄稿呈览，以慰宪廑。俟朱道将议单送来，再由职道面呈。肃此。再请勋安。职道履成谨又禀。

泌案议结条款

立议单：大法国河南主教安，大清国河南南汝光道朱、即补道陈，今议得南阳府属唐、泌、桐三县教案，公同议结，所有条款开列于后：

一议首要各犯，除席小发等三名业经正法，两次开仗格杀罗臭粪等多名、又擒获多名分别讯办外，所有张云卿、程劳十、罗振杰严办，并杀死教民凶犯抵偿单票内所开，分别轻重商办，其余胁从一概宽免，以安众心。

一议逃往靳冈教民，由陈观察委员分别送交唐、泌、桐县官，传各地方绅士首事出结保护，以期永远相安。如保护不力，惟官绅营汛是问。设教民内有不愿归里者，由地方官协同教堂司事刘保森等将伊产业按公变卖。

一议泌阳县西关、桐柏西乌金沟、唐县东北乔庄三处教堂全被扒毁，及堂内所失器物等件，并来往打电、送信各项花费，以及唐、桐、泌三县各教民家被扒毁房屋，抢掠器物、牲口、粮食等，及抚恤被杀教民家属，总共议结赔款汴平银二万六千两正。除收过银一千两，下余汴平银二万五千两正，由陈观察经手汇至汉口，五、六两月汇交清楚。

一议泌阳西关教堂既经被毁，应由地方官妥将泌城内另寻一宽大宅基，其价若干，由教堂发给。

一议泌阳肇衅，不知者佥称咎属教民，其实为愚民误会偿款之义，兼被张沄卿等从中造谣煽惑，鼓荡酿乱。请饬各该地方官分别晓示，以析众惑，俾民教永远相安。

应办人犯另单附。

安主教西满
朱道寿铺
陈道履成

一此次约定后，自本年二月初七日起，四月十五日止，所有唐、桐、泌三县民教龃龉之案，无论已控未控，一律清结。案内首要各犯，已由安主教开单指拿，教民不得再行挟嫌指控，以免拖累，庶民教从此相安。

一教民所失文约，补给印契，免出税资。

一此约定后，一由安主教禀明法钦使，一由朱、陈两观察禀明河南抚宪批准，方能施行。

光绪二十八年四月十五日

张沄卿，住泌阳东关，系保甲房书，系罪魁。

程劳十，住程店三座屋，系烧杀顾姓、叶姓之首。

罗正杰，系主使邓魁保者，住唐县罗庄。

张振川，张沄卿之子，系杀顾姓、叶姓领人之首犯。

丁玉美，杀死师文铎之正凶。

胡二少，系烧杀顾姓、叶姓之首，住高店上二门。

程劳八，住二门，系烧杀顾姓之首。

吴劳八，住高店吴沟，系烧杀顾姓之首。

杨天宾，住唐县夫庄，亦系烧杀顾姓之首。

李忠，住桐柏胡湾，亦系杀顾姓之首。

刘廷彪，住桐柏桃庄，系杀顾姓之首。

刘廷炳，住桐柏张沟，系烧杀顾姓之首。

张劳五，住泌阳张湾，亦系烧杀顾姓之首。

李维善，住泌阳六门，系杀顾姓、师姓之首。

褚百申，住泌阳褚湾，系烧杀叶姓之首。

史玉堂，住泌阳十里铺，系杀禹功九之正凶。

郑三大王，住唐县双河镇街，杀顾姓之首。

此单所开均系首要重犯，有教堂禀呈抚宪三单，俱分别轻重办理。

附：南汝光道朱寿镛禀泌案改议情形

光绪二十八年五月十六日

敬禀者：

　　窃准交涉局咨："奉宪台札开：泌阳教案议单首条拿办案犯所开首要十七人。前次教堂所呈三单，应归分别轻重办理者尚有多名，概事搜捕，恐激他变。饬局会商改议妥筹禀复等因。咨照议拟复办"到道。准此，职道查此案，主教安西满节次开送各单人名诸多重复，且复先后不符。定议之时，职道曾与安主教议明，只以所开十七名为凭，其余概作废纸。该主教亦遂首肯。迨缮写清单，该主教则又添叙另单人犯分别转轻重办理等语。职道当欲驳令另缮，潘、钱两令从旁参赞，以为单内虽有此语，不过姑存其说，应如何拿办，其权仍在地方官，该主教断不过问。案甫定议，首要多尚存逃，似不便作琐屑之争，致妨大局。职道察度情形，惟有权宜画押。一面饬令各该县，仍照所开十七名缉拿。其从前所拿各犯，均暂置勿论，拟俟张沄卿等获案，再与商议销除。

　　兹蒙宪谕，另行改议。职道正在函商安主教间，接据南阳潘令、新野钱令会同禀称："蒙陈道函饬，前因与安主教再三开导，始允于议单所开十七名外，下余另单另禀之人暂免查拿，准其托人赴教堂求情和结。并经议明，不令出资，以杜流弊。立有说单，盖用该主教印记。至所开之十七名，除郑三大亡现已就获外，尚有十六名，该主教亦允拿获首要数名，其余再行从权商办"等情前来。职道复查该令等所议，似尚妥洽。除分饬唐、桐、泌三县遵照一面严拿张沄卿等务获究报外，合将所议说单，录折禀请大帅鉴核示遵。

谨将泌阳教案议单首条，改议说单，开录清折，呈请宪鉴。

计开：

除四月十五日议单所开张沄卿等十七名拿获严办外，下余另禀另单所开之人暂不查拿，限三个月以内，托人赴堂求情，和睦出具永不闹教凭据，由教堂函致各县，当堂具结了案，并不令其出资，以免造谣生事。此条俟奉抚宪批后，以三个月为限，不得再迟。

　　　　　　　　光绪二十八年五月十二日靳冈议

批：据禀，泌案应办首要现已改议，除开单十七名外，均免查拿；并准其赴教堂和结，不令出资等情。立有说单，尚为妥洽，应如所议办理。仰交涉局转移知照。缴。禀折均抄发。

　　　附：南汝光道朱寿镛禀议结泌案情形一
　　　　　　　光绪二十八年四月十六日

敬禀者：

窃照泌阳教案职道办理情形，业已节次禀陈。职道正拟将汝、光秋审勘毕后，仍赴泌筹办。适于四月初十日在罗山途次接奉宪札，饬即折回泌阳，会同赵道尔丰，督率审办匪犯等因。职道十一日回署，次日提勘信阳州秋审人犯。即于十三日起程，间道前行，至十五日午刻抵泌。沿途查访，自官军两次惩创，顽民咸知儆惧，悉已敛迹。其被惑之人，亦均悔过自新，各安生业，地方静谧如常。赵道亦同日到泌。

据署南阳府宋守将陈道函寄议单呈阅前来，查所议五款，如惩办首要、官绅协保教民、示谕民教、另觅教堂房屋各节，尚无窒碍，惟议定赔款二万六千两，与职道所立草约数目悬殊，陈道亦与安西满互相签字。职道虽未便遽与驳回，致有决裂，亦不敢含糊照签。现拟将人犯审定，明日即行赴宛与安西满极力磋磨。

能否设法挽回，再当斟酌办理。除将各犯审明确供、分别轻重按拟禀办外，合将职道折回泌阳续办缘由，并陈道所立议单，开折禀请大帅察核示遵。

附：南汝光道朱寿镛禀议结泌案情形二

敬禀者：

窃照泌阳教案，前经陈道与主教安西满订立议单，互相签字。职道到泌后，当以所定赔款与原定草约数目悬殊，未敢含糊照签。即于十七日星夜由泌起程，次午抵宛。询之潘令等，知陈道因急于定约，措词稍形激烈，致安主教藉端要挟，忽索款四万之多。嗣经潘令、钱令再四磋磨，始定为二万六千两。职道以陈道业经签字禀报，不便再作无益之争，或有决裂，而碍大局。该主教又请于约尾添注彼此须禀明上宪批准，方能施行；并教民所失文契，准予补立盖印、免税两条。职道因与议添定约以后，凡唐、桐、泌三县从前民教轇轕之案，无论已控未控，一律清结；案内首要各犯，已由安主教开单指拿，教民不得再行挟嫌指控，以免拖累，庶民教从此相安一条。该主教尚以为然，业于四月二十日签字定约。所有议单除抽存三份，分存职道署及教堂备案外，其余寄由陈道带省分别呈送。理合将泌阳教案议单现已签字缘由，禀陈大帅核夺，批示祗遵。

敬再禀：

职道回任之初，正值泌案吃紧，议者咸谓职道不谙洋务，颇以偾事为虑。职道亦自揣无能，时虞陨越。到宛后见案情烦琐，事无归束，故有清其头绪，专办缉匪之议。与主教安西满开诚布公，苦心调护，始得商定赔修教堂银五千两，其恤教各款至多不过三千金。职道因时局艰难，司库帑项支绌，遂议率属捐廉，先修教民房屋，如有余款，即可修复教堂，庶众擎易举，公家不费分文而案可了结。安主教不满于锡令，定欲该令认赔修堂银五千金，先立草约，意谓即可照此定议。今骤加至二万六千金，实出意料之外。职道以庸陋之质，未能设法挽回，致糜巨款而贻口实，惶愧殊深。然此中委曲情形，有非笔墨所能尽述者。职道拟于二十二日仍折回泌阳，会同赵道禀办人犯，并谨遵电谕切实办理善后事宜。理合附陈大帅鉴核。

批：据两次禀单所陈各情已悉。已于陈道与安主教续议改定首条禀内，批行交涉局转移知照矣。缴。光绪二十八年五月二十二日。

50．札韩立本[①]保护教堂
光绪二十八年四月二十九日

照得本部院接据管带襄防步队湖北补用参将刘水金禀称：现奉湖北督抚部堂、院电饬，已于二十七日撤防回襄等情。查该参将前来协防，专为保护蕲冈教堂。现时泌案甫经议结，正在议办善后事宜。所有保护蕲冈教堂，并镇慑地方，以防匪徒复思狡逞，在在均关紧要。客军既去，豫军自宜加倍留意，以固要防。为此合亟札饬。札到，该分统即便会商南镇，酌拨营队，分扎弹压，务期防范周密，毋得稍有疏虞，是为至要。此札。

51．复安西满函
光绪二十八年六月初五日

初五日接初三日惠书，具悉一切。前因潘令办理教案均能妥协，是以升署汝州，以奖其劳。继思该令在南阳一切措置裕如，舆情爱戴，民教尤极相安，自应久任，以资熟手。业于初一日，

---

① 韩立本，时任豫军分统领。

批饬藩司仍留潘令在南阳本任，藉得益宏展布。兹承来翰，意见相同，甚慰！甚慰！

附：安西满来函
光绪二十八年六月初三日

顷间传到省信，知南阳潘大老爷蒙宪恩提擢升任汝州直牧，闻令之下，钦佩殊深。仰见老大人激浊扬清，登进贤才之至意。惟此地教案经潘县主办理，诸臻妥叶，上下颇能一气，骤然去任，接手者恐未必周知其详。为此再四筹思，敢求允暂留免，将大局安置一两个月，俟七月中再走，便可将头绪清理，即后任亦较易经手。明知老大人用人自有权衡，非远人所敢掺越，因南阳系教堂总汇，交涉又关要紧，故敢斗胆一言，尚祈俯赐垂鉴。

52. 咨兵部核奖出力员弁
光绪二十八年八月二十六日

为咨请给奖事：

窃照泌阳县匪徒聚众滋事，经官军两次击散，将匪首张沄卿等先后拿获惩办。全案完结，民教相安，地方一律绥靖。所有在事出力文武各员，业经本部院择尤开单奏请奖叙，并声明武职千把以下均归咨奖在案。

兹据分统豫军奏补信阳协副将汝宁营参将韩立本，查明千把以下在事出力各员弁，开单呈请核咨前来，自应量予奖叙，以昭激劝。除饬取各员弁履历清册另文咨送外，相应咨明。为此合咨贵部，请烦查照给奖，注册施行。须至咨者。

附：道员赵尔丰禀抚恤情形

敬禀者：

窃职道前将唐县、泌阳两县良民被焚被抢情形具禀详陈，并请赏给恤银各在案。旋蒙钧谕："所有被灾之民，情殊可悯，著于张令力堂解来擒获首要备赏银三千两内提用；焚抢最甚之户，以五百两为止"等因。奉此，南汝光朱道寿镛前亦奉有"无论百姓教民，一体抚恤"之谕。职道等因亲历各乡详细察访，焚抢以翟庙之前后庄郝姓为最多，而尤以后庄之郝书屏家为最甚、最惨。适值朱道拟至唐、泌各乡抚慰，搬回居民，并亲散告示，使胁从无恐，民教相安，约会职道尔丰同张令力堂携带银两，于被难之户，酌其轻重，亲自散给，并宣示宪台德意，实因该民人等，既未闹教，又不随匪，预先匿避，即系良民，无端遭此奇祸，无可告诉，宪怀矜悯，特予逾格恩施；更望以后各相勉励，共为良善。该民人等感激涕零，旁观皆为动容，鼓舞嗟叹，有流于不自觉者。于以见小民非尽无良也。唐、泌两县被害者计七村，共用银一千二十二两。

再，职道承审三月二十八日、四月初一日马道、蓝镇两次拿获随同程意歧、罗振杰案犯内，中不过四五人愚顽无知，为其诱惑，其余皆强被迫胁，欲逃不得，当兵勇捉拿，即俯首听命，极其驯顺。乃或受枪炮刀械之重伤，或遭缧绁多日而成病，脓血淋漓，呻吟憔悴，令人见之目鼻为酸。此诚亟需抚恤之良民也。因仰承宪旨，量其伤之轻重，病之大小，罪无可坐而情实可矜者，酌给数金，俾其稍资将养。并反复开陈宪台所以哀怜之故。计共用银二百七十两。

两项皆于赏项银两内动支，所费无多，而获益实大。受之者当堂痛哭，激发天良；闻之者道路关传，仁恩溥被。朱道与职道等昨在乡间，绅民相见，皆谓宪台惠保小民，无微不至，从此民心可以大定矣。所有遵奉钧示赏恤被难良民，除动用银一千二百九十二两，另折录呈，下余银一千七百〇八两，交南阳府宋守收存，以备擒获首要赏需外，谨将抚恤情形，缕陈宪鉴，上慰廑注。

再，职道承审案件，业经拟结，另案详报。民间业已搬回故处。二麦收割，民教相安。职道与张令拟发禀即行起身回省销差，合并陈明。肃此谨禀。虔请钧安，伏乞垂鉴。职道尔丰谨禀。

计禀呈清折一扣。

谨将抚恤被难村庄暨被胁良民用过银两数目缮呈宪鉴。

计开：

马冈：刘振田、刘明照、刘振明、刘振杰、刘万金、刘万成、刘明礼、刘振安、刘镇等被烧瓦房四十五间，赏恤银一百二十三两。

吉冈：赵姓被烧瓦房两间，赏恤银五两。

以上两庄系被罗匪焚烧。

张庄：张金声被烧瓦房六间，草房七间，赏恤银三十五两。张金成幼子被杀，赏恤银十两。

门庄：门清法、门清友、门清益等被烧草房十三间，赏恤银十九两。

翟庙前庄：郝书魁被烧瓦房三间、草房三间，衣物被抢甚多，赏恤银二百两。郝书田衣物被抢，赏恤银一百二十两。郝生安被烧草房四间，赏恤银十两。

翟庙后庄：郝书屏被烧瓦房二十间，草房四十二间，衣物器皿尽被焚抢，赏恤银五百两。

讯释刘世寅牛车被抢，赏恤十两。讯释何起云、鲁劳六、陈长有、程瞎子、胡橛、程德法等，每名赏恤银五两，共银三十两。以上七名，系三月二十八日兵勇拿获被胁良民。

讯释刘明、孙胜、安修真、李铁头、曲成、徐国成、刘国和、阮学贵、徐国钧等有伤有病，每名赏恤银十两，共银九十两。讯释陈居保、程印、高强、朱成、刘振、阮心恒、刘国修等有病，每名赏恤银八两，共银五十六两。讯释杨劳三、高清顺误拿，每名赏恤银七两，共银十四两。讯释刘子温、张永照、陈明富、郝道方、朱全立、夏凤生、张永亮、李章、徐劳恩、刘娃、陈驴、马光才、刘永富、徐国良等，每名赏恤银五两，共银七十两。以上三十二名，系四月初一日兵勇拿获被胁良民。

共用银一千二百九十二两。前收到张令解交赏项银三千两，除用下余一千七百〇八两，交署南阳府宋守承麟收存，专备擒获首要赏项。理合登明。

批：阅禀慰悉。唐、泌交界一带匪乱以后，满目疮痍，种种情形，深堪悯恻。该道于被难各户及两次接仗误拿被胁各民人逐加抚恤，此中所保全生活者不知凡几。彼无辜良民，咸知感激，即顽梗之徒，当亦闻风向化，可期民教日久相安，该道之功为不少也。仰交涉局分别移行查照。缴。禀折钞发。光绪二十八年五月初五日。

附：南阳府知府傅凤飏禀拿获郑三大王[①]

光绪二十八年五月初三日

敬禀者：

窃卑府自三月二十八日、四月初二日两次剿匪获胜后，贼势既衰，民心始定，而教堂议款已结，自应亟办善后，俾民教绅董可以联络一气，为永远相安之计。维时二麦将熟，近贼各村庄尚有窜避未归者，若不亟事招徕，则农时一误，必至重困吾民。因于四月十七日由泌起程，遍历高、程店，二门、翟庙、安棚等处，剀切晓谕，宣布朝廷如天之仁，宪台保赤之隐。除罪大恶极

---

① 原稿作"大亡"，应为清政府避"大王"而改。以下标题均依原文作"王"，正文仍作"亡"。

张、程各首犯外，其余胁从，既予宽免，劝其速回故里，各安各业。该村庄居民皆闻风感泣，懑然心服，现逃而复归者计十之九。其劝之仍不敢归者，仅该匪等至戚及案内要犯而已。

适于十八日在安棚接由府城送到上月十二日宪台批示，捧读之下，感愧同深。时赵道亦奉宪札偕南汝光朱道、候补县徐令寿兹、张令力堂等亲诣各乡，赏恤备至。于是民心感动，无不引手加额，齐诵宪恩，欢声若雷，群黎大慰。卑府沿途接见绅董，复加详询各逆踪迹，知乌金沟顾姓一家七命之案，内中凶要甚多，议结时经教堂续开之郑三大亡一名及前开毕锡魁一名，皆此案首要。毕锡魁前经卑府访明在桐柏县城匿名唆讼，当即飞饬候补县徐令寿兹，密会同署桐柏胡令昶英，不动声色，业已收捕送案。而郑三大亡本系剧盗，又为乌金沟案内之凶要，即此次罗劳六扰害李莝、何庄等处，皆由该匪怂恿乡道。各村恨之入骨，徒以畏其凶焰，吞声忍不敢言。既经教堂指名请究，益难稍事姑容。

查该匪系唐县双河镇人，因上年抢掠教民，为李莝鲁云耕所控。沈令同芳痛加惩艾后，朦胧保出，始避居桐境之平氏镇。乃仍怙恶不悛，勾结匪徒奸盗以牟利。卑府访查既确，即以捕治罗劳六为名，移驻平氏。出该匪不意，于本月初二日黎明遴派妥员干勇，随该处地保堵住该匪前门，并于宅后墙根设伏，以防越窜，然后排门而入，一拥齐上。及该匪在梦中惊觉，已就擒执。当搜得大春秋刀、短腰刀、铁尺各一柄，并赌具数件，验明封存。经卑府当时讯供。该匪本多年剧盗，词极狡展，非严刑明证，不能吐实，自应就近交唐县赵令归案审办。但该匪本居双河镇，为自平之唐所必经。而该匪兄弟三人，长名光明，号曰大大亡，次光增，曰二大亡，皆同恶共济，凶狡无赖，其党羽在沿路各村者甚夥。平氏居民既喜除此大慭，又惧为途间截劫，相率来禀。卑府因亲督队勇，押赴唐县。乃大大亡郑光明胆敢追出双河镇六七里，见卑府亲率勇役，整队而行，始计沮不敢用强。正踉踬间，队勇有识之者，禀明卑府，遂就路间拿获，一并送唐。俟署县赵令完审明后，再由其禀请，分别究治。

其张沄卿一犯，风闻在颍、亳一带，煽诱土人，希图一逞，已禀商前分统豫正营马道，派勇目王永德、郭青山等蹑踪潜往。

罗劳六即罗振杰一犯，经候补典史盛世瑞探至桐柏王老庄。据首事王国洛言，罗劳六、程劳十于前月二十六日在随州境内之官潭饭铺同住，并其戚周姓五六人，拟投奔随州城南蚕坡棚中混迹放蚕，希图藏匿。王国洛誓擒贼自效，亦于上月二十八日派勇目靖铭兰、曹得禄等随同王国洛改办丝贾，秘密查勘，俟得手，即就近设法掩捕，不日当有确音。总之，但有一隙可乘，万不敢稍懈仔肩，致负委任。知关宪廑，合并声明。

批：据禀，郑三大亡既系剧盗，又为乌金沟案内要犯。该守不动声色，设法擒获，殊堪嘉尚。既同续获之郑光明即郑大大亡，均交唐县，即饬该县一并研讯确供，禀候核示。至张、罗等犯，业据查有下落，务须分饬得力弁勇，偕线往缉，总期按名弋获，勿令漏网。此次获匪出力各弁等，候讯明后，即由前发赏银两提银二百两充赏，以示鼓励。并候札饬署南阳府知照。缴。光绪二十八年五月初六日。

附：唐县知县赵完禀讯郑三大王情形
光绪二十八年五月十九日

敬禀者：

案蒙前本府发交桐柏县乌金沟顾姓家被匪烧杀案内凶匪郑三大亡即郑光亮并其兄郑大大亡即郑光明二名，饬即研讯确情，开折禀办等因。遵即提犯迭次细心研鞫。

据郑三大亡供称：伊由双河镇迁居平氏镇。本年二月初八日早，有张云卿之弟张云襄，约伊去扒教堂，伊当允从。随带刀二把，于午后起身。及至乌金沟，见张云卿已同罗劳六、程劳十等先到。伊看见教民顾劳大跪在场边，伊次子小顾劳二躲在麦秸垛下。伊赶至跟前，用刀将顾劳大并小顾劳二先后砍死。其余俱系罗劳六、程劳十等所杀。杀后他们又燃烧草瓦房各十余间。事毕，伊即回去。至伊胞兄郑大大亡并不知情。

据郑大大亡供称：兄弟三人，早已分居，伊住双河镇。因听说三弟郑三大亡被获，不知所犯何事。赶至路上，询问情由，就被一并促获。伊并无不法情事各等语。

查郑三大亡杀死教民顾劳大等一家二名，业据供认，历历如绘。惟郑大大亡供不知情，是否属实，抑系逞刁狡展，自非研审明确不足以成信谳而免枉纵。除将该犯等收禁、起获凶刀等件储库，再行研讯确情，开具供折，禀请从严惩办外，所有讯供大概情形，合先驰禀大帅鉴核示遵。

批：禀悉。该匪郑三大亡即郑光亮随同张云卿等下手杀死桐柏县教民顾劳大暨小顾劳二父子两命，情节凶残，亟应从严惩办。仰南阳府迅即行提犯卷至郡，切实研讯。并究明郑大大亡果否安分，务得确情，录供禀办。仍勒缉逸匪张云卿等务获究报。

再，前经通饬禀详事件，声明分禀某处，以免钞发而便查考，并即转饬遵照。缴。

附：南阳府知府傅凤飏禀拿获罗振杰

敬禀者：

窃卑府于本月十六日访拿教堂所指要犯吴劳八即吴永堂，解送泌阳县，交姚令启瑞归案讯办。当于十七日由平氏镇驰禀宪鉴在案。

前此卑府遴派勇目靖铭兰，协同绅士王国洛在随州、桐柏一带，秘密查访罗劳大即罗振杰已有下落，当即跟踪追至桐柏刘门口地方，该匪在周姓家藏匿。既经该绅士王国洛回报查访确实，卑府即于十九日连夜亲督弁勇傅文骧、靖铭兰并绅士王国洛、王国汉等，于二十日黎明，驰至刘门口地方，分派各员干勇，堵住村外各要隘路口，以防逃窜。复饬傅文骧、靖铭兰带领干勇，一拥齐至周姓家内，自西屋牛棚内将罗振杰搜出，立时擒获。

查该匪系扰害唐县郝庄、翟庙地方并抗拒官兵首犯，实属罪大恶极。仰仗大帅威福，各员弁用命，将该首犯罗振杰拿获，不惟足以杜外人之口，且可以绝后患之萌。卑府当即亲带弁勇，就近押解泌阳县，交姚令转解唐县归案讯办。容研鞫得实，应由唐县赵令完禀，批示祗遵。所有卑府拿获首犯罗振杰大概情形，先行驰禀。

批：据禀已悉。查罗振杰系泌案要犯，上次在郝庄、翟庙抗拒官兵，凶恶众著。该府认真踩访，设法拴获，缉捕勤能，深堪嘉尚。既将该犯转解唐县讯办，仰署南阳府宋守即饬该县迅速讯明通禀。一面将该犯解府，由该守复讯，开具供折，飞禀核办，毋稍迟延。此次获犯弁勇等，俟讯明后，查照原定赏格发给，并即分别移行遵照。缴。禀抄发。光绪二十八年五月二十三日。

　　　　附：南汝光道朱寿镛禀讯罗振杰情形

敬禀者：

　　窃照泌阳县革书张沄卿聚众仇教一案，缉获各犯，经职道督同署南阳宋守及该县姚令等先后讯明禀办。其案内要匪程劳十、罗劳六等闻拿，各在泌、唐境内聚党抗拒。两次官军击散，生擒各犯，并经职道会同记名委用赵道督同府县等提讯，分别酌拟监禁，释恤无辜，具文禀报。所有在逃要匪程劳十、罗劳六等，亦经派弁购线侦缉，饬催府县设法严拿在案。续经正任南阳府傅守队勇，并各处派出之眼线协力，拿获罗劳六即罗振杰一名。职道因该犯已解泌阳，遂报明于五月二十五日赴泌提讯。适署南阳宋守蒙宪台批饬，督同唐县提犯讯办。该守闻职道到泌阳审办，即驰抵泌阳，唐县赵令亦因公来泌。职道当即督同宋守、赵令并泌阳姚令、委员徐令寿兹等，提讯该犯罗劳六即罗振杰。

据供：张沄卿纠众闹教，系伊侄罗臭粪带人帮同扒堂围城，杀人放火，伊均知情，并未到场。后闻拿严急，起意聚众，因程劳十被剿后，乡民多不肯从，伊复率领罗臭粪等执持刀炮，胁逼乡民二百余人入伙，到处派饭，欲攻靳冈教堂；并竖旗开炮，抗拒官军等情不讳。

查该匪罗劳六即罗振杰纵容罗臭粪帮同张沄卿扒堂围城，杀人放火；闻拿之后，胆敢率党里人，派饭竖旗，开炮抗拒官军；并欲图攻靳冈教堂，几至碍及大局，实属罪大恶极，不容稽诛。应即援照土匪章程，就地正法，传首犯事地方悬杆示众，以昭炯戒。除将该匪发交唐县监禁候示，并饬严拿逸匪张沄卿、程劳十等务获究办外，是否有当，理合开录供折，禀请大帅鉴核，批示祗遵。肃此具禀。

谨将续获泌阳闹教案内抗拒官军之要匪罗劳六即罗振杰提讯供词录折，呈请宪鉴。

计开：

据罗劳六即罗振杰供：年六十一岁，唐县罗庄人。家有妻子，向没为匪。上年因邻村尖庄杨正宪无力捐缴教案赔款，小的与他商议硬抗，致被教堂指控，小的心生忿恨。本年二月间，泌阳革书张沄卿欲与教民寻仇，来邀小的入伙。侄儿罗臭粪即纠领刀匪四五十人前去帮助张沄卿闹事。小的本恨教堂，也不阻他，自己并未同去。他们这样扒堂围城，杀人放火，小的都没看见。到三月初间，杨正宪的孙新朗被县差捉去，小的带同侄儿纠人赶上，截留差役十一名，托人送交安棚哨官。

是月二十八日，听说泌阳人程劳十在二门庄聚众抗拒，小的因官兵缉拿紧急，也起意纠人，与兵对打。那时程劳十人众，已被官兵打散，乡民害怕，不肯允从，小的只好强行逼胁，就令侄儿纠约刀匪数十人，把家中旧存团练旗帜、抬炮刀矛分给大众，赴邻庄掳人。沿途遇见僧得江、僧本义、刘光臣、陈得近、王天锡，掳来帮忙，并到附近村庄裹胁乡民，声言如不入伙，要放火杀害。大家怕小的烧杀，都即勉从。小的令僧得江点记人数，约有二百余人。又令僧本义执持大旗，其余分拿刀械抬炮、徒手不等。

至四月初一到郝庄派饭。刘光臣来往探信，陈得近们并裹来乡民一并同去。本要到罗庙聚齐祭旗，再添些人，往靳冈攻打教堂，后因落雨，行至翟庙住宿。小的带人宿后庄郝姓家。郝姓男妇早已逃避。裹胁之人，小的恐他逃散，令侄儿把他们关锁庙内。是夜四更，官兵到庙围拿，僧得江们不敢出去。侄儿在庙内上屋开炮，小的在郝姓屋内房亦开炮轰打，官兵仍不退。小的料敌不住，乘间跑走，不知何人把房屋燃烧。后闻侄儿罗臭粪被官兵打死，僧得江们被拿获，小的就逃往各处躲避，不料行至桐柏县黑沟地方被获的。今蒙提讯，小的据实供明，那些刀匪都是侄儿罗臭粪认识邀来，人数太多，小的也记不清名字；张沄卿、程劳十们现逃何处不知道。是实。

敬再禀者：

窃查傅守尚有缉获吴劳八一名，系教堂单内有名之犯，而傅守则查系杀死师文铎正凶。职道当饬传师文铎之母师马氏到案，提同质讯。据吴劳八即吴永堂供：平日系帮同县差催粮。闹教之时，伊并不在场，亦无杀死师文铎情事。反复研诘，供无异词。质之师马氏供称：伊子师文铎，系被丁玉美等所杀，并非吴劳八其人。询据教士刘文藻复称：单内有名之吴劳八系名吴增瑞，另有其人各等语。查吴劳八即吴永堂，既经尸亲质指，并非凶手，教士亦称非单内之吴劳八，自未便锻炼成狱，累及无辜。应即取具妥保，如有应讯，随传随到。俟拘获吴增瑞即吴劳八到案，再行由县质讯明确，分别办理。是否有当，理合附禀大帅察核示遵。

批：禀单均悉。匪犯罗劳六即罗振杰，挟制乡民，逼胁仇教，杀人放火，抗拒官兵，实属罪大恶极。既据督审明确，亟应照章惩办，以昭炯戒。仰即查明不停刑日期，速饬唐县会同营汛监提该匪犯罗劳六即罗振杰绑赴市曹，即行正法，传首犯犯事地方悬杆示众具报，并候行司存记，详请核奏。吴劳八即吴永堂准取具妥保，俟拘获吴增瑞即吴劳八再行质明办理。仍严缉逸匪张沄卿等务获究报。缴。折存。六月初十日。

附：南汝光道朱寿镛禀拿获程劳十

光绪二十八年六月十三日

敬禀者：

窃照泌阳县闹教一案，职道昨将续获要匪罗劳六即罗振杰审拟禀办后，复以首要张沄卿、程劳十等日久在逃，并访闻程劳十有潜匿邻省之信，职道当即严饬府县会营缉拿。一面密派差弁外委赵振海购线跟追，设法诱令投首，以期乘机就获。兹据赴外委带同眼线踩至湖北随州境内朱家老湾地方，将程劳十盘住。分统豫正左军韩镇立本、署泌阳县姚令启瑞各派眼线亦闻信继至。该弁等因地属隔省，虑及呼应不灵，遂商同该处首事人等诱令程劳十来案投首。于六月十三日，由该弁押带到道。经职道提验该犯程劳十即程义歧委系正身。讯据供称：现闻缉拿紧急，情愿跟同差弁来案自首。并据供认帮同张沄卿围城毁堂后，又聚众抗拒官军等情不讳。除将该犯饬发信阳州收禁，由职道再行研讯确供按拟禀办外，合将现又诱获泌阳教案要犯程劳十缘由，禀请大帅鉴核示遵。

再，随州首事童生杨宝堂并朱白鹿等，远道同来，不无微劳，业由职道分别捐廉酌赏，合并声明。

批：据禀拿获要犯程劳十，足见该道督率有方，用人得力，甚属可嘉。仰即由该道研讯确供按拟禀办。外委赵振海等出力之人，照原定赏银五百两，由前存南阳府赏银项内提发。其张沄卿一犯，仍著密饬严拿，务获为要。仰即知照。此缴。光绪二十八年六月十六日。

附：南汝光道朱寿镛禀拿获胡惠南
光绪二十八年六月十八日

敬禀者：

窃照泌阳闹教案内，昨经职道差弁赵振海等，于湖北随州地方诱获要匪程劳十一名，当即禀报宪鉴，一面札调署泌阳县姚令来道随同审办去后。适该令先期探悉匪踪，协同分统豫正左军韩镇弁兵驰往擒捕，途次闻该匪已来道投首，该令随跟踪到道。连日经职道督同提讯要匪程劳十即程义歧，据供帮同张沄卿围城闹教后，又在二门庄聚众逼胁乡民抗拒官军等情不讳。

正在拟办间，又据署桐柏县胡令昶英禀报，于本月十四日协同城守营千总向永庆等，缉获要犯胡二少即胡惠南一名。查该犯胡惠南亦系教堂单内指拿之犯，究竟有无围城毁堂、杀人放火，以及纠伙抗拒官军，自应将该犯一并提道，俾可与程劳十质讯明白，分别办理。除批饬胡令迅将该犯胡慧南解道审办外，合将续获要犯胡二少即胡慧南一名并行提道审办缘由，驰禀大帅鉴核示遵。

批：据禀桐柏县胡令禀报，协同城守营向千总等缉获要犯胡二少即胡惠南一名,该弁勇等缉捕勤能,洵堪嘉许。即由该道札提南阳府存储备赏银二百两,发交该县充赏,以示鼓励。仰该道迅即提同胡惠南与前获之程劳十二犯质讯明白,务得确情,分别拟议禀办,毋稍稽延。切切!此缴。六月二十一日。

附:左军分统韩立本禀拿获张振川

敬禀者:

窃卑职前将会拿泌案要匪程劳十情形具文申报,并声明盘获张沄卿贴身打手二人,再三开导,令其功赎罪。卑职拣派干练差弁,带同该打手前往查访张沄卿实在下落在案。旋又盘获张沄卿之打手王老合等两名,复又开导令其作线,并派弁勇带领往缉张沄卿亦在案。顷据差弁回营禀称:在确山境内沟地方,将张沄卿之长子张振川拿获,该处绅民聚集多人,不令带案等语。随即拣派卑军中营帮带都司李春堂带领马队二十骑、步队一哨,赶往迎提,平安折回泌阳县城。

查张振川系议单内有名之犯。随询据该犯供称:与伊父张沄卿未在一处躲避,惟闻伊父现身边随护人少,势穷力竭,闻拿紧急,欲赴省城上台衙门投首,刻下不知去向等语。究竟所供能否靠实,未便深信。除将张振川发交泌阳县收讯,并饬所派亲信员弁勇丁人等上紧严密访拿首犯张沄卿,务期弋获究办外,所有拿获张沄卿之长子缘由,理合驰禀大帅鉴核。

敬再禀者:窃查泌案首匪张沄卿一犯与著名强盗不同,强盗则素性凶横,民多畏之,如或被拿躲藏,踪迹却易查访,而张沄卿者久充县书,刁猾异常,家称小康,假义愚人,平时交广,亲友亦多。该匪此次所犯,自知罪不容诛,隐匿既为诡密,且恐有人容留,所以访拿月余,未得实在踪迹。今幸仰托福庇,连获张沄卿之贴身保护多人暨其长子,想该匪势成孤立,即或不赴省自首，访拿似应较易矣。除仍由卑职设法赶拿外，谨肃附禀，伏乞大帅鉴原为祷。再叩勋绥。

批：禀单均悉。该分统督饬弁勇拿获要犯张振川，缉捕认真，洵堪嘉尚。张振川系逸匪张沄卿之子，亟应严审究办。仰交涉局即行知泌阳县迅即提犯研讯明确，录供通禀，仍勒缉要匪张沄卿等务获究报。至拿获要犯张振川之弁勇，应赏银四百两，由南阳府存款内提给，并即分别移行该分统及南汝道、南阳府知照。缴。禀抄发。光绪二十八年六月二十四日。

附：南阳府知府宋承麟禀讯王国恩等情形

敬禀者：

窃卑府于光绪二十八年六月初七日，由泌阳行次接奉本道札："以奉宪台札饬，访闻王国恩即王十三，本属匪徒，佯为善良，导引官军，实则暗中护纵，故误事机。当经由道派弁将该犯拿获。并由道访闻与该犯通同一气，借端抢夺郝书屏得赃匪徒李光照一名，亦由委员候补知县徐令带队赴鄂洼地方获住，并在其家中起获赃衣皮袍等件。业将各犯发交泌阳转交唐县赵令带回，讯供未确。行令勒传人证王书成、押带犯证县卷来泌，就近发府审办"等因。遵即调查县卷。卑府遵即督同署唐县赵令、泌阳县姚令暨原拿委员徐令寿兹搜集犯证，虚衷隔别研鞫。

讯据王国恩即王十三供称：伊早年曾在山东济宁州金营当勇，误卯回家。本年二月初间，听说邻村罗劳六因抗缴赔款，率令其侄罗臭粪纠众帮助程劳十、张沄卿到泌阳西关等处，扒闹教堂。当日罗劳六邀伊同往。伊因家中有事，借词推诿，罗劳六本不愿意。嗣闻兵役严拿，罗劳六起意抗拒，声言先攻靳岗教堂，如不听从，定行放火烧害。伊因畏惧，就去投奔教堂恳求保护。三月二十六日，由靳岗回家，途遇素识现在南镇部下派出访案之王哨官考堂、罗总爷德成告述前情，留伊在营充当缉匪眼线。伊虑一人不能办事，又转邀邻友李洸照作为同伴，令其混入罗劳六伙内暗探消息。四月初一早，李洸照侦知罗劳六带领匪众并在附近各庄掳掠乡民，约共三百余人，已由马岗窜到翟庙并后庄郝书屏家派饭分住。伊因想起管带乡勇误拿郝书屏雇工，被他控县责革，心怀不甘，起意报复，商允李洸照，捏说郝书屏与罗劳六勾通一气，当去报知王、罗二哨，转禀南镇蓝大人，即在安蓬派队同往。四更时分，齐到翟庙后庄张号围拿。那时庙内匪人都已上房，先开火枪轰拒官兵，势甚凶猛。官兵合力攻扑，才将庙门轰开，当场格毙匪首罗臭粪等多命。所有被掳百姓，均向官兵哀求，四散逃出，并说罗劳六躲在庙后郝家的话。伊与李洸照就随哨官兵勇至后庄搜寻，火炮轰开郝书屏家大门，用火把照亮，一同进院搜查。各屋并无一人。见罗劳六坐马拴在廊下，想是罗劳六藏在后院，大家进去捕拿。讵知罗劳六已同死党翻墙逃跑，伊又随王哨官兵勇跟踪追捕无获。天至黎明，望见后庄火起，伊同官兵们折回救火，途中撞遇不识姓名一人，手携布包。王哨官见其形色慌张，当向盘问。那人弃物逃跑。伊即将布包拾起查看，内包镜盒二个，帽架一个，马榨枕一对，递交王哨官，叫伊暂行收存。后来查知前项物件系郝书屏家失赃，伊就交王哨官将原物送还，大众周知。至李洸照怎样进内乘乱攫取郝书屏家衣物，伊当时实未知觉。至郝书屏家如何失火，是否官兵攻门时遗落炮火延烧所致，伊不知道。日后查出如有挟仇放火，甘愿办伊重罪，求访查详察等语。

质之李洸照，供与王国恩大致相同。卑府等诘其所得赃物究有若干，维时有无起火，坚称伊随官兵进内搜捕，因见后院东屋放有皮袄、皮坎肩各一件，酒壶一把，伊就起意乘间攫取，当夜携赃折回家中。那时房屋尚未燃烧。其余郝家所失赃物，究系何人拿去，或被烧毁，不知底细。再三究诘，供仍如前，加以刑吓，极口呼冤。

卑府细核犯供，如王十三潜通消息，阳拿暗纵，致罗劳六潜逃日久始获，而又怀挟私怨，荡败人之家产。李洸照身膺眼线，乘间攫取衣物，均属不法。惟思罪凭供定，狱贵得实，以期情法允当。现该犯等供词既涉游移，未便遽定爰书，致涉草率。除将各犯交由赵令带县押候，再行提集犯证虚衷研审，务得确供妥拟禀办外，所有王十三等提讯大概情形，合先驰禀大帅鉴核。

批：禀悉。仰按察司速饬唐县赵令提犯集证研讯明确，迅即录供禀办。缴。光绪二十八年六月二十七日。

附：桐柏县知县胡昶英禀拿获刘廷柄

敬禀者：

案蒙本府札转，蒙宪台据卑县禀拿获泌阳闹教案内要犯刘廷柄一名禀由，奉批："据禀获犯刘廷柄，查系泌阳案内首要已悉。仰署南阳府宋守即饬该县讯明通禀，一面由该府提犯复讯，开具供折禀候核办，均勿违延。俟供禀到后，再行酌定赏银。切切！"等因，转行到县。蒙此，查该犯刘廷柄，实系泌阳案内要犯。前据勇役拿获到案，落膝初供，未加刑吓，即据供认牵卑县乌金沟被害教民顾高顺家牛三只，惟坚称此次闹教并未入伙。是否恃无质证，狡供避就，固难悬揣。第既供认牵牛，其素日不安本分，已可概见。现已饬据将牛缴案，业令事主认明待领。除将该犯解府听候复讯核办外，所有卑县获犯讯供缘由，理合开具供折，禀呈大帅查核，俯赐批示祗遵，实为公便。

计禀呈供折一扣。

计开：

刘廷柄供：桐柏县人。小的年五十五岁，家有两个女人，一个小孩，共四口人。小的弟兄四个，大哥刘廷烺，二哥刘廷炜，小的行三，四弟刘廷炘，分居多年了。大哥、二哥死有十来年了，现在就止弟兄二个。本年二月初八日，果园寺有会，小的去赶会。走到路上，听赶会人说，泌阳来的人扒乌金沟教堂，人都在岗上扎住。小的到旁边岗，离那四五里，远远望见，并没前去。后来牙行经纪秦劳八说顾高顺家有三条牛，叫小的牵回去喂着，亦没给他钱文。计小牸牛一个，小犍子一个，大牸牛一个。到小的家生了一个牛犊，当时犊就死了。小的家只有顾家三只牛，没有别的东西，情愿把牛三只送案。顾家被害，小的实没前去，求恩典。是实。理合登明。

批：据禀已悉。此案前经批饬讯明通禀，今阅折开供词，仍属含混支吾。犯既解郡，仰南阳府速提该犯刘廷柄切实研鞫，务得确情，录供通禀察夺，毋稍率延。切切！并饬县录批分报司道局查考。缴。折存。光绪二十八年七月初七日。

附：左军分统韩立本等会禀拿获张沄卿

窃卑职立本昨将首匪张沄卿之子张振川暨该匪贴身帮手曹振铎等拿获，并闻该匪势成孤立，易于缉拿，并有情急赴省投首之信，当经禀报在案。卑职立本嗣又访闻张沄卿依恋妻子，又复远道折回，始有投案之心，继而执迷畏罪，仍复窜逃。卑职立本随即拣派得力员弁，分兵十数起，各带眼线，分赴各乡扼要兜拿。卑府凤飚接印后，闻张匪有逃回信息，遂即来泌督同泌阳县知县姚令启瑞，各派勇役分路缉拿。该犯狡猾异常，行踪诡秘，且卑职立本蒙大帅专调来泌，如在附近之区，任其漏网，卑职等殊觉辜负委任。

现在仰托福庇，于七月初八日黎明时候，在泌阳县属之截军山地方，经卑职立本派出中营帮带李春棠，后哨马队哨官候补外委戴杰、外委傅文骏，暨各员弁等，将张沄卿即时拿获。适在前左军分统马道开玉派弁马鸿骧、南汝道朱寿铺派弁赵振海、南阳镇派员石庆喜、前泌阳县知县费鸿年及泌阳营县人役同时赶到，协同拿获。当经卑职立本会同卑府凤飏验明实系张沄卿正身，随即发县审办。合由五百里排递禀纾宪廑。

再，此次泌阳起事，先后拿获张沄卿暨罗振杰、程劳十等多名，出力员弁不无微劳足录，可否仰恳鸿恩准予择尤保奖，以示鼓励而资观感之处，伏祈训示祗遵。此禀系由卑职立本主稿，合并声明。

批：禀悉。要匪张沄卿，竟能不动声色，设法会捕，克期擒获，该分统之力居多，足征办事勤奋，将士用命，殊深慰佩。出力员弁准择尤开送衔名，以凭酌核请奖。至前县赏银一千两，即备文来省具领。仰南阳府傅守就近督同该县提犯研讯确明，迅速录供禀办，毋稍迟延。并由府移韩分统及行该县知照。缴。光绪二十八年七月初十日。

附：泌阳县知县姚启瑞禀拿获史玉堂
光绪二十八年七月初三日

敬禀者：

窃查奉发安主教单内所指杀死教民禹功九案内凶犯史玉堂一名，节经卑职悬赏购线密拿务获在案。兹据派出线勇苏振清等将该犯史玉堂捉获送县，卑职连日提犯研讯。据供：伊与已死禹功九平素毫无嫌隙，究被何人仇杀，伊实不知底里。再三究诘，坚供如前，加以刑吓，极口呼冤。显系恃无质证，狡供避就。除由卑职访查明确，一面勒传要证到案，提同该犯质讯，务得确情，另行禀办外，所有拿获奉发安主教单内所指杀死教民禹功九案内凶犯史玉堂一名，讯供大概情形，合肃驰禀大帅鉴核，俯赐批示祗遵。

批：据禀已悉。查该犯史玉堂已据县随同傅守报获首要张沄卿禀内批饬并讯在案，仰即查照，另批遵办。仍录批分报各衙门查考。缴。光绪二十八年七月十四日。

附：南阳府禀审明张沄卿并请正法

敬禀者：

案蒙宪台批：据韩分统会同卑府督饬泌阳县姚令拿获闹教案内首犯张沄卿情形禀由，饬即督同提犯研讯的确，迅速录供禀办。又奉宪台批："以张振川一犯如未解道，即同史玉堂等一并督饬研讯，分别办理。至张沄卿、张振川父子孽由自作，其家属不无可原，应即先行提释以示体恤"各等因。当即飞饬该县姚令，先将张沄卿家属提释，一面将张沄卿、张振川、史玉堂亲自押解。兹据该令禀报，现又拿获案内人犯史玉川一名，同张沄卿等一并解讯前来。遵即督同姚令提集各犯，连日隔别细心研讯。

据张沄卿供认，因说抗缴赔款被控，差缉、练军搜拿，心怀忿恨，起意纠约席小发等杀死教民叶长荣等多命，焚烧房屋，拆毁教堂，并临城抗官等情不讳。惟坚称伊子张振川始终并未在内。质之张振川，狡猾异常，坚不吐实。提讯史玉堂、史玉川亦供词狡展，非提同要证刘世恒、鲁牢五到案质明，不能水落石出。

查张沄卿纠同席小发等惨杀教民多命，焚烧房屋，拆毁教堂，并临城抗官，实属罪大恶极，应请援照土匪章程，先将张沄卿就地正法，传首犯事地方悬杆示众，以昭炯戒。其张振川、史玉堂、史玉川三犯，请俟要证刘世恒等传到提同讯明，再行分别办理。所有审拟缘由是否有当，理合开具供折，禀请大帅鉴核，迅赐批示祗遵。

计禀呈清折一扣。

谨将督同泌阳县知县姚启瑞提讯闹教案内首犯张沄卿供词开具清折，呈请鉴核。

据张沄卿供：泌阳县人，年五十二岁。父母俱故，兄弟三人，女人王氏。三个儿子，长子张振川，次子张明，三子张平。小的前在泌阳县充当保甲房经书。光绪二十七年八月间，刀匪石光谦在盘山竖旗滋事，与小的无干。教堂内说是有小的在内，控县差传，把小的卿名革除。后经城内绅士朱铎们说和没妥，教堂又把小的控蒙委员李大老爷前来查讯。经史长龄即史符全管说，叫小的买摹本缎一丈六尺，纱灯二对，万民伞、石头碑、金字匾各一个送给教堂；并给委员李大老爷烟土二百两就没事了。小的怕受拖累应允。因赶办不及，借银十四两，烟土二百两，一并交给史长龄。说是银两托李大老爷回府购买摹本缎、灯笼的，万民伞、石碑、金字匾，今年春天再办。后来李大老爷把摹本缎、灯笼买来，经史长龄送交教堂。

今年正月间，听说乡民无力摊缴赔款，小的说是不如硬抗，那知就被教堂知道控县，差缉、练军又到小的家内搜拿。那时小的在外探亲，没有在家。回来听说，想起前被教堂控告，把卿名革除，心已不甘，现在又派差缉、练军到家搜拿，不能做人，心怀忿恨，起意杀死教民泄恨，就约素好的刀匪席小发，叫他转邀同党刀匪报仇。席小发应允。因闻唐、桐毗连高、程各村乡民没力摊缴教案赔款，小的合席小发同谋，乘势煽惑，叫他们硬抗。又合席小发分路邀约村民，扒毁教堂，焚杀教民。那时他们都不答应。小的合席小发吓说，如不帮助，立刻焚庄杀害。他们害怕，大家允从。小的又约罗六爷即罗振杰、罗臭粪、安三秃、李宾如、李纪善、褚伯申、南方策、李应芝、程劳十即程义歧，并叫他去约胡二少即胡会南们一共十人，席小发也约刀匪刘四即刘汶明、朱书堂，赵小黑、赵守发、曹劳大入伙，携带枪炮刀棍，说定二月初七日聚齐。

　　先到本境楚湾，小的喝令大众杀死教民叶长荣父子一家四命，并杀死教民禹功九一命，扒毁房屋。初八日又到桐柏县境乌金沟地方，杀死教民顾劳七一家男女七命，焚烧房屋。见有泌境教民叶姓、师姓二人在彼，一并杀死。折到唐县小王庄，杀死教民邓魁保一人。那时人多手杂，何人杀死何人，记不清楚。初九日，四乡教民逃进城内。小的合席小发率领大众来到泌阳县西关外，把教堂扒毁。又到城下向县官索要城内教民刘万乾们放出杀害，并向县官勒要上年闹教被押人犯，方肯罢休。县官不允，小的合大众就在河坡住下。初十日早上，忽起大风雷雨，乡民纷纷散去。城上开放枪炮，席小发喝令他们开枪抗拒，枪被雨淋，没有过火。十一日，听说练军合本府来拿，小的合席小发们害怕，分路逃跑。后来听说程劳十、罗六爷抗拒官兵，那时小的并没在内。小的逃后，白日伏藏山壑草丛，夜行荒僻小路，各处躲避，并没一定住处。今因获讯，实因被控，差缉、练军搜拿，心怀忿恨，起意烧杀教民，并没别故。儿子张振川始终实没在内。褚伯申们现逃何处，不知道。求恩典。是实。

　　批：禀悉。该犯张沄卿起意纠约匪党，拆毁教堂，惨毙教民多命，聚众抗官，实属罪大恶极。既据督同泌阳县姚令提犯研审明确，自应照章惩办，以昭炯戒。仰即查明不停刑日期，督饬南阳县，会同营汛，监提该犯张沄卿，验明正身，绑赴市曹，即行正法，传首犯事地方悬杆示众具报。张振川等三犯，速饬勒传要证刘世恒等解郡，切实质讯明确，另禀察夺。缴。折存。光绪二十八年七月二十四日。

附：河南布政司详请咨部核销教案赔款

为详请咨明核销事：

案奉宪台札开：光绪二十八年六月初五日，具奏泌阳教案议结一折，计原奏内开：窃照泌阳教案，前经会督镇道等拿获要犯，讯明惩办，暨两次剿捕刀匪情形，均经奏明在案。懔遵谕旨：敕将教案赶紧了结，迭札候补道陈履成会同南汝光道朱寿镛，督饬印委与该主教安西满妥商去后。兹据该道等将泌阳各处教案一律议结，书约画押，先后禀复前来。

查泌阳匪徒张沄卿等，因抗摊赔款，勾结刀匪滋事，教堂、教民一时同遭蹂躏，其房屋器物大半拆毁损失。至被难教民虽经妥饬抚恤，而扶老携幼，逃避靳岗教堂者亦复不少，该主教安西满供给食用，自属不赀。此次商办赔修教堂及教民房屋，以及添补一切器物各项费用，再三辩驳，始以共需银二万六千两议定。唐、桐、泌三县，素称刀匪出没之区，案若久悬，尤恐群疑莫释，枝节横生。既经该道等议明完结，自应照准。当饬藩司设法誊挪，依限清交所需款项。伏乞圣恩俯念豫库支绌，准其作正开销。仍一面督饬地方文武及防练各营，购线缉拿首要各犯，务获究办；并妥抚良善，保护教堂教民，务使相安，以期上纾宸廑。所有此次议结出力各员，除朱寿镛系本任南汝光道毋庸议叙，查候补道陈履成、南阳县知县潘守廉、新野县知县钱绳祖，顾全大局，劳瘁不辞，不无微劳足录。惟该道陈履成，前已保有二品顶戴，并蒙恩交军机处存记，应如何奖叙之处，未敢擅拟，伏候圣裁。其南阳县知县潘守廉、新野县知县钱绳祖，拟请敕部从优议叙，以昭奖劝。六月二十二日奉朱批："陈道履成等，著交部从优议叙。余依议。单并发。钦此。"

又奉宪台札开：光绪二十八年五月十八日，附奏淅川厅荆关教案议结赔款一片，计原奏内开："查淅川厅荆紫关英案，由前署南汝光道许星翼委员前往，会同印官与英教士妥切磋商议结，所有教堂失物，统共赔银八千二百十三两六钱四分。因此案衅起武营，与民间无涉，不便派之地方，曾经饬由司库先拨银七千两解往发给，下短银一千二百十三两六钱四分，由淅川厅征收荆关税银项下拨补，业经如数付清结案。"六月初六日奉朱批："该部知道。钦此。"各等因，先后由院札行到司。蒙此，遵查上年豫省河北暨南路法国教案赔款，已蒙奏准作正开销，动用部拨之款，详请咨明核销在案。此次泌阳及荆关教案，自应循照办理。查泌阳教案赔款，已奉奏明需银二万六千两，由司设法誊挪发给。又荆关教案赔款银八千二百十三两六钱四分，除在荆关税银项下拨付银一千二百十三两六钱四分，现已移咨厘税局专案详咨核销外，由司拨发银七千两。共银三万三千两，系动用二十八年地丁银一万八千两，应请作正开销。所有泌阳、荆关教案赔款动用司库款项数目，理合详请宪台鉴核，咨部核销，实为公便。

再，查司库两次发过备赏及教堂需用，共银六千五百两，又续发银一千两，均经报明归本省外销办理。惟豫库外销无多，查有锡令认赔银五千两，当将此款全数动用。其不敷银二千五百两，在于历次支发教案赔款扣存汴平、申平项下动支，以清外销案款。应请毋庸咨部，合并声明。为此备由具呈，伏乞照详施行。须至册者。

批：已据详咨明户部核销。至备赏等项，由本省外销款内动支，自应毋庸咨报。仰即知照。缴。光绪二十八年七月二十四日。

附：南汝光道朱寿镛等会禀审讯程意歧等情形
光绪二十八年八月初三日

敬禀者：

窃职道履成蒙宪台札饬，驰赴信阳会同职道寿镛提讯泌阳闹教案内续获匪犯程劳十、胡二少，如果供俱确凿，毫无疑义，先行正法，开折禀办等因。遵经束装驰抵信阳。卷查该二犯，先经职道寿镛讯明开折拟议请示。于发禀后，即偕费道道纯赴鄂省会商厘金事宜。于二十五日回署，并蒙宪台札同前因，随即会同提讯。

据程劳十即程意歧供认：上年曾经三次聚众挟制官长；本年又同伊侄程玉薪纠约千余人，帮同张沄卿杀人放火，扒堂围城；又因闻拿紧急，率党执持炮械，逼胁乡民勒济子药，并列队抗拒官军等情。又据胡二少即胡惠南供：程劳十邀伊帮同闹教，伊因怕程劳十、罗劳六等不依，令佃户王三及庄邻等五人随往助威，并未亲自到场。各等供。据此，查此案业经职道寿镛屡次研讯，兹会同提讯，供与原审相同，毫无疑义。职道等于审毕后，谨遵宪台札饬，令信阳州将程劳十即程意歧一犯，验明正身，绑赴市曹正法，以昭炯戒。其胡二少即胡惠南听纠入伙，虽未亲自到场，惟其明知闹教，并不劝阻，乃令佃户人等随往助威，亦属甘心从匪。职道寿镛原拟监禁三年，似尚不足蔽辜，应请发回原籍泌阳县监禁五年，限满察看能否悔过，分别禀办。所有会同审办缘由是否有当，理合禀请大帅察核示遵。

计禀呈清折一扣。

谨将职道等会审泌阳教案匪犯程劳十、胡二少供词，开录清折，呈请宪鉴。

据程劳十即程意歧供：年六十五岁，泌阳县二门庄人。上年腊月曾合罗劳六即罗振杰、吴劳八即吴增瑞、李纪善、李宾如等，三次纠领多人，晾兵硬抗教案赔款，挟制县官。本年二月初间，县书张沄卿欲与教民寻仇，来邀小的帮忙。小的当同侄儿程玉薪纠集一千余人，由侄儿带领前去帮助。小的初八日在邻村胡二少即胡惠南家吃酒，张沄卿同侄儿们怎样杀人放火，扒毁教堂，小的都没看见。初九日听说张沄卿围城，小的当邀胡二少纠人同往助势。胡二少不肯，小的不依，他就叫佃户王三、雇工王小保、邻人程姓等五人，跟小的去助威。小的到城下，见席小发等向县官索要城内教民杀害，又要放出上年闹教押犯。县官不允。次日大风雷雨，人众渐散，小的也就跑回。

后闻官兵缉拿紧急，小的起意与官兵对打，同侄儿胁逼乡民，声言如不允从，立即烧杀他们。入伙约有三百人，分持旗帜、抬炮刀矛。小的又造木挡牌二十四面，以挡枪炮。又往邻近各乡裹人勒济枪子火药，尚未帮给。二十八日，官兵已来捕拿，小的即在庄前列队，抵敌不住，先由小路逃跑，就逃到湖北随州躲避。后又听说侄儿、侄孙等受伤身死，席小发们亦已正法，小的正要来辕投案，就被差官赵副爷们盘住，带同来案投首的。这胡二少即胡惠南，始终并没到场，他雇工王三们也没下手杀人及放火扒堂情事。今蒙复讯，所供是实。求恩典。

据胡二少即胡惠南供：年六十岁，泌阳县毗阳保人。今年二月初八日，小的为儿子定亲，程劳十来说张沄卿要与教民寻仇，伊同侄儿程玉薪纠约千余人帮助，要小的纠人同去帮忙。小的不肯，程劳十不依。小的怕他后来报复，又恐罗劳六也要不依，无奈令佃户王三、雇工王小保、辛劳大，并邀同邻人程意来、刘姓们五人同程劳十去助威。小的躲在家内。王三们去的落后，故没随同张沄卿杀人放火，扒毁教堂。后来听说官兵拿人有小的在内，就逃往各处躲避，至六月十四日被桐柏县拿获的。那教民顾高顺、叶长荣们究被何人所杀，程劳十、罗劳六们怎样抗拒官军，张沄卿怎样杀人放火，扒堂围城，小的始终并未到场，委不知道。今蒙复讯，所供是实。求恩典。

批：据禀已悉。胡二少一犯，虽据供称并未随同烧杀抗官，然究遣人助势，甘心从匪。仅予监禁五年，情重法轻，未足示儆，应发回泌阳县监禁十年。仰即遵照办理，并分别移行知照。缴。折存。

附：安西满来函
光绪二十八年九月初七日到

久隔鸿仪，频通鱼音，虽晤教未能，亦无时不神驰左右也。敬维起居纳祜，为颂以忻。

兹起者：顷闻泌匪胡二少一犯，被解朱观察处审明议结，复解泌阳监禁三年。此次甚谬。鄙意因该犯原系十七名内之正凶，与张沄卿、罗振杰、程劳十等相提并论，始符原议。今仅监禁三年，焉能尽其罪也。况泌阳为该犯出长之区，上下皆其狼狈之党，禁与不禁同，奚以照公道而洽人心。为此合恳大帅速饬该观察，仍将该犯解宛移永监管，似可稍尽其罪。若邀允恳，庶不置原议于无用之地也。

李用清家书二十四通[*]

谢冬荣 整理

说明： 李用清（1829－1898），字澄斋，号菊圃，山西平定州乐平乡（现山西省昔阳县）人。咸丰八年举人，同治四年进士。历官广东惠州知府、贵州贵西道道台、贵州布政使、陕西布政使等职，晚年主讲晋阳书院。《清史稿》有传。据李用清之侄李衡云《方伯李菊圃先生事略》载，李氏著述手订者有《悔何追草堂奏疏》二十五卷，《书札》十二卷，《官黔公牍》三十三卷，《日记》八卷，《杂记》一卷，《读书日记》、《山西办赈公牍》四卷，《惠州批信稿》十五卷，《贵州批信稿》十三卷，惜均未刊行。目前已知刊印者为《课士语录》、《李菊圃先生遗文》两种。^②

国家图书馆藏《五知堂家藏函牍》十册，李莲炬整理，主要收录崇绮、曾国荃、阎敬铭、黄彭年、马丕瑶等数十人致李用清函札，此外还有禀稿、奏折、寿序征文启等等。《函牍》的内容涉及山西赈灾、巡抚贵州和陕西以及主讲晋阳书院诸事。其中第一、八、九册还含有李用清的家书，包括致父母伯叔十一通、兄弟姐妹十通、侄儿三通。从家书内

＊ 此为国家社科基金重大项目"国家图书馆藏未刊稿整理与研究"〔批准号：13&ZD107〕阶段性成果。

② 转引自仁贵、任永福、李宝贵编《"天下俭"李用清课士语录》，中国文史出版社2011年版，第318页。

容中可见李用清处事为人的思想。今整理其中的家书，并略加注释，以为研究者之参考。各封家书根据收信人简要分类，同类书信的编排以粘贴顺序为准，时间前后有颠倒，请使用时注意。

致父母伯叔

一

母亲大人膝下：

王善士先生来京，接到成小信，知家中一切平安，儿心甚喜。父亲大人精神甚好，饮食起居如常。志小读书尚肯用功，惟天分笨极，一时难相上进。二小照应家务亦妥，明小亦好，已读《易经》半部矣。儿精神甚好，今年不在广家教书，另在城里铁狮子胡同志大人（名和，刑部侍郎）① 家，教他侄子，一个十八岁学生，尚好教。每月束修十两，惟不供馔。书房离家一里许，每饭时回家吃饭。看来每月既有十两银进项，光景便不难过了。儿媳妇自去年夏天病起后，每经血来时好心热，又有血块，现在服逍遥丸已好了。但不知成小鼻病何如，不胜挂念，他来信亦未提及。他既有岁考一事，看来来京终恐耽误，宜探问明白再来京也。成小来信言咱所种三都家之地被王家买去，这事不必介意，不要于言词间露出来。大人腿上疮已好否？儿甚悬念，惟望好自保爱也。书不尽言。二月十三日灯下，男用清谨禀。

---

① 志和，字蔼云，号春圃，满洲正蓝旗人。咸丰二年进士。同治八年八月由礼部右侍郎改任刑部左侍郎，十一年七月改任户部左侍郎。

二

母亲大人膝下：

儿已于二十七日到河东书院①，一路平安无事，惟在韩侯岭遇雨，留住三日。院中大小平安，明小黄水疮亦渐愈。据用成言，当是暑月过热，功夫过紧故也。用成文较前似为长进。南峪坟累堵事，但能累总以累起为是。里头院跟森小，吾一路寻思，不可不教他读一冬书。今冬且教他从师读书，束修杂支由咱家付与。此敦宗睦族第一要事，不可惜此小费也。书不尽言。七月二十八日，男用清叩禀。

三

父母亲大人膝下：

八月初八日接到七月十八日手谕，言甚念儿腿疼病。儿并无此病，此言从何得来？惟前在南城蔡家教书时，左右朋友甚多，饭后必走谈半晌，又恐误了教书上课，来往甚速，时或腿觉酸困。前西门坡宋姓来京时，曾言及之，或者他回去传说。自儿到香儿胡同教书后，左右朋友甚少，饭后不过在街走一里许，便回书房。近日脚步甚健，断无此病，不必挂念。惟用成病尚未十分好，医家言乘秋天金旺，好治肺病，若迟迟又久，恐成痼疾。近已服药十余剂，总未能将根除去，然精神饮食都照常，已教他作八股矣。来信言疾疫甚厉，未知咱家亦曾有人病否，来信宜提明。又言胞兄去买线，儿心甚喜。二百年来，咱南川止有两个翰林，儿又徼幸留馆。此等兴利除害事，是士大夫所当讲求也。伯兄与和顺捐监事，儿不日即当出南城上兑，是敦宗睦族之一端

---

① 河东书院创建于明正德年间，民国时改名山西省立第二中学校。同治十二年，父亲病逝京城，李用清扶柩归里，后主讲河东书院，直至光绪元年释服入都。

也。儿心又喜矣。二字匪事，来信言今冬恐不能无事，年成不过三几分，此事深为可虑。但不知咱家中房上各针仍在否？墙壁又往高垒否？房上各针，是万不可少的，秋后急宜再买几担，再修治一面，断不可恐怕风声大，又招上贼来。他既为贼，王法且不怕，何有于绅士。若待他逾墙入门，则悔之晚矣。家中鸟枪万不可少，枪药是必须有的。收秋后，日落即须将大门早关，不可半夜里在外闲坐。此皆要言也。村中人不可得罪，宜以和气为主，与咱相好的，如张玉升老汉、张灿老汉等，宜分外与他相好，或者急难可以相就。至擒拿二字匪，已有奏明章程，今将上谕及原奏稿及章程单一并寄去。宝坻棉花闻收成尚好，每斤银二钱六分，发到京二钱八分，尚是疲盘子，收秋后看事而行。若二字匪又动手，便不可离——看守门户为要。书不尽言。八月初九日，男清叩禀。

鸟枪事办得如何？村中尚啧有烦言否？如尚啧有烦言，便将此项钱单咱出了，算成咱的亦可。

又有最要紧话，以后断不可使胞兄到衙门与官抗衡。如去冬之事，十分险极。当百姓的要安百姓之分，不可以抗为能，更不可以抗官为体面。况自有二字匪以来，地方官恨儿及李希莲[①]先生入骨，断不可效扑灯蛾自投火也。倘不听儿言，自投罗网，儿亦无如何矣。

再，家国一理，朝廷有灾异要修省，家中亦然。咱家自来平安。去年有贼投掷瓦石，今年又有疾疫，此不必焚香祈祷，只要自己修省。仅将条目大概开列：

一家中宜大小和睦。古人言和气致祥，乖气致异。

---

①　李希莲（1831－1897），字亦青，平乐乡李家沟人。咸丰十年进士，官至陕西布政使。与李用清有同窗之谊。

一与村中人交处，要和颜悦色，不可轻易生气。

一子弟要各有正业，不可吃闲饭，因而生闲事。

一凡亲友有以衙门事来求者，切记不可答应，若实在在身上有亏欠，以粮食钱帛酬之可也；不可以说官事为不费之惠。自吾先祖以来，不开此端，岂可自我开之。

一不可以抗官为能也。大凡愚百姓往往以能抗官为体面，殊不知上下有分，断乎不可逾越。亲友如有说拿你们的身分，再受官欺负，何以对人者？遇此等人，须以好言慰之。我自祖父以来不敢抗官便了，不可说脸上变不转，便负气与官相抗。王法不可犯，若犯了王法，虽官至宰相，也是无法的。

一家中宜早起习勤也。人家男女个个能早起，便是兴旺气象。吾母亲大人无一日不早起，先祖父亦未尝不早起。子弟们要以此为法，更要自己谨戒自己的女人以此为法。

一女人们不可多言。大凡女人们不好多说话便是贵相，若是多言，必生闲事。自古说妻贤夫祸少，若是自己不贤慧，将满家人都得罪下，倒教自己男人也跟上受多少滞，是为甚底。

一子弟们要好好教训也。明小、志小们都是要紧时候，如今伯兄既移居井沟上头院，便有了闲地方，宜教他每日有工课，更要他循规蹈矩，不可走入山野轻浮一边。

再，聂店七财主与咱寄来银子一百两，前小王胡赵掌柜寄来银子二百两尚未动，目下锦成章共存银三百两，三弟来买棉花，若家中银子少，可到锦成章提去一百两也。但恐今年秋收止三四分，咱乐平不好卖也。三弟当自酌之。

四

父母亲大人膝下：

儿近日在京一切平安无事，无用挂念。前胞兄与三弟都言，小妹将来出嫁不可与恩妮们一样看待。儿近日已买下女人宫绸挂料一件，连里带面兼有挽袖，俟有顺脚人，即便带去。此系胞兄及三弟主意，非儿与用成敢擅为也。念我母亲止此一点骨肉，又系老生闺女，不可不分外看待一点也。儿近日视用成十分爱怜，想亦年岁为之也。儿久不接家信，心中殊觉烦闷，倘有顺脚人，必须与儿寄一信来。又念三弟吐水病症，不知近日又是何如？胞兄在西川，饭不应时，亦大可虑。志小、二小等都守本分否？明小、景山小念书何如？儿深恐书香自儿手断了也。二小寻生意事，已托锦成章张掌柜了。伊言不如在榆次寻个地方，较京城铺户为殷实也。二字匪近日情形何如？今年秋收不好，甚可虑也。闻地方官依旧置之不问，真无法矣，惟有谨守门户而已。九月初十日，男清叩禀。

毛氏①有孕否？如有孕，千万不可作满月也。此最要紧。家中从今往后千万不可与官为敌，切记切记。前言胞兄去买线事，已买来织布否？前寄去月饼二匣，已接到否？又寄去《十三经集字》及《弟子规》，均收到否？《弟子规》书甚好，宜与小孩当《三字经》讲说也。三弟若来京，务必先到李希莲先生处换个长衫，再来书房。广公爷府不穿长衣不许进三门也。儿细思三弟如来买棉花，在路上带银甚为可虑，不如在锦成章，且支去银子一百两，俟来春再从榆次为儿寄来为妥。惟今年咱家年岁不丰收，似亦不宜多办也。再，二字匪如要依然不安分，便以看家为要，不必来京也。

桃园梨树必须伐去，使桑树长成。三弟于此等处视为不要紧事，终是不学之过也，怪不得他。但儿为此事已舌敝唇焦，难道说这点人情也不肯作也。（十分难事，儿也不肯教他们做此；并非难事，何以置若罔闻，儿已将此言说了四五年矣。）

---

① 李用清先娶冯氏，后又娶郭氏、毛氏。

秋后必须将房上各针再修饬一回为妥。恃陋不备，古有明训。千万不可说恐风声大，反招上贼来。此等话乃无知识之言，必不可听也。男用清又禀。

五

父母亲大人膝下：

儿与用成在京一切平安无事。前寄去月饼二匣及二十四孝屏、《十三经集字》已收到否？二字匣近日情形如何？将有抢夺事情否？闻五六月间曾抢车掌家，村人保护，未能下手，曾有此事否？来信宜一一写清。前来信言今冬恐不能无事，宜将蠢动情形细细写清。咱家中仍宜小心，多安排鸟枪，房上各针仍旧安排，日落即关大门，不可多在外边夜坐。这都是要着，不可当做闲话听也。自从李抚台①到省后，也曾上紧缉拿否？三弟今冬若来京，可预备大衫，尚好进公斋门。此宜切记。书不尽言。九月初二日，男清谨禀。

　　再，家中切记不可到衙门与官相抗，取出祸来。衙门有公差，不宜凌辱，宜以礼待之。亲友如有以公事来求者，一切屏谢，不可以抗官为不费之惠。儿每想起抗官事，不觉心悸。此取祸之道也。

　　胞兄买线事，已买来否？女人们已织布否？此又是心上事也。去冬还乡事，不可行诸纸笔，使有凭据，切记。用成言，家中高竿上灯笼不可不点，亦要言也。自从伯兄移至井漕后，儿每每梦见伯兄。二生兄今年尚好，儿但愿子弟个个学他也。儿近来常常梦见大人。前六月二十四日夜间，梦东方有木九株，儿往观

---

　　① "李抚台"当指李宗羲。李宗羲（1818－1884），字雨亭，四川开县人。道光二十七年进士，官至两江总督。同治八年五月至九年七月任山西巡抚。

之，见大人卧而观书，书顶上有"九劳身"三字，意者大当享九十之寿乎。儿少时所读河间诗，可寄来。

六

母亲大人膝下：

儿于三月二十三日由遵义巡阅回省，衙门老少平安。贵阳小儿种痘已结痂矣，哑哑学语。儿定于四月初二日出省巡阅下游营伍，大约五月初可以回省。儿思儿信东叔年已老，托折差外委郭凌霄带去袍褂料各一件，连里绸交栾城四维堂转寄咱家。母亲大人可放起，将来与儿信东叔父作寿衣。昨接明小由湖南常德府来信，说坐船到汉口。到汉口尚无来信。儿公事多，无写信之暇。祈母亲诸事心宽，儿才放心也。三月二十九日灯下，男用清叩禀。①

七

父母亲大人膝下：

六月初六日接到大人手谕书，又四月十九日书，言程占魁先生寄去银子二两、折子一包。知散馆在一等第十九名，关上来报翰林院编修，尚疑未敢信。又不知三同年以何职用。儿于引见后，即托平定州顺家庄王同年他掌柜寄去家信，言儿与温同年用翰林院编修；柳同年用主事，分刑部；杨同年以知县用。想此信定为寄书人所误也。至寄银一事，不必急急。儿近在顺成门外下斜街四眼井路北西头第一大门工部蔡宅（河南人，名同春，字砚农）教书，学生二人，止一大学生，年二十几，小学生才六岁，亦不甚上学，束修每月四两。儿尚有一个跟班，也是吃他的。所存银子尚有一百二三十两，目下无虞乏匮，所用钱亦不甚

---

① 末有备注："第六次信"。

多。儿以为此次且诸事从俭，俟后年考差后，或可以得差，可将家眷送来。寄银一事，年内尚不必急急也。来信言用成眼疾尚未全愈，儿甚念之。治眼之法，止教他闭目静坐，教他心上如禅家之清净寂灭光景，立意使心上不轻易动念头，久之则心上自然轻快。再能闭目养眼光，久之自然眼好。大凡心上的病，无一件不是从心上来的。记得儿中进士之年，临朝考时，忽然身上困苦发热，时用龄亦在京，儿便终日闭目静坐，将心硬要将他定住……临考之前一日，移寓紫禁城内国史馆，儿于馆后隙地之树下，静坐少半日，渐觉神定，次日进场，竟考了一等。此事用龄知之最详，可将此意告之用成。又今年散馆以前，正二三月间，儿因写字，右眼未免受伤。留馆后，右眼未免稍有花意。儿乃早睡早起，无事则闭目静坐，如此一月余，至今渐次已好，与平日无异。此乃治眼之绝妙法门。又听人说，路润生先生因目疾去官，后亦闭目静坐，将眼养好。近来同乡张方泳因考差写字太多，以致目疾，乃于每日午时闭目静坐，必求一念不生一个时辰，后亦渐次平复。如此用工，不止有益于目，并且有益于读书。心静则书中之理自在我心，较之终日披吟、心上茅草者长进更速。心清则气定，聪慧因之而生。蜀山人不起念十年，便能前知，便是此种道理。来信书皮子上字，好似志小写得。以前书皮多是用成写，何此回不是他写，岂是连书皮上字也不能写耶。儿心上未免发急。又有要紧话，咱家中饭，他吃不入口，因此上肚里忍饥，再加以用工，所以眼上有了病。儿去年在家，几乎致病，后乃不得已，买鸡子煮吃，当日若非行此方便之法，几乎误了大事。用成此病，大抵是由饭食不好生来。儿前于五月初六日已与他寄去一两多银子，令他也买点鸡子煮吃。此最要紧。大凡人在外吃惯好饭，回家中久长吃家常饭，十有八九要致下病，况是目上有病，家中诸事岂可一刀切齐。（儿少时，祖父也教儿偏吃点好的，所以后来能成就功名。此事行权可也，不可避家中闲话也。）

　　大人安心保养，用成但有儿在，绝不教儿有饭吃弟兄们没饭吃也。又有要紧话，他女人是个不明白理性人，孰如他女人骂人幸事；难道说他还劝他骂人去。难道说他女人要骂人，还必须禀命于他。寻下这种女人，为男人的也真是无法可治，以后不可因为他女人不好，便与他也记起仇来。家中习气往往如此，而女人之害男人，事亦往往如此。说到此，真可浩叹。儿年四十而无子，惟有三个弟兄与一小妹与儿切近，但能教他们好好的，儿虽摩顶放踵而不辞。儿胞兄情形，与用成亦大同小异，都是因为他女人不好，便连他们也装到里头，看来女人们到底不要紧，儿已失去两次家，到如今还诸事依旧，可见女人们死活不甚要紧。若是弟兄们有些好歹，留下这些混账鬼女人，更没法处置了。用成尚可来京否？与他商量，寄一信来。志小近日尚肯用功否？毛氏尚肯织布否？如不肯织布，便告他说，终身不必见我，以后但有毛家沟人到咱家，不要十分待承的好了。他家中都是小生意人，惟利是视，以为有了这一门好亲戚，便要靠亲戚过，与红占、山都家情形绝不相类。四月间，儿尚在高庙住时，或有毛家沟的一个人来，云自染房来京，要跟儿吃饭，且自言是儿的叔丈人，儿止泛以同乡待之，言及亲戚上事，儿止说并未见面，不敢认，住了一夜，与钱一千，止咱家钱一百多钱而去。看这个样子，便可见生意人之不可与之轻易结亲矣。儿在家时，常有毛家沟人在和顺作生意，往来好到咱家，以后淡以待之可也。毛氏尚守规成否？他母亲尚知道指点他闺女否？若是他母亲再故意往不好处调教他，便不必教他回娘家去。再，他去年时常戴明小家母亲之首饰，如今已还去否？妇女人心小，若时常戴他的，便恐怕他心上不喜欢。此等情形，难用龄亦无如之何也。红占首饰已送还否？正月曾认亲否？今番留馆，曾来道喜否？二小媳妇也肯织布否？此事不要说家中啧有烦言，诸事都弄得不合式，大凡此等事断没有好办的。儿在京将此意告之，是今年一等第一。崇绮他深以为然，便要教他女儿也去学，可见明白人自然肯作好事。再，儿于五月初十日寄去针一包，散与种桑树人家，已收到否？儿久不接家信，心上便觉不安。接此信后，急速与儿寄个回信，托陈道南到平定转寄，当时常有人也。六月初七日，男清谨禀。

又闻贺太爷于南寺平唱戏，与咱贺喜，收下生意人许多钱。此项钱是贺大爷自己用的，还是与咱的？若是与咱，切不可收。切记切记。来信写明果有此事否，并详细写明情形。

儿意欲于十二月封印到家看一回，赶正月开印回京来，未知能如意否。尚未敢定，亦不必告□人说。

再，李家沟人名榛小，是与咱寄信的，来信言贺太爷在南寺平唱戏，与咱贺喜，生意人都与咱出钱。此项钱归之贺太爷，亦归之咱家？如归之咱家，切记莫要收下，细思咱要问亲朋借贷，何必假手于贺太爷。贺太爷既然张罗下，便教他自己花去。儿生平不愿妄受人一个钱。贫富有命，前年辈为诸生时，尚未饿死，岂有如余为翰林，反为饿死之理。就说是为儿年四十无子，此项钱可以送的家眷来京。儿细思量有子无子亦是有命。田老师无子，后来娶下妾，居然有子，迟早有定。况是有志小、明小们，将来尚可过济，这也是世间常有的，但令子弟们个个依规蹈矩，便与儿亲生的一般。儿自留馆以后，便一心在皇上家一边，早夜兢兢，期将来不辜负皇恩，妻子一事，以渐置之度外。譬如闺女们已嫁了，便心在婆家，不在娘家也。况儿最能守贫，不愿妄取人钱，累了身后名声也。试看乔尚书身后如何名望，视温饱一世者，何啻天壤。大人几时来京？可到京游一次也。来京一事宜写明，儿好预备，或住半年、一年，或同用成、志小，信上写明。（德小游学可喜，惟尚需好好教训，切不可自大。李攀桂今岁在何处读书？闻咱省已开种洋烟禁，此乃私事。郑抚在三月间奏请开禁，已经部驳，永不准开禁，我辈不可上他的当也。可将此言告亲朋说。毛家沟亲戚无甚好鸟，惟其村尚无吃洋烟人，可喜也。）

八

父亲大人膝下：

儿已收到李崇蟠关书，书中言要儿迅速到馆，万祈大人接信后迅速来榆上学。大人来榆次，儿方可省。儿拟欲二月初九日上省，王东家万分难意，必待大人来时方许进省。儿意恐两耽，故此速催。来时即与德小、二小等偕来，小米可带亦必带来为妙。李崇蟠闻说是刻薄人，大约未必能长就和顺，书院如有可成，必须定下方好。初七日，男用清叩禀。

九

父亲大人膝下：

七月十七日接到手谕，备知家中老幼平安，并知用成今年不来京。儿于十六日接到用成从省来的信，书中言他在省尚平安，银子尚有二十来两，今秋八九月间要回家。他尚未有子嗣，不必拦他回家，儿已与他寄去回信，说冬天既要考，便不必来京，明年再作计算。至告假一事，虽一二年不回京亦无妨，但儿拙于写字，又拙于诗赋，若久长在家，恐诗赋、字不能在行，所以必须来京，不敢在家教书、寻书院，恐贪小利坏了大事。况温绍棠是世家，杨松兆写的本好，柳长庚才情也近于诗赋，都是劲敌，万不敢少自宽纵。至李希莲为人阴险，深刻而叵测，儿甚畏之，恐非刻他一个老师，便能解了仇气。儿每一月四十天必要到他家，看看他父亲，以周旋之，或刻或不刻，而看事而行，不敢豫定。儿大约十二月回家，定到元氏县祭告先灵，但不知家中自开销报喜钱后，是如何紧迫。惟望大人好自保爱也。七月二十一日，灯下，男清禀。

十

父母亲大人膝下：

儿本拟八月间旋里，近闻秋冬间咸丰皇上安葬后有覃恩，照例须下诏之日在京供职方准请诰封。儿拟来年春天再回家，或腊月亦可，照例请封，即将儿本月封驰与祖父母。用成若已回家，便可教他来京过冬。到年终再看，如书房照旧，可留他在京便留在京。儿回家去如不可，便同随儿回家，还可到省城，再取一分膏火，亦不至两头耽误，今年冬天也可省了上府，与儿在京作伴。来时可短绊来也，不必多带行李。他或如意来或不如意来，急早寄一信来，以免悬念。六月初六日，男清禀。

再，刻朱卷、履历至今未接到，单子宜急速开写明白寄来。闻李希莲处吕掌柜在家，用成若来，便可与相跟来，以早为妙。用成来时宜带皮袍来。

十一

东头院伯父大人、驴叔大人，前头院叔父大人、阜东叔大人、文东叔大人尊前：

侄去年曾约定二十家，今年各自栽桑树，如今已大家栽下否？望我伯父、叔父大人将此事好好经理。但凡咱河西里答应过这一句的，都是还看起我来，此点厚意，侄断不能忘了。前五月初十日，侄曾寄去京里好针一包，每家送少半裹，已收到送去否？今年河西共栽了多少桑树？秋天可与侄寄一信来，切记切记。再，咱河西尚有几家肯共请一织布师傅，教女人们学织布否？此事如能办起，将来功德无量。侄前为举人时，便有这个口愿，将来如能中进士、点翰林，必要办此事。如今已中了进士，得了翰林，此愿不可不还。咱河西若能将此事大家学起来，美不可言。如有人大家张罗此事，来信务必将经理人一一提明，侄则感恩无尽矣。六月初十日，侄用清谨禀。

德小已进了学，他父亲也肯办这回事否？可共商量也。来信提明。

致兄弟姐妹

一

胞兄①大人尊前：

志小、二小在京尚好，弟惟念兄在家辛苦，又时常在西川吃饭，迟早不时，深为可虑。兄出汗之病渐好否？看来志小、二小虽不能念书，然好好管束他，尚可为安分子弟。子弟们能安分守己便是好的，不必深求也。景三小，宜归他母亲管起来，不可弄成三不管，颠倒坏了。切记切记。至兄平日交往朋友，千万不可常与吃洋烟人在一块，此事最易染上。父亲大人年也高迈，性情又急，万一误听人言，急躁起来，弄下一场病，便后悔也迟了。况且志小、二小都须我们管教他，我们先不像样，又何以管教他们。自古说想前容易悔后难，若是一下上了当，弟亦无善处之法了。现在这两个媳妇亦多买些线，教他织布。此费不可惜也。二月十三日灯下，弟清谨禀。

二

三弟如晤：

自你去后，吾见你面甚憔悴，十分挂念。明小尚好，已读半

①　据李用清《显祖李府君颂盘公墓表》载，李抡魁生子四：用泰、用清、用龄、用成。此"胞兄"当指李用泰，后"三弟"当指李用龄。

部《易经》矣。织布一事，必须再与他们买些线，教新来媳妇
们都学会方好。桑树要再补栽。二堂上近日情形何如？咱村尚有
掷瓦石事否？书不尽言。

三

三弟如晤：

　　吾近日夜间似尚能睡着，痢疾亦似较前少好，惟每想起家中
事，恐不能个个尊重母亲大人，不勉心上挂念。大凡处事，必有
个头绪主意，主意一差，则百事皆坏，如前年父亲大人不在了，
我从京回来，看见咱家中事，势非尊重胞兄，不能约束家中大小
人口。然欲想尊重胞兄，必须将他吃烟毛病改了。当日拿定主意
如此，任凭他事情千变万化，这个主意总不能改，所以后来家务
也就了了。你试细想若是当日听上家中杂言乱语，心中毫无一点
主张，将事情办到什么地步。你看了以前事，便知道咱将来事
了。今日咱的家务事，惟有尊重母亲大人，方能约束家中大小人
口，万不能听无知识之言，嫌母亲大管事，诸事不方便。家事若
由母亲大人管束，虽有点口舌，尚有法可了；若由妯娌们办去，
断无能和之理，更【无】可了的头绪了。是以我今日但愿你二
嫂早起来去看母亲一面，夜间去看母亲一面；每吃饭时，必要检
点，看是吃了没有，不要送上一碗饭便不管了。三弟你在家，但
愿时常将母亲大人当日事奉祖母的样子，时时为你二嫂告说，说
咱今日所以能当翰林、中进士，都是母亲大人事奉祖母积下的阴
德。咱若是不照样学样，将来必有大祸临身也。书不尽言，和凤
翔文章看好，寄去。五月十九日灯下，兄用清书。

　　继照小今日到底火疮何如？速为我寄一信来。河东麦秋十
分，雨泽亦好。

四

三弟如晤：

　　吾近日身上尚好，大小亦都平安，院内生童尚安静。南峪坟与下壖土主争地一小段之事，宜平心请公道老汉们去丈量。如果真是咱的，便可；如不是咱的，千万不可强争。丈量时宜平心静气，和颜悦色，一听公道老汉们分付，并宜请上年纪平正人来看，视地主心服，然后可，断不可因此生出事。此为至要。更请母亲大人仍教景三小行昏定答省礼。家中不分上下，则乱条靡常，不可说过于烦气。古人说礼不下庶人，我是官宦人家，岂可说不讲礼。此是真官排子。万一旁人家也效法这个，岂不是大好处。更愿里头院书妮们、前头院二马小们，各各都如此，方是我的心思。至于兰妮们年纪已大，也该教她们习昏定答省礼，庶几将来到他婆家，不至于打翁骂婆，教人说到也是读书人家闺女。不然在咱家毫无礼法，将来到婆家，若是男人知点礼法尚好，若是男人也并不知礼法，这岂有好消息。再平定州衙门拿学好一事，近日情形何如？可寄一信来。书不尽言。九月初四日，兄用清书。

　　大凡衙门有事，我辈宜不闻不问，即如拿学好之事，咱家中人万不可轻易说长道短，有人来问，止说不知可也。

　　里头院伯父大人近日病体何如？吾每想起去年夏天我在家时，看这他没吃的，束手无策，至今想起来，不觉心痛也，不觉泪下也。

五

三弟如晤：

　　吾于八月初五日到书院，一路平安，无用挂念。院内来学者尚有二十人，多新到者，院内老少都平安。四弟精神亦较前好。自太原府以南都旱甚，运城于初六日始有雨。你回到家去，第一要好好保养自己身手，吾看你精神似不如前也。母亲大人前，第一要常到，不可一日不到跟前，咱家子弟们甚多，不要教他们看样学样，走到小不服大、女不服男路上去。你看父亲当日事奉祖母大人是如何，再看……①

<h1 style="text-align:center">六</h1>

三弟如晤：

书院大小平安，无容挂念。三月到馆后，积卷甚多，是以未暇写信，想家中必分外挂念也。母亲大人要分外孝顺，不可轻易使脾气。此事吾深念之。你二嫂嫂要时常告他说，早起要到母亲前看一回，晚间要到母亲前看一回。此事最要最要，不可一日不见母亲面。至吃饭一事，不可不管，爱吃不爱吃送去一碗，便算了事。你告他②父亲及母亲大人孝顺，善于事奉，焉能如此。当日祖父在时曾言，汝将来当中举。汝祖母言，汝父母皆至孝，将来家道必兴。咱弟兄们不可不思此意也，断不可听无知之人言事奉老人家当有点限制，否则不好办理。为此语者，必是天性刻薄之人，万不可听，且何不将限制父母之心，去限制自己妻子。你看当日父亲每从外来，有不先到北房否？与胞伯相处，有数年不说话的事情没有？当日祖父母不在了，父亲大人曾有为兄弟不和不到丧房守孝的事没有？此等大不好之事，你试回首一想，能不心跳出汗。以后万不可如此了。书不尽言。十月初二日，兄用清书。

----

① 此后当有缺页。

② 此通书札"你告他"以前原粘贴在第九册，以后粘贴在第八册，现根据内容合为一通。

里头院伯父大人病势如何，如无食用，当接继他些。此事最要，不可不看开。更寿今年难来读书，学课钱乙千不可不送先生。此事最要。永昌是好子弟，你看咱事奉母亲，跟上他事奉伯父跟不上。不要因他眼前受穷，便下眼看待他。他虽然性拗，然穷人要有志气，此却是他好处。

七

……州正堂办理最好①，是吾乐平之福也。惟是咱家树大招风，不可轻易与人谈及此事，恐惹出是非来也。再，咱家门第颇高，咱村人如有欺负咱，如三黑哥弟兄们，极要忍耐，不可轻易生气。你看宜东叔当日无人敢欺负，到底也不是好消息。老人言天不言自高，任他欺负，断无人笑我无能也。再，老人言在家敬父母，何用烧远香。又《礼记》上说仁人之事亲也，如事天事亲。如今母亲大人要好好事奉也。书不尽言。八月初七日，兄用清书。

吾自省城到书院共花九千来钱。

八

四弟如晤：

你如今目疾何如，吾十分挂念。吾五月初十日与你寄去银子一两，你便可将银子卖了，自己买点干粮吃。饭食大事，不恤人言可也。你目疾尚是一只有病，是两只都有病？你鼻子至今尚流臭水否？你身上精神何如？你饮食尚能多吃否？眼皮也觉涩否？眼上翳子已退去否？各种情形，你可与我仔细寄一信来。如若你有眼疾不能写，便教继志代你写个信来。我的意思想你到京来，饮食多少顺口些，或者可以保养好。你如若来，便与志小同来，

---

①　此通书信前当有缺页。根据其位置，暂归入致三弟之列。

好教他与你做点饭，一者他还可以念点书，但未知你能来与否。我如今是作官人，一年就是多用四五十两银，也不是个甚。咱家今年又栽了些桑树没有？吾又四月留馆后寄去家信，有去年约会二十家栽桑树人家单子，已接见否？家中女人尚肯织布否？你二嫂尚肯学织布否？德小近日尚用功否？志小去年尚与我寄信，今年何以不与我寄一信来？明小近日念何书？春兑一日，秋兑十日，吾甚念之。恐怕将来科名一事继续不下去，深为可虑。大凡作□子弟，是人字第一要紧事。汝妻可将吾前所买女金丹吃上，留得也无用处。你三哥近日吐水病尚好些否？他去年回家时，吾与他买金匮丸一斤，未知吃上效否？大哥家中一竿沉重，重都在他身上，又常在西川要账，早一顿饭迟一顿饭，深为可虑。近日尚多病否？二小是断不能读书的，念也无益，但恐将来作轻不能，作重不能，弄得半上不落下，是大可虑。织布一事，咱村中尚有旁人家也肯□否？书不尽言。兄清，六月初十日书。

九

四弟如晤：

接你来信，知家中一切平安，兄甚喜，但不知你鼻病何如。你在家用功，无人指点，终不合式；来京又恐怕误了岁考，吾亦无主意，你自己斟酌可也。自二字匪抢赵丽旸后，又有被抢人家否？咱村又有掷石头砖瓦事否？汝三兄去年带回御用柿霸钱，已分送咱村老人否？凤立膏已分送相好人家否？此事不可看得不要紧，联络村亲最为御贼第一义也。至于你既在家，今年春天必须补种桑树，旧日所种小桑树必须加意培养。再，凡遇咱可劝种之人，即多劝说他，求他多种几根。至谁家曾种过，谁家多，来京[信]与我书写明白，我送点东西他，以示鼓励也。咱家织布一事，你须经理，教他们多织些。书不尽言。吾意欲岁考后即着德小亦来京读书，惟此事必须大家婉商之母亲大人，使恩出自上方可。若我自己独拿主意教他来京，他们便都目中止有我，不恭敬咱父亲母亲了。以后无论办那件事，都宜如此，使若父亲大人教他来，母亲大人遣他来方好。

十

百家岭胞妹如晤：

你近来好？他姑父好？外甥好？母亲大人今冬来京，你不要挂念，不远便可回去。咱家若要没有母亲大人经管，势必至于你东我西、七条八款，不成事体。所以我非不愿意母亲大人久在京住，无奈家中是离不了。你不可不教母亲大人来，我心上十分挂念，要想见面，大约早则来年春天，迟则来年秋天，定回去了。吾意欲母亲大人时来时去，两厢照应也。你要好好事奉翁婆，早起迟睡，一切都照母亲大人的样子，不要多说闲话，多生闲气，该做甚就做甚，不可发懒。早起、黑夜都要到翁婆之处问讯看照，唱戏、赶庙一切事不可去，看人耻笑。织布要学会，将来外甥大了，要好好教训。我在京甚好，大哥也好，二小、明小都好，不用挂念。九月初五日，兄用清书。

致侄儿

一

伯父谕明小：

今日护兵来，带到沈方伯①信暨汝文二篇。吾定于十七日由威宁回毕节，廿一日定能到署，一切不宜张皇，静以待吾可也。十一月十五日灯下，时近二更左侧。

---

①　此"沈方伯"当指沈应奎。沈应奎（1821－1895），号吉田，浙江平湖人。光绪七至九年任贵州布政使。

沈方伯信粘排单递去。

二

谕明儿：

十四日接到杨委员信，知九、十两月口粮业经解足矣。衙门事静以镇之，毋稍张皇。□山铝价约廿六七两之谱。瓦老师要敬以待之，毋稍怠慢。待王荣、廖堃等，须思"庄以莅之，慈以畜之"之义。毛小尚肯读书用心，待亢少爷要以礼，饬廖堃等毋令闲杂人进衙门。再有人来，将大小书信筒带来二三十个。午时茶如署中有，亦带来数块。史翔臣现在水城提案，昨有信来。吾昨日小受风寒，近日已觉精神好好，读书用功，吾心上自然欢喜矣。十一月十四日午刻，伯父手书。

三

二伯父谕怪小：

汝妻新娶来，要马上就教他学织布。汝宜为之经理一切，机子、梭综等件为之安排停当，线要为之称下，在花布局取最好。此是要事，过此则难学矣。至要至要。汝与景山常要在地里照应，冬天无事，且经理修堵、打石头等事，或间看小学写字，万不可闲。九月廿九日，伯父手谕。

六二回忆（三）

李景铭 著

　　余以八月十八日行，十九日下午三时车到浦口，南京印花税处长高朔（养志）来迓，意气殷殷可感。江苏印花已自制，早与中央脱离关系。高之来，私人交谊也。谈地方人士，须将地方收拾妥帖，再来组织中央，并云日本人有以联省之说。说南京者，南京多用学生，视北京似差胜一着。即日抵沪，门人刘文彩来迓，即馆其家。

　　至八月末，即闻粤军已得岳州，武汉危急之信，会务停顿者月余。乃于九月十八日应秦仲云之约，偕妻女及文彩兄妹赴无锡作惠山游。道中远望，口占四句云："几家村落里，一抹夕阳中。孤塔悬崖顶，危楼隐树丛。"到山，询知行宫旧址改为淮军昭忠祠，祠右通二泉，壁上嵌"天下第二泉"五字者，为赵孟頫书，一为雍正六年王澍书。泉由螭头出，涓涓不竭。拾级上，有竹炉山房，相传明洪武时高僧性海修养于此，剖竹为炉，制极精雅。高宗南巡时曾驻跸于此，题咏甚多。再上为云起楼，匾为廖纶书，旧匾已毁于发逆。联语云："腾两邑之欢，千村稻熟；据一山之胜，四照花开。"四川廖纶养泉氏书。"图书里［府］，半日闲偷，坐看云起；杖履中，百年春在，更上层楼。"① 王成瑞题。"石磴盘空，涌楼台一角；春城如画，看烟树万家。"吴桂森题。楼下有仙人洞，洞旁有听松亭，余同廷俊留影为纪。再

---

① 以下所录楹联、诗文与原文有出入，请使用时注意。

下为漪澜堂，堂前一联云："试第二泉，且对明亭暗窦；携小团月，分尝山茗溪茶。"王成瑞题。

堂上石阶旁遇一长老，疑是旧识，询其奚奴，乃知是壬寅乡试老师吴荫培（颖芝）夫子。趋前致敬，师喜出望外，重上云起楼坐谈。师询京中同年方策六、林海南、陈莼仲、黄宪民近况，各以实对。师言，今年七十六矣，尚能作书，但求古拙二字而不可得；足力尚健，常一人游山，不觉乏。此行将之梅村，村离无锡尚有二十里。村有鸿山，亦名皇山，相传梁鸿隐居处，故名鸿山。山有吴太伯墓，太伯，师之始祖。此行为谒墓来，因日暮，故滞一宵，顺道游惠山。二十年不见，无意相逢，诚幸事也。师改革后，父子均不仕。师云："吾待尽而已。"闻师言，可伤亦可敬也。乃同游寄畅园。园为秦氏别墅。仲云云，其先世秦金在明宏〔弘〕治时，曾为两广经略，营别墅于此，始名凤谷行窝，盖秦金号凤山也。清初始改名寄畅园，高宗南巡亦驻跸于此。倚山面水，风景殊佳。去岁张军过此，颇遭蹂躏，可慨也。

已日暮，与师分襟，偕仲云赴公园饮。翌晨，仲云夫妇及其长子来邀同游太湖，薛仲华弟笃安与焉。余扶病上船，过梁溪五里湖，风尚利。十时抵鼋头渚，舣舟登岸。抵涵虚亭，庸盦陈夔龙署额，乙未夏日题。亭前有灯塔。亭后拾级上，有横云小筑，翰西先生别墅在焉。裘昌年署额。联云："众山靓螺髻，万顷枕鼋头。"息庵邵松年书。"横云分叠嶂（韦应物扈亭陂燕赏诗），落日澹平湖（镏宰寄朱景游诗）。"戊午秋日，次庵曹铨集句。堂前一额云："乾坤日夜浮"，款署"壬戌仲春二月上浣伊立勋"。仲云云，伊任县知事，墨卿后人，故隶法殊佳。由横云小筑再上为飞云阁，亦名长生未央馆，杨天骥书篆额。再上为广福寺，寺建于民国十三年。联云："皓月起东皋，尘翳一空，森森水居接芳泽；夕阳坠西陆，沧桑万变，磷磷石步渺荒原。"丙寅夏月南海老人撰书。盖华文川，自号南海老人。又联云："一水绿无垠，听渔唱樵歌，倦游同息烟波里；数峰青未了，看风帆沙鸟，毫画都归夕照中。"蔡文鑫撰，华廷辉书。寺之外堂有横额，陆荣廷书"湖山永镇"四字。联云："偶然笠屐来游，便觉山中无日历；静听钟鱼互答，不知门外有波涛。"乙丑十月杨天骥撰。"南郭访高僧，筋曲水枕芳池，粤峤移家，何必东坡阳羡一千顷；晋陵传古刹，控慧山挹桃港，梵庭重启，有如陆羽天下第二泉。"甲子浴佛南海吴叔平记。"姑置身云水光里，昨非今是，香热茶温，正宜乘此清闲，相与谈鼋渚春涛，马山秋月；试放眼名利场中，攘往熙来，金销裘敝，有谁顿开觉悟，知领略蜂台暮鼓，狮座晨钟。"乙丑八月南海老人撰。"在三万六千顷间，筑数椽野屋，山色湖光，绝代天然好图画；于四百八十寺外，结一个荒庵，参禅说法，不知尘世有沧桑。"乙丑刘赞南撰书。堂后有僧房，极幽静，余即在禅榻小憩。

少顷，下山上舟，赴万顷堂，堂之右有古项王庙，杨寿枢署额。联云："到此疑〔欲〕仙，蓬壶瀛洲方丈；不知有汉，美人名马英雄。"汪文溥撰书。"拔地山雄，旧迹犹留霸王庙；平湖浪静，名区近接美人峰。"杨寿楣撰。仲云云，此当是禹王庙，禹尝治水至此，故乡人祀之（太湖即古震泽）；项王并未至此地，祀胡为者，乡愚不知，故以讹传讹至今耳。余观神像，首戴冕旒，执笏俯立，不似霸王气象，仲云之言似是。庙前有楼，康南海书"小岳阳楼"四字横匾。是日，渔家即就此楼演剧祀神，观者如堵。余躬逢其盛，何幸如之。楼前有一联云："胜地有清歌，莫管是当年楚些；大风真绝唱，问何如此曰吴讴。"裘昌年题。庙左即万顷堂，堂在山腰，俯瞰汪洋万顷，诚巨观也。今日祀神，乡氓聚博于此，喧腾嘈杂，湖光减色。联云："天浮一鼋出，地〔山〕挟万龙趋。"孙揆均撰。"箫鼓迎神，百道风帆来管社；咏筋修禊，几人墨妙写兰亭。"裘昌年撰。"山水尽徜徉，异地［世］同心，此间近接紫渊宅；风尘方溃洞［面］，问天搔首，吾老已过绛县人。"复庵许珏撰。"如上岳阳楼，看［望］万顷湖光，重忆希文椽笔；远瞻于［吴］越界，指一帆风影，何来范蠡扁舟。"陈士奎题。"整旅镇梁溪，保障一方，敢对中流称砥柱；登堂观震泽，汪洋万顷，窃期边境绝雀符。"苏谦题。"满地干戈，故老伤春作寒食；重湖风月，有人招隐结茆庵。"孙揆均题。"眼前图画新开，大箕山、小箕山，列岫晴湖，不教痴翁留妙笔；世外桃源谁是，东管社、西管社，结庐翠麓，可有渔郎来问津。"岐农撰。"洗尽旧胸襟，一水平铺千顷白；拓开新眼界，万山合抱数峰青。"作者忘姓名。"万顷堂"三字横额，乃秦宝瓒书也。

移舟至镇山园，由园数百步到梅园，荣德生之别墅也。德生为无锡巨商，占地六十余亩，种梅万八千株。入园有巨石，刻"梅园"二字。迤北有太湖石四尊，罗列广场，玲珑奇古，诚巨观也。后有诵幽堂，李瑞清题额。堂联云："七十二峰青未断，万八千株芳不孤。"丙辰孙揆均撰。"风味似孤山，手种梅花，前身合是林和靖；芳邻接万顷，胸罗邱壑，披图仿佛李将军。"岐农撰。"谁是逋仙，万顷波涛清诗骨；居然邓尉，四山风雪荡冰魂。"俞复撰。"三万顷湖波奔来眼底，临流把酒，挠不浊，澄不清，列座欢迎，佳客汪洋思叔度；千万［百］株梅树开到头颠，索笑巡檐，山必深，林必密，几生修得，主人俊逸似逋仙。"浙江宋祖懋撰，廖思涌书。"手种梅花，如此主人真不俗；眼空震泽，即看山势亦朝宗。"宜兴储南强撰。堂前一额曰"湖山第一"，岑春煊书。联云："老树纷披，恍有龙蛇起大泽；奇峰兀立，本来天地是洪炉。"王劼题。"梅品高千载，园花趣四时。"杨梦台八十有五书。"客为瀰上寓公，到此好吹［吟］千树雪；我是江南驿使，北［折］来聊寄一枝春。"邹星桂撰，张文藻书。"四面有山皆入画，一年无日不看花。"岐农题。堂之前厅有额曰"一生低首拜梅花"。再进有匾曰"香海"，曰"香雪海"，均南海康有为书。厅联云："树木十年，此地合名小香雪；太湖万顷，浮生直欲老烟波。"汪肇沂撰。"风送暗香来，几辈动阁中诗兴；天空白云净，数峰见湖上青山。"荣汝棻撰，裘昌年书。堂左厅联云："有客题诗问寒花开未，与谁煮酒趁梅子青才。"杨寿枏撰。乘兴而来，兴尽而返，出园舟归，时市上已掌灯矣。

　　回沪后，适值秋节，刘石溪邀饮后，下午即赴杭。途遇贾士毅（果伯）、陈銮（子琴），伊等由斜桥下车，往海宁观潮。余偕冰心夫人及廷俊女至艮山门站下车，住凌溥仁宅，即夕游不夜之湖。不知杭俗六月十八日金吾不禁，因六月十九观音诞，故十八日士女均往天竺烧香。相传为八月十五日，三潭印月，可观月影三分者，误也。然是夕湖上亦不寂寥。逾二日，携廷俊女游西溪，由松木场雇舟行，十余里至交芦庵，子青张之万书额。堂前一联云："茗炉之福固不浅，山水有心［福］何其真。"云觐谭钟麟书。庵僧延在舫斋叙茗，出示西溪始泛园［图］（张景祁题）、西溪卜居图（程松门画，附樊榭老人西溪诗）、交芦秋影图（冠如先生画）、西溪卜居图（松壶居士钱杜画）、西溪泛雨图（奚铁生画）、西溪秋泛图（高树程为次白作）、溪楼延月补图（戴以恒作）。最佳者有新罗山水画轴，题一五古云："养学从花窟，营居对鸟巢。烟香淋几席，笋蕨佐山庖。几曲通樵径，半钩隐露梢。清滩翻急雪，冻树坠寒胶。妙晤邻僧话，闲聆田父嘲。桑麻余畎亩，梅柳面塘坳。溪女能亲讲，山童几可教。多情偏好道，无欲不观爻。门许乌蓬系，坐延华发交。优游似白鹭，物外现浮泡。"跋云樊榭先生嘱新罗山人写。西溪寄居图兼题数语。并请清教住持，僧名月辉，颇不俗，云有戴文节一轴，被人窃去，售千金，现藏彭姓，尚未赎回。斋如舫，故名舫斋，有和亲可书联云："风轻水初绿，日晴花更新。"余始以为交芦必菱芦之误，不知世传菱芦者，乃真误也。"交芦"二字，见《楞严经》。

移舟又行五六里，至秋雪庵，风景更幽静。庵临溪旁，惜我早来，蒹葭尚未白，想见秋风已届，四望皆白，当不负秋雪之名矣。庵邻为历代词人祠，前有联云："小筑吟窝，正玉箜吹凉，翠觞留醉；试招仙魂，有丝栏旧曲，金谱新腔。"周庆云集句，冯煦书。"树藏孤馆，正夜色催更，水驿舣蒹葭，还看稀星数点；波落寒汀，奈烟如扫叶，秋霜入清镜，何用明月交光。"夏敬观集清真词句。"月色归来，此地疑有词仙拥素云黄鹤；芦花共色，独客又吟愁句对万壑千岩。"归安朱孝臧书。住持僧常悟（江苏扬州人）云，自灵峰移锡于此，庵有弹指楼，明季吴药师秋雪八景内曾详其一，颓废久矣。梦坡周庆云先生修复是庵时，复建新楼，仍题是额，以存旧观。有联云："词客有灵应识我，西湖虽好莫题诗。"上弥老人集句。"暗叶啼风雨，玉尘散林塘。"夏敬观集注清真词句。"蓬莱对起幽云，正水佩霓裳无数；江山待吟秋句，趁肥鲈腊蚁初尝。"吴士鉴书。去庵六七里尚有永兴寺，因日暮未往。及返棹行，见两岸人家，三三两两野人以舟载鸬鹚而归，意甚自得。相传宋南渡时，两岸即其辇道，溪深甚曲，历桥十二，风景仿佛似京之二闸三闸，但无其清洁幽雅耳。余有《西溪纪游》长排古律云：

久耳西溪胜，今朝始办游。驱车松木路（由松木场下舟），鼓楫荻芦洲。朋侣携双檝，妻孥共一舟。鸟声环树噪，人影逐溪流。吻渴询茶肆，肠宽数酒筹。鸬鹚看满载，菱芡荐新羞。辇道成芜径（宋南渡时曾开辇道于此），村居遍翠畴。市喧红柿熟，桥暗绿杨柔。远岫将迷眼，低篷辄打头。溪深尘不到，路曲景逾幽。庵以交芦胜（先到交芦庵，张子青书额，盖取经云招尘识三都无实性，同于交芦之意。），斋如小舫浮（庵有舫斋）。孤僧话兴废，名画广征求（僧出示西溪各长卷）。文节遗题渺（戴文节绘有西溪图，今已遗失，闻藏彭家。），新罗旧句留（新罗山人赠樊榭诗画，今存庵中。）。前贤仰樊榭（樊榭隐居于此，溪乃得名），老衲忆真修（旧住持名真修）。古刹三椽净，波光四面收。卜居期异日（旧有西溪卜居图），选梦先兹丘。别院今何处（溪东北有资寿别院，创于宋，及明末改为秋雪庵。），遗庵去不悠（庵废久矣，近有梦坡周庆云捐资重修之。）。我来犹未雪，天老已先秋。（庵以秋雪名者，因到深秋，蒹葭尽白，乃如雪耳。惜我来太早也。）绕水蒹葭绿，周庐花木稠。随船飞蛱蝶，拍岸戏凫鸥。日月如弹指，溪山剩一楼。（庵内旧有弹指楼，毁于发逆，今梦坡重复之。）追踪蹯玉李（昔李文学蟠玉尝构隐钓讲于西溪），慕古梦坡周。祠为词人设（梦坡于庵内设历代词人祠），碑从劫后搜（旧有放生池碑及秋雪庵碑记，今尚可考。）。登临将竟日，回溯趁寒湫。日暮返樵担，泉清浴野牛。村童多越语，溪女起吴讴。衣冷归程急，帆轻旧路由。苍茫一回首，大地似浮沤。

余持此以示陈声聪（剑宇），陈亦出示西溪诗，题云："八月十八日，独泛西溪，止交芦，秋雪庵达本和尚举石芝丈题名相示，盖丈则前一日来者。青嶂翠流，枫芦掩映，未及把袂，共讨其胜。归属为图，系以二诗，将博一粲。"诗云："云峦烟水一程收，乌桕青枫并作秋。如此江山成独往，风流我忆厉杭州。纵观千亩尽芦汀，风送楼头酒易醒。一舸西溪孰相识，草堂词客故作灵。"陈声聪（剑宇），余友方策六同年佳婿，而余八弟夫人之堂弟，长排五律《王揖堂游西溪》（同年曾采入采风录）。

翌日冰心夫人病愈，同游九溪十八涧，以筱舆往。先抵岳王庙，庙建于民国十年，余前所未有也。精忠柏尚存，王交涉员丰镐以铁栏范之。小憩抵龙井寺，寺之外有过溪亭，亭旁有"仪鸿精舍"，野衲书。又有"江湖一勺亭"，康有为书。龙井山岩刻"龙泉试茗，钟灵毓秀"题额。住持僧常清招待在饮山绿阁午餐，蔬肴颇清洁，阁额康南海所书也。阁前"性静情逸"一匾，朱熹书。相传秦淮海居士观于元丰中秋后一日至龙井，与僧辩才善，有《龙井记》、《龙井题名记》。《龙井记》故米襄阳书，今壁间碑石乃明董华亭（文敏）仿米书补书者，《龙井题名记》则无从寻觅。余此来亦是中秋后一日，企仰前贤，不约而同异矣哉。寺中遇梦觉居士，广东人，年四十余，徐姓，名荫芬，号振寰，自言前曾从役云贵，与唐继尧交至笃，今睹世乱愈急，妻子俱亡，乃作林泉之想，依尚〔常〕清和尚度此岁月。又言此间旧迹湮没不彰久矣，因指路旁旧石为"湖山第一佳"、"一片云"、"听泉"、"翠峰阁"四额，皆伊自蔓草荒土中掘得者，四额均高宗御书。又有"方圆庵"、"振鹭"两石，亦新近出土者。"神运"石碑已无存，现存者"神石"二字，乃后刻所补者。振寰极赞常清和尚之高洁，十八出家，今年六十六。寺后有峰四狮，峰产茶叶，即世所称龙井茶者。峰自宋代始即归辩才和尚掌管，今仍为寺产。寺后有云气堂，供秦少游神位，相传秦曾住此云。堂额康南海书。

出寺行数武即至九溪十八涧。九溪在烟霞岭西南，通徐村，出大江北流，连龙井九水合成，故谓九溪。所会支水九派，凡其未入溪者皆号曰涧。会溪之口只九所，其穿绕林麓，并括细流，不知凡几，约而举之，乃以十八为数，十八者言其倍于九也。（见《湖山便览》）相传有褚秘书（陈时人，名玠，字良璧，葬于九溪。）墓、南涧草堂、梅园、杨梅岭、杨梅坞各名胜，惜余溪行草草，未及遍访。少顷至龙泓亭，亭额印耒胡然题。亭旁有碑，刻诗云："溪涧水痕活，淙淙夹道收。源长崖作岸，世浊我临流。乱石声危咽，高枝影罨稠。孺徐群麓出，汇到大江头。"上海冒堉（感如）题。沿山溪行数里，抵理安寺。寺在唐时为涌泉院，后改法雨寺，宋理宗易今名，盖千年古刹也。发逆被毁后又重新。沿路来，茶叶满山，间以红龙须草，万松弥峰，梗楠千树，真所谓别有天地，非人间也。入寺有白云谷，瓶居士为定能和尚书额。谷中悬康南海一幅，描写九溪十八涧风景，极精致。兹录如下云："青崖猪猪石齿齿，龙虎争地陡及趾。涧流缓缓不绝耳，十八涧通九溪水。涧上茶田开白花，涧下龙须浸红芽。万木阴阴藏春鸦，松楠枫竹蠹云霞。白日欲侵不能入，九夏逍暑宜来家。方亭置几息负担，略约横水俛鱼虾。盘蹬直上理安寺，千年破瓦徒咨嗟。成住坏空佛难免，人世劫难岂能赊。松禅老人留遗墨，高逸铭鹤诚堪夸。竹阴迷灶记煮茶，云气漫琴看落花。吾昔受知同沦落，侍郎交旧同喟呀。禅榻鬓丝共回首，神游十地识昙华。摩挲残碑但新息，且沦法泉甘荈茶。"跋云："丙辰夏六月二十日，陪徐子静又游理安寺，观松禅老人墨，睹千年破寺，感喟无已。同游者郑义卿、袁仲符、斯儆吾、徐明秋（勉甫）、龙伯纯、池子美与婿罗文仲也。康有为识。"

出寺逾数里，至烟霞洞，旧游处也。有联云："一见问灵源，师自离山吾听水；卅年依古洞，世方沈陆独观潮。"跋云："学信开士同治自鼓山飞锡来此，而知余筑室灵源岩下，可感也，拈此有赠。光绪癸卯三月听水居士陈宝琛游烟霞洞作。"横额"心标逸境"四字，光绪壬寅仲夏杨文莹书。民国七年，施子英于洞后新建霞栖一楼，程祖福题额。有联云："谁谓我屋，谁谓我家，本来栖息人间，难得此近山近水；何必学仙，何必学佛，也算优游洞府，便不是俗骨凡胎。"戊午嘉善赞思朱襄耀撰书。洞之住持继开信者曰复三，湖南人，年五十九岁，甚鄙俗，招余在维摩室叙茗（章炳麟题额）。忽遇俞彦文，十年旧友，异地相逢，喜可知也。此人事母至孝，母能诗，曾惠余两律，令伊子与余联谱。彦文告余云：“八月游湖，须看桂也。尔可到满觉陇一览。”如言前探，有古干极老，各折一枝插篮舆回。过大仁寺，探石屋洞，寺前题“石屋乾坤胜境，湖南第一洞天”十二字。民国七年重修，黎黄陂题额。额“石屋洞”三字，乃孙镱所题，住持体室所重建也。又有“印心石屋”四字，乃道光乙未嘉平月之御笔。相传洞辟于五代时，寺乃吴越王所建。洞有七百余尊罗汉。洞后有“沧海浮螺”四字石刻，以洞门似螺形也。又有“瓮云”二字石刻，以洞门如瓮也。住持僧名万休，湖南人，住此者三年，颇不俗，导余观石别院、伏虎岩，岩额乃岭南源禅试墨，武林江涛所镌刻也。由岩而上有乾坤洞。万休云宋高宗曾驻跸于此。再上有青龙洞，较乾坤洞尤小，上刻“嘉靖癸未又四月十二日查应兆、霍韬同游。”下洞见路旁有郑洪年刻石云：“万方多难此登临”。噫，余有同感也。

出寺前行数里，至净慈禅寺，亦称净寺，周显德中所缔构，后经火而毁，康熙四十九年重修。御碑尚在寺左旁，而右旁则将南屏晚钟移置于此，筑亭以护之。南屏晚钟石碑之阴刻御题云：“净慈掩映对南屏，断续蒲牢入夜声。却忆姑苏城外泊，寒山听得正三更。乾隆辛未春。”寺内有运木石井，相传济公活佛由福建运木至此，均由井出，尚余一根在井底，至今不朽，僧与以钱，则燃烛示人，隐约可见。此系迷信之说，不足凭。盖此木谓之杖鼓腰，为垂汲悬绠之用，宋时之井皆然，惟余此有痕迹耳。余考《宋稗类钞》载，陆州盐井深五百余丈，皆石也，上下甚宽广，独中稍狭，谓之杖鼓腰，旧自井底用柏木为干上出井口，自木干垂绠而下方能至水，井侧设大车绞之。岁久，井干颓败，屡欲新之，而井中阴气袭人，入者辄死，无缘措手，惟候有雨入井，则阴气随雨而下，稍可施工，雨晴复止。后有人以木盘满中贮水，盘底为小窍，酾水如雨点，设于井上，谓之雨盘，令水下注，终日不绝，如此数月，井干为之一新，井利复旧。然则西湖

之运木即木干，古用以垂绠汲水者也，如用上法修之，庶井利可
复欤，惜乎知此者鲜矣。游毕下山，湖灯已四照矣。

又一日，应沈铭（霭如）之招作西湖之游，甫下船，即遇
雨。船抵西泠印社，雨益大。社联云："松鹤为邻，小坐依然图
画；莼鲈下酒，故乡无此湖山。"观津老人撰，清道人书。乙卯
秋，隐闲阁落成撰此。社内有四照阁，阁前有联云："高阁山光
仍四照，故人石壁亦三生。"雪侯赵士云题。"面面有情，环水
抱山山抱水；心心相印，因人传地地传人。"墨君女史叶翰仙
撰，织云女史孙锦书。"四照阁"三字横额乃盛庆蕃书也。阁之
左有汉三老石室。彦文赠余以石拓。

出阁而南有凉堂焉。孤山旧有凉堂，遗迹久湮，甲子之春，
印社同人仍其旧额以存古迹。有联云："湖胜潇湘，楼若烟雨，
把酒高吟集游客；峰有南北，月无今古，登山远览属骚人。"会
稽陶在宽书。"此屋阅沧桑，幸比邻松阁柏堂，劫火犹留一净
土；同人寿金石，愿追溯周符秦钵，瓣香岂仅八先生。"福庵居
士题。盖印社为江浙金石家所建置也。出社，访孤山放鹤亭，亭
有联云："若问梅消息，且待鹤归来。"赵祖望撰书。"风月无
边，笑栗碌劳人，侣水上闲鸥不得；湖山大好，问孤高处士，比
吾家携鹤何如。"赵寿春书。"梅横孤影自绝俗，山附高人亦可
传。"陆彤儒诵黄太玄句，嘱武曾保书。"放鹤亭"三字题额，
民国二年杨学洛书。亭左有巢居阁，祀林和靖先生栗主。阁额为
虞文浚题。阁联云："梅花已老亭空鹤，处士长留山不孤。"范
松书，虞文浚句。龛联云："香搯冷泉，曲院孤山藏处士；青逢
巢鹤，平湖秋月照先生。"虞文浚书。亭之右为林迪臣乡前辈之
坟，因拜谒焉。坟前一联云："树谷一年，树木十年，树人百
年，两浙无两；处士千古，廷尉千古，太守千古，孤山不孤。"
（盖同乡沈瑜庆爱苍太年伯代州人作也）坟前有祠，联云："为
我名山留一席，看人宦海渡云帆。"莆田吴鸿宾书。祠附祀高啸

桐先生。

　　沈霭如谈林太守办学甚认真，曾任邵伯炯为养蚕馆馆正。有日学生投谒太守，太守出见，载入日记中。及月终，馆中以学生请假簿呈阅，太守检阅日记，某学生来谒之辰，并无请假，乃怒斥馆正，以沈继邵。后学生益畏悍。每朔望，必莅馆与学生共席，不时则以鱼果馈学生，故学生视之如家长，爱畏并至，邑之人至今犹思之。坟前立古之遗爱一坊，其故可思也。沈霭如自述曾题烟霞洞一联云："生骨便非凡，曾遍游南北名山，乃驻足于此；回头原是岸，愿终老烟霞古洞，知转眼皆空。"盖亦有得之言也。

　　盘桓半晌，日已夕矣，乃访葛庄，是为民国七年游湖最后一日，毕畏三借此宴吾者也。是夕风雨，归舟几颠覆，舟人放长歌以壮胆，幸得无事。回首前尘，死别生离，不知凡几。而畏三身后亦极萧条，旅榇未归，尤堪悯恻。湖山如故，人面已非，能不慨哉。入庄有联云："仙棹往来人笑语，杏花零落燕泥香。"心芜集草堂词。"问前山葛隐故居，丹井可留仙茶去；看隔岸梅花疏影，黄昏应有暗香来。"赵祖望撰。廷俊女儿告余云，前游儿方七龄，然今日到此，木栏藤架依稀如昔，尚能记忆。归舟抵岸，俞彦文约到伊寓一谈，庭宇洁净，竹木尤有齿致，知俞非俗吏也。留饭，归已戌刻矣。

　　十月四日，到编订货价委员会，致电北京，贺顾维钧（少川）总长代阁摄政，则黄某之女凤愿偿矣。顾为公使时，夫人常禁其与女生打球、跳舞，约束甚严。顾固青年外交家，余闻其在交际场中，如遇有某国公使及其夫人，体胖者，则备宽大之皮椅；体瘦者，则备狭窄之皮椅；好饮咖啡者，则用大杯，否则用小杯。其体念人情无微不至，办理外交亦颇具手腕。但不甚谙中国情形，故或议顾少川资质甚佳，但须留学数年方能中外一贯。或曰顾已留英数年，何尚用留学？则答之曰："顾但留学英国焉耳，谓宜再往中国留学也。"即以此次代阁言，杜锡珪辞兼代总理，以顾代之，并准外长蔡廷干之职调顾以外长代阁兼摄政，可谓心如所愿。然不久免税务处督办蔡廷干及总税务司安格联之职，安涕泣告别归国，不可谓其外交手腕之不辣，而岂知英国对华态度之变迁即基于此。盖英知北京政府排英，不如视蒋为外交对手，暗中助蒋，中国南北之争，南军胜利，北军全败，关键全在此。举世之人罕知之者，故揭而出之。

顾之得摄政也，洛阳吴佩孚之力也，故谓顾为直系人物可也。其说吴之理由，必曰杜海军中人也，今非需要海军人才时代，所急者解决关税问题，冀可增加关税收入，而军费方有所挹注。此为吴佩孚（子玉）最悦耳之言。于是于十月间宣言云：

> 七月三日各国代表宣告关会停议，佩孚曾揭橥关税自主及过渡附加办法，促国人注意，谅承垂察。今时逾三月，各国代表缺席例会者已二十余次，犹复借口推延，迟不开议，其蔑视主权，违反均平互惠精神实甚。我国人民困于经济束缚八十有五年矣，国权不完，税收损失，实业不兴，民生凋敝，举凡纷乱状况，关税片面协定是其主因。而中枢所恃最大财源、政费所自出者盐、关、烟、酒、印花等赋，又为赔款、借款剥削无遗，欲救危亡，舍改订关税税率而外实无其他途径。而关税自主又系独立国家应享之法权，未容丝毫忽视之者。今各国既以裁厘相要挟，力持预备过渡之说，本已不符均平互惠，否则若并此亦靳而弗与，更复从而推诿于其间，是直以半独立国家视我，此不得不急谋对待以自拔者也。诸公受国家之厚托，膺折冲之重任，伟略荩筹，凤所钦戴，应请及时督促早日复会，竟此一篑之功。各国苟能重视睦谊，容纳吾国提案，俾过渡办法依次厘定施行，自主之案得如预期实现，斯固国人同声感激。否则吾为保障国权、昭

苏民困起见，惟有将过渡办法昭示中外，自动宣言自主而已。成败利钝，关系存亡，惟诸公图之。国家幸甚。

此项宣言，无论何人皆知出自顾代阁之手，而顾不自言之，必使吴佩孚言之。吴固军人也，何以干涉行政乎？且以停会之责归诸各国代表，试问各国代表岂任咎乎？此为顾摄政政策之第一声，欲以此压服各国。试问各国遂受其压伏否乎？吾以此益知国不可为矣。至十月二十六日，余与黄厚诚（漪午）在沪谈云："去年今日，非在居仁堂开关税会议时乎？段执政之宣言墨沈未干，今段已下野，会又停开，转瞬之间成何景象。"漪午有句云："居仁堂上尽辉煌，一事无成百万光。"盖关税开会数月，耗款百余万金，闽语所谓光者，即金钱耗得干净意也。

先是九月七日，北伐之军起于广东，其为期迄民国十七年六月四日为止，共为一年又十一个月，世人称之为北伐战争。及是时，南军将已抵浙，浙省长夏超已逃，宋梅村旅入浙维持治安。未几，九江失守，孙传芳回江宁（十一月八日），黄浚（秋岳）告余云："外间有张作霖入主中枢之说。"林荣（肖〔少〕旭）自汉口逃沪，谈南军逮捕官吏甚急，故旧官僚纷纷如鸟兽散。

而北京关税会议停开以后，美国代表斯陶恩氏早经回国，于十月二十六日在芝加哥商会演讲，力诋中国无政府之状态，诚可为中国之金鉴。其言曰：中国之病有二大原因：一为无稳固之政府，一为有专横之军阀。其他如交通不便、政客鼓动内战、财源枯竭、商民所受苛税等现象，皆足以使列强暂时不能与中国定若何之政策。中国地域虽大，人民虽众，而百分之九十七不能写读。全国所有之七千里铁路日见损坏，皆在军阀掌握中，丝毫不注意于养路修理。以余观之，不久各铁路必至完全破产，至于停顿，人民亦必至肩囊而行之一法。农人之牺畜早已被兵夺抢殆尽，全国并无道路（指长途汽车路），汽车亦只八千辆。斯氏对于铁路之腐败言之更详。斯氏谓，若在世界各国铁路之收入，第一为支付铁路人员薪工与营业用项，再有余，方归主人。在中国则不然，铁路收入全数交与军阀。交通部于民国十四年九月呈报执政府谓，民国成立以来，军阀侵夺铁路款项计达二万五千万元之巨数。斯氏又谓，离中国时，确实闻得吴佩孚每月搜刮京汉铁路一百万元，京奉铁路则归张作霖。故铁路人员无不欠薪，铁路车辆时被军阀侵占，作运兵之用，其不用之车辆，则径由各军阀自征奇高运费，为商人运货，于规定运价外，每吨必纳贿五元。去年北京美国使馆欲运冬煤，离北京只一二十哩，其时吴佩孚威权正盛，其下属索每吨二元之费，又每辆二十五元以馈上官。装煤时，又索每辆一元八角额外费。而此运煤之车辆与机车，乃皆美国厂家所制造，车价迄未交付业已数年。又云自本年四月十日以来，中国并无政府，所谓执政内阁，实命令不行京外。全国为兵扰乱，不堪言状。外人受抢劫，而使馆无从抗议，盖明知抗议亦无用也。外债到期本息、材料债券本利等，政府全不置理。所谓执政内阁者，日夕奔走，仅为军阀各方借债，增人民负担，而使祸乱延长耳。吾等在中国，常闻得"主权"二字，但中国政界中人，似完全不以人民之主权为意。斯氏又谓，关税会议乃一九二一年华府会议之定案，目的为增加中国海关税则与取消厘金，原应早开，以中法之金佛郎问题，迄一九二五年十月二十六日方约开幕。开幕后，张作霖与冯玉祥即争斗不已，至今年四月十日卒推翻段政府，继任临时内阁阁员中，确有极自重之人物，但亦只能为军阀之傀儡，听从所欲而已。关税会议开幕时，中国有代表十人，张冯战后，中国代表渐渐销声，多逃至使馆界，主席亦逃往天津。至四月十日，只余中国代表三人。

　　以上斯氏所陈，可谓写出中国内容，无一语之诬罔。所谓阁员中确有极自重之人物者，殆指颜惠庆言，逃往天津主席指沈瑞麟言。是时冯与南军似已有联络，南军恐关税会议成功，则段执政又如参战借款之役，发生武力统一之妄想，则北有雄资，南非其抗。故又假手于冯，贿以重金，令其驱段，可打散各国代表，关会停开，使北京陷于无政府状态，于是而日本对华方针亦大变矣。

是时日本派佐分利贞男考察南方政府，余意必为首先承认之先声。佐分利贞男者，余在关会时与之至谂。过沪时，与谈中日关系，余综其意而推测之，日本商约如不能于六个月内订妥，北方政府必出于宣告废止之一途。此时日本必与南方政府先订通商条约。何也？长江流域本为英之市场，而南方政府乃排英派也。日本一方将张作霖送至关内，东三省任其所欲为；一方令长江势力收在自己手中，而以南方政府站其当前，代为驱英。是本为英之市场者，一转而变为日本之市场也。鲁军南下，甫过江而又召回，表面上系杨宇霆之稳重，骨子里安知非某国人为之操纵指挥耶。盖山海关、南口两役，均某国之功也。某国在中国实居指导者之地位。不然，我国正在军阀猖獗、财政枯竭之时，英美银行界所裹足不敢前者，而某国某公司何以有五百万投资于京汉电车之计划，且适于张作霖入关之日，而此议遂成。人谓某国投资助中国内乱，余谓某国投资，代中国分家也。宣统出奔时，余即告陈弢庵师云，某国将挟少帝往东三省作为帝国，归伊保护，将张作霖捧至北京，主治西北一带。今言将验矣。长江以南为蒋介石主治，是为武昌政府；长江以北为张作霖主治，是为北京政府。吴佩孚流落郑洛间，无能为力也已。此等分家之法，谁为谋之乎，识者自能辨之也。瓜分不可，共管不能，只有出于暗助中国自行分家，而某国人从中得利。现所有问题者，冯玉祥之军队也。张作霖能制服之，西北统归北京政府主治，否则听其奔窜于绥察之间，羁縻不绝，如蒙古故事。某国人始以商务弱人国，今以外交亡人国，可免日美之战争，亦可以夺英美之商务，其用心可谓狡矣。惜乎英美居在远方，外交又复笨拙，只有坐视，一筹莫展。而南北两政府当局，不乏贤明，惜乎利令智昏，一方为穷民苦困所包围，一方为政客军队所缚束，明知饮鸩止渴，祸害无极，然实迫处此，不知不觉间，乃落某国人之圈套。蜷居斗室，无力奔走四方，考察周围情势，但以私衷窥测，则天下三分之势已在眉睫，如言不中，则幸甚矣。

果也，张作霖以孙传芳、吴俊升、张宗昌、阎锡山、商震、寇英杰、陈调元、张作相、卢香亭、韩麟春、高维岳、周荫人、陈仪、褚玉璞、刘镇华等所推戴（此电吴佩孚未列名），于十二月一日通电讨赤，并在津就安国军总司令职。然北军在南者多惨败。余之妹婿刘以臧（亚农）自新喻兵败，逃难来沪，谈皖赣之民恨北军刺骨，北军败后，继以惨杀，死者不少。南军本拟鄂赣下后即窥皖浙，在南京过年，现又改变战略，先攻鄂西，以防杨森之东下。鄂西得势，即径入豫川，图与潼关接气。但执政者皆乳臭之徒，人才缺乏，然军官多士官学校出身，颇有智识，兵亦善良，盖兵即本地之居民也。刘为邓如琢秘书长。又云南军多用妇女为副官侦探，且有以充军队者。故联军但见逃难妇女冲队而行，不敢堵击，及至队后，乃复反攻，即前逃难之妇女，而军被包围，无能为力矣。各县均有民军二百余人为一队，散之则为民，聚之则成军，遍地皆然，无从辨识。县委员皆委乡之狡黠者充之，派党人为纠察队，盖以察县长之善恶也。在彼固亦组织严密，秩序井然，而北京视之，则皆赤化也。

十二月六日，张作霖宣言云：

　　慨自民国成立以来，共和雏形尚未完备，而祸国之辈又复假异邦之邪说，快一己之私图，人民为其所愚，势不至亡国败家不止，是不得不为邦人君子正告焉。我中华立国，士农工商四民平等，礼义廉耻四维素张。上古之世，人民凿井而饮，耕田而食，出作入息，不识不知，以云自由，何以加此，然犹得曰尚未开化也。秦汉以降，井田之制废，而人民生计亦各有田产，以自赡其身家，并无如俄国之大地主及东西各国之大资本家，贫富悬殊显然、有压迫平民之弊患。观四千余年之历史，人民皆讲让与仁，安居乐业，但使无干戈之警，群相游熙皞之天，从无因产业之不均而酿生国家变乱者。乃我国野心狡黠之匪徒，拾人唾余，宣传赤化，借不适用之共产学说，利用多数贫民及下流社会之心理，鼓动青年学子、激烈暴徒，以乱我国家，以饱其欲壑。彼等日言推倒军阀，打倒帝国主义，而迹其所为，不啻躬自蹈之。其所操之旗帜，皆该匪等之假面具、口头禅，有何国利民福之可言。昔石敬塘附庸异种，扰乱宗邦，向契丹称儿臣，贻千古之唾骂。今冯玉祥、蒋中正等勾结外援，侵略祖国，是与石敬塘何异？蒋中正复甘受鲍罗廷之指挥，则并石敬塘之不若。自侵入湖北后，凡优秀分子之有资望者，附之则指为投机，不附则又指为反革命，仕宦则指为贪官污吏，商民则指为劣绅土豪，拘捕搜抄，侦骑四出，祸至今日，人人自危。对于武汉商户，勒捐之外，又借房租，得款约数百万元，而中饱之数多至二百余万，营私肥己，殊骇听闻，其他残悖行为昭昭在人耳目。祸且烈于洪水猛兽，惨更甚于赤眉黄巾，此而不图，国何以国！作霖生长田间，政治虽非素娴，而民情实所深悉，安能坐视亡国之妖孽横行于光天化日之中？故首将西北之匪军先为剿灭，以期逐渐荡平，盖一息尚存，绝不忍不为民请命也。夫政治无绝对利害之可言，惟视是否适合时宜为断。吾国为四千余年声名文物之邦，本有治国之要素，何必取此不合国情之说而效之？何必取此世界一致反对者而行之？作霖敢为我全国父老昆季告，吾人不爱国则已，若爱国，则非崇信圣道不可；吾人不爱身家则已，若爱身家，则非灭绝赤化不可。然后团结团体，发扬共济之精神，泯除私心，合谋共同之利益；普及教育，为学生辟相当之用途；开拓利源，为全国倡可兴之实业；取精兵主义以节省饷项，持自用政策以保障国权；政见则捐小异以成大同，规策则舍目前而谋远大；毋鹜内争而引狼入室，毋贪小利而饮鸩自戕。作霖不才，只知救国，绝无南北新旧之见，亦无权利名位之心。凡志同道合者，皆为吾友；其害国殃民者，即是公敌。垂泣以道，天日可质，邦人君子幸共鉴之。

是时成为南北分立之势，北以张作霖为领袖，而孙传芳等从之；南以蒋介石为领袖，而冯玉祥等从之，是为白色主义与赤色主义之战，亦即黄种民族与白种民族之决斗也。孙传芳拥五省联帅之崇衔，然闻李伯芝死耗，仰天叹曰："人生惟死为佳，我且求死不得。"又顾望杨文恺等曰："君等视孙权之陆逊如何？今欲求陆逊其人尚不可得。"此余友郑在义所告余者，已足见其英雄气短之态，何足以抗西南新锐之师乎？况西南咄咄迫人，沪杭路断，孟昭月旅防松木一带，备党军侵入，而党军已至兰溪，距浙省不过百余里（十二月十五日）。事机已迫，张作霖于十二月二十八日由津入京。余在沪闻其自车站入正阳门，经中华门至顺承王府，均黄土铺地。是视民国十年张作霖入京见东海，时东海告人曰："张某来京，直有入门下马气如虹之概，吾不能不以闭门羹折其气者。"情形迥乎不侔。盖此时张已有一夫当前，万人莫敌之概矣。

民国十六年丁卯，余四十九岁

元旦在沪，闻张作霖停止受贺，靳阁组织不成，顾阁尚可维持，但南方势甚猛进，抵汉口即占领英租界，舆论有以称快者。余与陈銮（子琴）提调谈论此事，陈云："赫德在庚子年著有《中国之拳匪》一书，谓中国五十年后必有有智识之拳匪出现。

今不及二十余年，而赫德之言验矣。赫德又云，中国废科举兴新学固甚善事，但将来有好技士、好医生，所欠缺者忠臣孝子。"盖谓汉口事件亦含排外意味。然英舰集中汉江，英参赞一到即开始交涉，不知外长陈友仁如何谈判。此时武汉政府可称为左派政府，亦即变相的赤色政府，共产党如张发奎、谭平山、恽代英、吴玉章、苏兆征、毛泽东、林祖涵、向忠发、高语罕、叶挺等辈上拥汪精卫为主席，直供其指挥而已，然实力派之唐生智则与之貌合神离，从中作梗，卒有反共之举。

北京政府仍由顾阁摄政，一月十二日发表三道命令，一责成财政部筹议裁厘进行方法；二自十六年二月一日起征收附加税，并催续开关税会议；三责成部处会拟保管附加税及过渡税办法。此为顾阁新猷之第一声。然余意日本必提异议，即以何种条件为承认，亦必至各省截留，为延长内乱之用，中央毫无所获。夫国际所赖以维持者，以条约有尊严与信义也，若可越约行事，则世界何得和平？京外憒憒不足论，若顾为少年外交家，何乃贪一时高位，徇军阀意见而出此无谓手段？适见其不贤明也已。某使推测，将来一、各省自行征收，不解中央；二、由税务司代征后，各省将实行截留；三、各地方之特税决难取消；四、中央政府所定保管方法终成具文；五、规定用途虽无军费在内，事实上仍须挹注；六、南方仍须反对，故中央能否享受二五附税利益尚在迷惘。所言与余意见正同，然顾尚以此扬扬自得。果也，内阁总理落于顾手而令顾兼外交，胡惟德任内务，汤尔和任财政，张景惠任陆军，杜锡珪任海军，罗文干任司法，任可澄任教育，杨文恺任农商，潘复任交通。汤尔和良医者也，而竟任财政，实亦趣事。故陈汉第（仲恕）弟名敬第者，余之同年也，自沪作函贺之曰："足下综理财政已属奇闻，加以土气，更易闯祸。"时人传为笑柄。

是时余友萧叔宣将回闽训练海军陆战队，告余云："蒋之胜利者在黄埔军官学校，该校每月经费四十余万元，九个月毕业，一班九十余人，所谓便衣队、学生军者。是吾今弃陆就海，汝其为我助一臂乎？"盖有乡人陈某荐余于海军总司令杨树庄（幼京），欲遣余赴厦门办二五附税以充海军饷需。余曰："余受北京政府命，食北京政府禄，而从事革命，大义不容。"杨喻余意，亦不相强。然江海关监督朱有济（作舟）果定一月二十日征收附税。税务司赖发洛告余曰："日英参赞曾到税司处探问，税司答以监督之事与伊无涉。"大势看来，英及各国照纳无疑。惟日本一方默认，一方抗议而已。统计全年增征约三千余万元，内除南方区域约七百万，上海约一千五百万，共二千三百万，中央所余八百万而已。设厦门、青岛再归海军征收，长江一带归南京征收，大连、安东又无法征收，中央所能征者山海、津海两关，至多一年不过一百万元。而实力派增征之款必为增兵之用，且上海为南北必争之地，是所谓延长中国内乱也。而外交之变化莫测，此举可谓利少弊多。北方视顾为财神，以为关税一争，既可救目前之穷，且以镇压南服。不意南军北上，势如破竹。刘以臧（幼雪）自赣逃回，谈及南军多用奇术，兰溪之战，因乡人社祭，演剧终日，挑摊食物减价发售，南军乃以泻药置元宵丸中，联军争食，翌日均病泄不起，乃以劲队冲之而散。新喻之役，北军拉夫，不意被拉之夫均南军奸细，夜半将机关炮窃放，军乃大乱。用兵宜诈，此之谓欤。

南军得势，加以税务处督办蔡廷干、总税务司安格联由顾免职，安氏回国诽谤北京政府不遗余力，故英对华政策转变，拟将关税权及租界交还中国，并将治外法权取消，以买好北京政府；一方又与蒋介石交涉，欲于租界内设市政厅，按居民之数各有投票权及被选权。此余表甥程学箓（绍伊）告余者。程又云，南军将由武汉抽五十劲旅集中上海，为世界革命准备，故近一二月来，沪上情形危急，罢工者有之，邮局、报馆停止送邮、送报者有之。而余与居停刘石溪眷属均避地于西摩路文锦坊。二月二十二日夕，建康、建威两军舰炮击制造局，瞄准不确，弹落法租界者几处。军舰下级军官为党军所贿买，而舰长一为萨姓，一为杨树翰，均不在舰。杨即海军总司令杨树庄（幼京）弟，当时外国军舰以信号警告之，乃止炮。法租界当局向交涉员提起抗议，请特别注意，李宝章司令亦以电话海军司令询理由，并谓伊不还炮，司令只言误会而已。后李司令以此案移归海军自办，各界均以海军此举太无意识。是日下午五时，华租界毗连处密布军警，而铁栅均闭，或云松江之联军已近，或云奉军已过江，或云总罢工乃右派之举动，将以排奉并排蒋也，或云李宝章司令态度不明，或云海军全部独立，或云城内警察闹饷，诚所谓风声鹤唳，草木皆兵也。

外传五省联帅孙传芳兵败退至浦口，又以张宗昌南下救援，复过江，在龙潭一战后大败，仓皇北窜。及抵津，有人询之曰："星者云，君之夫人相其面可贵至皇后，然则君胡不帝？"传芳（馨远）笑答之曰："为帝者须有三条件，一挥金如土，二爱才若命，三杀人如麻。吾三者无一，何以帝为？"曰："中国能是者谁乎？"曰："张宗昌居其一，挥金如土，足以当之，余则不及。"相与一笑而散。

先是余中表郭燊（诗辉）宴客，座有殷汝骊（铸夫）、张群（岳军）、林知渊诸人，之数者皆民党中人。殷告余云，顷正与海军接洽中，海军一妥协，则长江风云变色。余曰："谈何容易。"殷曰："政治之变化有极神速者，不观辛亥之役乎？子且静观吾辈之推演也。"未几而海军总司令杨树庄果先降，上总命令各工友上工，但邮局仍不许送信。上总者，上海总工会之简称，十余万工人只听该会命令，而该会并无一定住所，故无从捕获，然总商会等仍能与之通信。毕庶澄总指挥已到沪，出示安民，以恢复工作、保护中外人民为宗旨。其军队出发者三万人，分布沪宁一带，已到沪者三连，渤海舰队亦将于二三日内动员。

时余与廷俊女蜷居一室，日以吟咏散闷。廷俊女寄嫂王诗云："傍晚归鸦向树忙，高楼夜雨似秋凉。荆榛满地家书断，一片乡心万里长。"初学拈句，得此亦佳，末二句盖谓邮局尚罢工也。

未几，孙传芳、张宗昌均到沪，盖奉安国军命，将以挽回沪之危局。而安国军以用兵南下，亟须筹款，乃组织安国军财政讨论会，分经济、赋税、会计、公债四股。余以在沪，奉聘为委员，故未分股。张煜全（昶云）告余曰："张作霖、吴佩孚合力抗南军尚且不支，奈何双方军队在河南中牟附近竟接触乎。"安徽陈调元亦有反奉通电。南军分五路攻南京，苏州、吴江已有战事。黄厚诚（漪午）云，有日在电车中，有人在群众前演说，谓世以"共产""共妻"诬南军，其实以一纸空票当现金交易者非共产而何？一人而拥有二十余妾者非共产而何？南方人物固无是也。南方着意在宣传，故海军中四十岁以下之人无不南向，长官虽镇压无效。靡特此也，冯、阎、蒋、靳（似是靳云鹗）亦皆联络，以奉为敌，陈调元且就三十七军军长职，安徽悬青天白日旗矣。王普就二十七军军长职，设行营于芜湖，与当涂直鲁军对峙矣。联军闽军均自松江撤防，退驻江北一带。是由观之，五省联军已去其四。上海海军且于三月十二日宣告独立，悬青天白日旗。是时北方政府虽装饰门面，设立裁厘抵补筹备会（时余充会员）及附税保管委员会，而以王士珍、王宠惠负保管责任，两王均不允就，盖附税已全被各省截留也。顷之，党军过秣陵关，进殷巷镇，离南京仅三十里。宜兴方面亦于三月十七日为党军占领，联军冯绍闵、郑俊彦部退至常州。东路之党军二十一日已至梅花弄颛桥一带，距新龙华不远，隐隐闻炮声。余及廷俊女借居停刘之眷属，又避地西摩路，而冰心夫人尚滞在城内。电网密布，断绝交通。修订货价委员会知沪不可久居，正议结束回京时，而闸北失火，死伤枕藉，焚烧数百家，无人救护。盖工人与直鲁军冲突，互开枪炮，历数小时始熄。于是邹竞就警察厅厅长职，徐朗西就总指挥职，通告安民，并照会各领馆。薛岳大部队抵新龙华，上海开市民代表大会。苏州、常州、宜兴、松江、无锡失守，毕庶澄通电加入党军，听蒋总司令指挥，并电靳合作。上海特别市党部宣言二十二大纲，首曰铲除北洋系军阀之残余势力，最后曰解放婢女、妓女。世人谓，北洋军阀竟不如婢女、妓女之幸运耶。

余于是嘱顾绥禄（仲安）定船票，决计回京，且定三月二十九日行。未行以前，日忙于留别应钱。微闻褚玉璞部在句容、溧阳得胜，杀敌三千人，俘敌三千五百人，然所传不确，实则南军已于二十四日上午八时占领南京，诸部纷纷渡江，坠水死者不鲜，而蚌埠亦有不稳消息。直鲁军之残余于南京者辄有骚扰，侵入英日领馆，故外舰有炮击南京事件。二十七日四时，在睡梦中忽闻巨炮轰轰惊醒，或曰欢迎蒋介石到沪也，实则上海海军与渤海军舰互相炮击，海圻受伤。扰扰纷纷，迄无宁日。余于是于二十九日上午搭大连丸离沪矣。

到船上送行者有刘府诸人及顾绥禄并其夫人允娴，顾宗浩并其夫人允萱，又孙鋆卿并其姬人彩琴，馈赠冰心、廷俊等果点、衣饰。九时开船，船上遇曹忆轩厅长、张训钦次长、刘子楷公使，颇不寂寞。张谈北京迩日颇恐慌，又言工党拟游行租界。同船有李姓者，武穴盐务稽核员也，谈阳新县党部要求百姓加入党籍，百姓决于城隍，签下下，持示党部。党部怒，以肉靶塞城隍口，聚百姓而观之，与城隍约，限二小时，须将肉靶咽下，卒逾时未咽，乃仆城隍而枪决之。百姓曰，城隍已死，我辈存何益，乃全城决死。某曰，我辈既死，不能令彼辈独存，乃聚党代表八人而歼之。及大队至，百姓纷纷避居邻县。

翌日，抵青岛，曹忆轩厅长借吕厅长汽车到岸招待，并派督察长王德禄导游各名胜。先至青岛神社，历阶一百零八级。社祀天照大神。明治天皇大国魂神社址在若鹤山上，旧为莫尔德克炮台，高标二百六十五尺，左有一碑，刻郑孝胥（苏戡）赠乃木大将诗，又一碑刻慈觉大师山东遍路图，又陈设潜水艇扫海纪念等（形如铁锅，有盖链）。寻到旭炮台，俗所称小炮台，是残垣败铁，满目苍凉。德固一世之雄也，而今安在哉。又环山至大炮台，旧称会姓岬南会之炮台。台凡五座，如龟形。下山路中遥见忠魂碑兀立天际。下午复下船，路经海浴场，恍惚如北戴河风景。五时开轮，传闻日本军舰派来三十六艘，最大者三万六千吨，将赴沪保护日侨，轮甫出港，即遥见舰队前来矣。船上遇徐德舆（子权），陆润生女夫也，谈闸北之乱，伊家因无锡之丝运至麦根路，适遇罢工，被抢去二十七万元。又谈荣姓老妇住在救火会旁，家屋被弹焚烧，身葬其中，奔至租界，心愤呕血，历四时而亡，可哀也已。

　　三十一日，遇雾。张训钦谈昨日上船衣衫之褴褛者数千人，乃关外垦务局到此招募者，春往秋还，而病死关外者不鲜。每名船价一元五角，内有青衣持棍者即此农奴之监督者，不给小费则鞭挞随之。下午抵大连，网篮被海关扣留，盖查烟甚严也。阅报知蒋介石已到沪。日本荒木少尉因日本海军名誉被污自杀未遂（即南京事件）。南军分三路北伐，左路唐生智、李宗仁为正副指挥，由武胜关北进；中路程潜、鲁涤平为正副指挥，由扬州攻海州；右路蒋介石自为正指挥，何应钦副之，由徐州北进。三个月会师北京，再经二个月统一全国。四时船入白河，所谓九十九湾是也，百去一为九十九，百去一为白字，故名白河。

　　在船上遇李准（直绳）将军，谈金月梅逸事云：月梅父在旅顺营商，甲午战后，商铺被焚，乃逃走烟台，饥驱异地，经年未归。月梅与其母同以刺绣为生。邻居有业歌者，月梅倚壁摹之，亦合音拍，然不能上笛。一日遇歌者，教以曲，乃成凤凰山一出，偶以清串登台（时在沪上），顾曲者悦之，遂营此业，而收入稍丰。伊父自外归，闻之不怿，乃赴金焦山为寺僧。后闻月梅名大噪，遂回沪，至茶肆窥探。有人闻于月梅，奔市肆邀其回家，泣求乃允。未几又旋山，但嘱月梅须嫁名流士族，不可坠入下流。后遇郑孝胥（苏戡），遂缔婚约，厄于大妇。因老九章开节账，衣料耗三百金，大妇诟谇之声乃起。月梅求返烟台，郑许以四千金为活计，而金藏大妇，竟不如愿，但日寄一诗慰藉。月梅母大怒，月梅谓：得诗不胜于得金耶？母曰，诗不足以疗饥也，乃强令嫁与李伶长善。李乃月梅母之义子也。月梅函告郑，郑以为谎，速筹寄四千金，而母将原金璧还，月梅乃偕长善赴津奉演剧。郑闻知，赴津，访之不遇；又赴奉，仍无消息。折回申，适杨文敬公督直隶，宴会演剧，延郑上座，而剧上，一掀帘，即月梅现身台上矣。两人相顾惊愕，郑即托病去，月梅亦未终唱而下台，自是不相闻问。未几，长善死，又嫁杨润田。小梅即杨所生，或曰郑之所出也。

是晚到津，孙慕东馈燕席一桌。

四月三日，到部谒夏仁虎次长、汤尔和总长。销假，奉批仍回印花税处总办原任。翌晨到税务处，谒督办罗文干，报告沪会情形。罗允移京办理，但不给经费，谓经费已虚糜一年，不宜再耗。余告黄厚诚（漱午）曰："此等之人皆王克敏一流人物，刻于人而不克于己。余辈为国办事，须求有始有终，编订货价，岂可功亏一篑。余辈即枵腹从公，亦必成此举也。"又翌日，赴财政整理会，谒会长颜惠庆，承询中国问题，告以北方须注重外交，不可徒恃军队，盖日有倾南之向，以排长江英国之势力也。不幸而言中，各国政府已训令使团令外侨返国，以免危险，盖虑徐州不保，北部即有纷乱。是时各国已早知北京政府之不能维持，俄更乘虚而入，欲于北部宣传赤化。事为政府所闻，乃于四月六日上午派警察以武装入东交民巷，包围俄大使馆，搜检宣传印件及手枪、炸弹，得有两印，一刻灵字，外加圆圈；一刻密字，似系该党之暗号。又捕男女学生数十人。同时北部各领馆亦着手包围搜索。当未及大使馆时，馆门紧闭，陈兴亚请示于杨宇霆，杨许开枪，乃得闯门而入。传闻馆中有七委员，一委员手下管辖五百人。有李大钊者，委员中之翘楚也，此次被缉就法，厝棺妙光阁。后余过妙光阁，阁主人告余曰："近有大头鬼夜常作祟，其厝屋内籁籁有声，每半夜起，以木棍击其棺，始稍息焉。"盖李头甚大也。

是时安国军设财政讨论会，税务处设庚款研究会，财政部设清理道胜银行委员会，无非为筹款而设。余无役不从，然皆托诸空言，无裨实际。财政讨论会设在南海，余隔别八个月，人踪稀少，树影萧疏，车经其地，不胜今昔之感。斯时也，有梁财神出而组阁之说不成，又有曹汝霖组阁说。然曹父死后，曹母不欲伊子为官，谓伊子出台，伊则庐于曹父冢侧。钟世铭（慧生）之妻亦禁钟出山，彼辈殆均有觉悟欤。此北方政府消沉之景象也。而南京政府自四月十八成立以后（右派），与武汉政府（左派）对峙，民党内部已分裂，加以英美军舰在南京与党军对岸互击。是时南北之势虽分，而孰胜孰败尚在不可知之数。所最堪痛恨者，向称为不倒翁之阎锡山（百川），乃背弃旧时袍泽，加入三民主义，张作霖奔赴石家庄欲与晤谈，乃遭拒绝，怏怏而返，是亦为中国政治变迁之一大关键。阎锡山何以称为不倒翁乎？盖每值一次战争，伊必派遣军队集中娘子关，军将以对何方作战请，阎即怒詈曰："蠢子何知，汝看何方胜利即加入何方，此尚须请示而后行乎？"故直军也，皖军也，直鲁军也，奉天军也，西北军也，安国军也，国民军也，革命军也，共产军也，伊皆可视之为敌，亦皆可视之为友，所谓有百胜而无一败，故皖奉直鲁皆亡，而彼尚可延余喘也。

五月二十九日，阅报知：日本于二十八日通过阁议，奏明天皇，以我国徐州不利，乱动将及于华北，故由南满驻屯军抽调二千人，由大连驶赴青岛，遇紧急时即入济南腹地，为保护日侨准备，并声明对南北两军行动概不干涉。又云英政府已决定对俄绝交，限令驻英俄使十日内离英，惟声明合法之商务仍得继续，盖尚未达战斗之程度。世界大战波动早已肇端于此，而返顾国内，郑州因田维勤倒戈，故陇海不保，徐州亦危，晋阎且有出兵之说。五巨头并联电请张出关，有云已开回兵车十二列车者。日本又增兵二千保护京津，此诚所谓内外多故之秋也。于是各方将领谋充实政府力量，以抵抗南方，乃有拥戴张作霖为大元帅，以潘复组阁之酝酿。日本且有助张覆蒋之规画，而交换条件则指满蒙特殊利益，无非以满洲之铁路为酬品。张作霖乃于六月十七日通电：

> 南阳吴玉帅佩孚、太原阎锡山副司令、新安镇孙传芳副司令、济南张宗昌副司令、新郑韩麟春军团长，并转各将领鉴：自辛亥革命告成，国体改建，主权在民，除暴君专制之旧，五族平等，无种类、阶级之分。凡以除人类之蟊贼，增民生之幸福者，皆我革命先烈艰难缔造有以致此。是以凡有危害邦本、戕贼民生、勾结外援、动摇国体者，是为全国之公敌，人人得而诛之。比者共产分子归降，苏联宣传恶化，甘心卖国，贻祸寰区，作霖不武，痛神明华胄等于鹿豕，大好神州沦于夷狄。为驱除洪水猛兽，不能不战；为世界人类生存，不能不战。用是联合诸将兵起义师，年余以来，虽外摧强寇，内靖神奸，始清京畿，继窥绥北，朔方诸省讫可小康。乃北赤甫平，南赤崛起，延陵再蹶，江左被侵。作霖懔兴亡有责之义，尽急难与共之诚，攘臂下车，缨冠救难，聊尽天职，不敢告劳，虽陈兵皖豫，未奏戡定之功，而扫荡逆氛，已寒赤虏之胆。惟是共产标题，志在世界革命，则讨除

共产，实为世界公共之事业，是非作霖一手一足之烈所能告成。凡我全国同胞，既负保国卫民之责，皆有同仇敌忾之忱，自必通力合作，不必功自我成。此后海内各将帅，不论何党、何系，倘以讨赤为标题，即属救亡之同志，不特从前之敌此时已成为友，即现在之敌，将来亦可为友。惟独对于赤逆，则始终一致敌对，决不相容，一息尚存，此志不改。果有健者，将赤逆屏诸四夷，作霖愿退避三舍。至于此外一切主义，但于国利民福不相冲突，尽可共策进行。大权操自全民，政治自循常轨，仍当以海内贤豪讨论公决。作霖未娴政事，除完成讨赤事业外，固无丝毫成见，为此鹬蚌之争也。

此电盖为各省拥戴大元帅之导线，并拟取消旧政府，改组新政府，即所谓"大少内阁"，因潘复有大少爷之绰号也。乃将烟酒事务署、税务处归并财政部，海军部、参谋部、航空署归并陆军部，而分置实业、农工两部，大部月费三万为限，小部二万为限。夏仁虎次长谕各司科赶办交代。京例长官有更迭各司无交代，此次张之举动，谓抱革命来也，故拟将民国元年颁行之官制一律废除，另定新官制。余早知此为不祥之兆，果而八将领拥戴大元帅之电至，电云：

天祸民国，政纲解组，国无政府，民无元首，纷纭扰攘，累载于兹。现在赤焰弥漫，天日为昏，毒痛全国，无所不至。国民之期望，友邦之责备，皆以讨赤为惟一安国之大计，然非统一军权，整肃政纲，实无以慰群伦而靖祸患。伏维我总司令自去岁就职以后，志在靖难，昕夕焦劳。北方赤祲虽就廓清，南服赤党益为猖獗，全国皇皇，罔知所届。际此存亡绝续之交，正我辈奋身报国之日。传芳等再三筹议，金谓讨赤救国必须厚集实力，固结内部，方能大张挞伐，戡定凶威，拯神州陆沉之危，救元元涂炭之厄。我总司令大公之量，天地为昭，同志之孚，友仇若一，惟有吁恳总司令以国家为前提，拯生民之浩劫，勉就海陆军大元帅，用以振奋军志，激励士心，坚中央出令之权，一举国同仇之忾，庶可迅扫赤氛，澄清华夏。传芳等当首先将士，尽力疆场，以副拯民水火之忱，而尽殄除暴乱之责，切请勿拘小节而失人心，勿慕谦光而酿巨变。总之，全国之人将死，惟我总司令生之；全国之士将亡，惟我总司令存之。事机所迫，间不容发，干冒尊严，不胜惶悚。孙传芳、张宗昌、吴俊升、张作相、褚玉璞、张学良、韩麟春、汤玉麟铣叩。

于是张作霖于六月十八日就大元帅职，夏仁虎次长派余偕袁永廉、陈国权两司长及范参事治焕入西苑门觐贺。马车可径抵怀仁堂，此地不至者久矣。翌日，颁布中华民国军政府组织令，其时所以不设正式政府置大总统，而设军政府置大元帅者，盖有外交关系也，因友邦常对张要求让与铁路权利，张常告之曰："我系大元帅，只能管陆海军事，若外交问题，须俟将来有大总统时方能解决。"故藉此为搪塞地步。其组织令第六条规定国务院及各部之官制另定之，第七条规定民国十六年六月十七日以前之法律、命令于本令不相抵触，得适用之。是日明令特任潘复为国务总理，张宗昌之力也。其第六条之意，即推翻从前之官制，倡言此次为革命而来，故并从前之法令亦删改之。

是日，财政次长夏仁虎调充国务院秘书长，以朱有济为财政次长。先是余在沪时，代理总办查凤声贪缘夏次长，以印花税款为酬应之具，故部薪积欠累累，而惟夏次长薪俸无愆期，至是则查与邹佣青、王叔沂、李伊度数人勾结，谓政府现经革命，则存余税款应补发本处同人欠薪，若普及则所得有限，不如陈诸夏次长，分与四人，尚可稍沾实惠。夏即署诺。事后，余闻之曰："是即朋分税款之变相也，如不取消夏之署诺竟朋分者，余即告发于大元帅。"众不得已，奔赴国务院，请夏取消。时夏正就院秘书长职，潘阁任阎廷瑞为财政总长，阎派陈汝莲为总务厅厅长，苏遇春为泉币司司长，杨永楷为库藏司司长，黄潜、程锡庚为秘书，余仍充印花税总办，并筹办全国官产事宜。未几，张济新为官产督办，余即不问官产事。时部中闹裁员，将由二十万降至五万，各司再三请缓，方允最短期间维持现状，灾官仅可稍延残喘耳。一日，马梦吉（熊占）来谈，日本兵至青岛者有五万之多，奉军自京汉退至保定，张欲出关。不得已，日本愿继续参战借款为开办民国银行之用，阎廷瑞有约茂业银行总经理沈化荣筹办之说。未几，裁员之议复起，有人以匿名揭帖分送各司，毁余名誉，并有呈大元帅请明正典刑者。余皆一笑置之。探其原因，或系薛大可、孙仲山（被余控过）、文法龢、查凤声（欲求代余者）之所为。苏遇春、梁鸿志均示意于余，曰如欲保留，可代设法。余曰："印花总办，公器也，非余私产也，去留总长之权，余无所容心于其间。"

正在烦恼间，六月二十九日，长孙以康竟以盲肠炎入德国医院，用手术毕，气喘如牛，四时三十分气绝。此子天资英发，器局堂皇，吾无福有此贤孙，痛惜曷极。

税务处督办罗文干以讨好阎廷瑞故，裁员节省八千余金解部，处中人恨之刺骨。噫！是岂非以市为道乎？不意市道甫成，而阎兼督办之命下。是时阎以统一财政为名，其实并未裁撤一机关，但以财政总长兼任耳，既兼盐务督办、烟酒督办，又兼税务督办、币制局督办。凡有会者，皆其会长，余所记忆者，财政讨论会、财政整理会等皆是。不止兼职也，且兼薪焉。阎尝与余谈，奉天之田亩非以亩以顷计，实以天计。其所谓天者，即一天功夫能走尽头之地也，然则不知其若干顷矣。余询阎家有几天之地，阎答只知无数，不能实指若干天。则其席丰履厚，可想而知，乃复厚己薄人如是，宜其后受活埋之惨也。阎廷瑞活埋原因，言人人殊，以余所闻，本庄繁有电致张学良，请领回张作霖灵柩，否则火葬，张乃命阎代表回表营葬。阎至，本庄繁派为边业银行督办。银行本有现银六百余万两，阎乘昏夜搬寄汇丰银行，又因烟土分赃事与奉天市长赵欣伯发生意见。此其表面原因也。尚有秘密一幕者，本庄繁有帝制自为野心，欲以财政大臣位阎，酒酣，为阎言。阎泄于外，事为参谋部所知，故置之死地，令其自掘自埋焉。原其本人尚是忠厚长者，而左右所用如孙仲山、朱有济等急功好名，故所为不免操切。阎聘孙仲山为财政部税务处高等顾问，拟提比国退还赔款以救财政之穷，声言易纨士如不允从，则免总税务司职，是又袭顾维钧（少川）故智。卒之，余代拟一稿，饬易遵办，易果服从。易告陈銮（子琴）提调曰："奉宁晋三角协定能成立，组织委员制政府，则各国亦将组委员会代中国解决外交上之问题。"以易纨士之口气，可测知英政府之用心，不意晋与冯联，奉、宁成为孤立。

八月五日，大元帅任余为财政部参事，以文法龢为印花税处总办，即日交代。十二年之仔肩获卸，如释重负。文法龢，张弧（岱杉）亲家，而张同礼（筱岱）之岳父，向欲求京兆河南印花税处而不得者，今则以能陪张宗昌、朱有济为樗蒲故，竟得如愿而偿，彼以为膏腴地也。乃甫到任，即向印刷局局长索印花印刷费扣头，局长告之曰："李前任办理十二年，未有分文染指，既无此例，不便擅开。"文低头无语。而局长陈于大元帅，大元帅以诘阎廷瑞，阎始悔先入孙仲山、朱有济之言，而深呼对李某负负也。此古亨甫所深知，而为余贺者，谓余虽去职，而尚系人思。故阎、朱求所以慰余者，任余财政全书总编辑事，余亦乐为之。是时失业者多，皆欲助余编辑，惟刘锡康（健父）所任之职如故，但以京况不佳，急于南旋。夫人同行，船上得病，抵沪医治月余，健父即抱鼓盆之痛。此即余前年到沪时之居停也。

十月二日，张大元帅发表讨伐阎锡山通电云：

慨自赤化蔓延，道德沦丧，理性渐灭，人欲横流。本大元帅受诸帅推戴之殷、人民付托之重，思以道德仁义与诸将士戮力同心，挽此颓波，共维大局。是以对于各省袍泽，但能以讨赤为职志，不以附赤为标题者，无不曲与缓容，尽力扶助，自问此心可质天地。阎锡山长晋有年，由前一切政变向不干预，上年为冯逆所迫，围攻大同，蹂躏雁代，晋北不保，太原垂亡。阎锡山信使往还，叠电告急，摇尾乞怜之态如在目前。本大元帅以晋省系完善之区，晋民多纯朴之众，倘被赤徒恶化，地方不堪设想，用是激励诸军力攻南口，接济械弹，救其灭亡。南口既下，大同解围，我军直趋绥北，转战数千里，兵无宿粮，马无积秣，甫克扫除绥境。功成之后，举土地、俘虏、械弹战利品一无所取，拱手让晋，口不言功，此上年已往之事实，对于晋省人民，对于阎锡山个人，可谓仁至义尽，足以大白于天下者也。不意阎锡山狼子野心，认贼作父，年余以来，醉心赤化，倒行逆施，反颜事仇，与冯逆相勾结。今年春间，竟于我军攻豫之际，出兵石家庄，意在断我归路，截我辎重。幸我军见几尚早，全师而归。当此之时，我军若问罪兴师，理无不可，本大元帅意存宽大，曲予优容，仍不忍以救晋者祸晋，非真于阎锡山之多行不义毫无闻知也。自袭取石家庄后，对于直境附近各县搜括骚扰，宣传赤化，无恶不作，迭经派员疏通劝告，迄无悛改，其祸晋祸国之心路人皆见。上月十九日，突在大同附近截劫火车，扣留我军官佐，并敢进兵察境，公然敌对。本大元帅维持大局、维持晋省之苦衷至此乃忍无可忍，兹已分饬诸军实行讨伐，北方大局，迄可小安。今阎锡山被人利诱，甘为戎首，是破坏北方大局，阎锡山一人当负其责。本大元帅救国救民始终如一，晋军晋民皆我一体，但期奸厥渠魁，决不穷兵黩武。倘阎锡山能悔过息兵，或其部下能自拔来归，仍当一体优容，不追既往。从前牺牲多数，尚能以晋境绥地归诸晋军，今虽不得已而对晋用兵，仍必顾全晋省真正民意也。特此区区，敬告有众。

　　盖自是阎锡山与旧北洋系及直鲁奉系分裂，加入冯蒋阵线，京绥、京汉铁路不通，红煤告竭，人心惶惶。幸而九将领如孙传芳、张宗昌、吴俊升、张作相、褚玉璞、张学良、韩麟春、汤玉麟、高维岳通电响应讨阎，直斥其醉心赤化，与冯玉祥相勾结，甘为戎首，破坏大局，是之谓奉晋战争。涿州一役，奉获胜利，大元帅喜逐颜开，在新华宫内大开筵宴，约各部总次长为博簺之戏，达旦不休。然山东失利，褚玉璞在前敌受伤，折回徐州休息，而中央罗掘俱穷，乃有金崧寿者上言于阎总长，创办奢侈品特税，值百抽十，设卡收捐，稽查存货。其税表中有列煤油一项，余曰煤油岂可以奢侈论乎？卒以商会反对，未及实行。尚望货价委员会早日将修改税则办竣，或可以资挹注，催促各国代表均已到齐。因首议棉花定价问题。是时棉花一担，纳税八钱，以切实时价言之，应加一倍。余采渐进主义，为中外纱厂留生机，主张照一两二钱纳税，其四钱作为政府特恩准减。余友黄厚诚（漪午）拍案叫曰："除非代日本造机会，必无赞成一两二钱之说。"余亦拍案叫曰："除非代军阀造走狗，无有主张令穿棉之穷民加一倍之负担，以供彼辈之填壑者。"各国代表相顾失色，然卒从余之主张通过。（此北方之状况也。若南方于十月间有宁汉战争，为期仅二十日，余以身在北方，未得其详，故略之。）

　　是年年终，尚有可纪者二事。大儿树滋以卫听涛之介绍，经梁士诒之许可，得交通银行差，余则应新民储才馆之聘也。先是，有三四方面军团部军法处处长朱光沭号秀峰者来见，代表张学良、韩麟春聘余担任新民储才馆讲师，余慨允之。馆之组织依军法，点名排队立，按号唱名，鱼贯入堂，无一分钟之犹豫，六十人一班，一切如军队之训练，颇齐整。但张学良来馆演说时，余总以为状似侏儒，非远大器也。

民国十七年戊辰，余五十岁

二月十六日，即旧历正月二十五日为余五十坠地之辰，上午仍在储才馆授课，下午男女宾来祝者二十六席，有高玉兰大鼓助兴。陈彀庵师赠诗有句云："此日服官身尚健，当年射策意常豪。鳌峰灯火前尘在，燕市琴樽积雪高。"余谢之云："行年五十尚郎当，不分篇诗贲草堂。短世何心谋鞠膥，先朝今日是填仓。文章弱冠承期许，科第虚名当显扬。相忆两斋陪听水，向平微愿已粗偿。"盖余于翌日为次儿务滋续弦，是日男女宾三十八席，陆麟仲伉俪演昆曲，阎廷瑞夫妇听曲至夜分方散。

逾二月，鲁西战事日急，泰安失守，吴俊升率师南下，将绕郑入徐，加入战阵，以与南军抗战。未几，济南失守，德州危急，张大元帅有移节驻津消息。日兵乘虚而入，五月三日在济南与南军冲突，各杀伤百余人，日又增兵三千，世所称"济南惨案"者是。而政府对南政策，五月十五日阁议乃决战，然军心涣散，官眷多出京。是日起京师戒严。日调三师来华，意不可测，以意度之，大军压境者，有所要求也。要求维何，欲取得吉会（吉林至会宁）、延海（延吉至海林站）、吉五（吉林至五常县）、长大（长春至大赍）四路建筑权。政府于济南危急时，已隐忍签字矣。而吉林省议会反对甚力。日且更进一步，将以五千万借款助北京政府战费，而以割让关东州、租借青岛、承认二十一条为条件。张大元帅固严词拒绝，不为所饵。张其为有心人哉。六月初，有奉军息争之传说，王清榆来告余云："名为息争撤队，实则我败于徐水、满城，故有下野出关准备。"张学良及杨宇霆军需均集中天津，军队将起旱出关，因而储才馆提前考试。张超（承之）与余谈，高旅将入京维持秩序，鹿钟麟任警察总监。果而，六月二日，财政总长阎廷瑞、次长朱有济随张大元帅出关，财部事务移奉办理，北京派袁永廉（履卿）代拆代行。是时，余即预料张之不能安然出关也，不幸而言中。六月四日，即得张大元帅车到皇姑屯被炸受伤，莫德惠、阎泽溥亦受伤，吴俊升伤重立毙。消息迟至数日后始证实，张竟不免。张亦可谓以身殉国矣。

　　是时，陈兴亚出京，沈瑞麟、罗文干亦辞职。治安维持会于六月五日成立，冯军屯南苑，鹿钟麟有任卫戌说。然南京政府竟任阎锡山为京津卫戌总司令，治安之维持者。为王士珍、柯劭忞、汪大燮、江瀚、王芝祥、熊希龄、江朝宗、吴炳湘、孙学仕、冷家骥、孟广珆、江庸、冯耿光、周作民、兵〔岳〕荣堃、常耀奎、冯恕、恽宝惠、周肇祥等通电南京政府谭延闿并阎、冯、蒋司令等，商留鲍毓麟暂住城内，维持秩序，请饬前敌各军查照，以便接洽。袁永廉既奉代部命令，乃借何国玺（季绥）宅开部务会议，余荐张超（承之）任崇文门监督，查凤声（翰臣）为京兆印花处长。又筹发欠薪二成，人心稍定。财政专门学校亦以时局关系停止年考。治安会代表出郊迎接晋军，突见国民第二军及其他军队共到六万人，面无人色，惊惶万状。国民军前锋队韩复榘告代表云："我辈饥军，转战数千里，日行二百里，获到此地，三昼夜未得眠食，士卒拟暂休息，请君供给三日粮草何如？"代表如命。晋阎见国军已先入关，望而却步，故虽奉京津警备司令之命，而竟将军队由保定折回正定。冯虽悬挂青天白日旗，通令各机关维持现状，而外交颇不信任，故亦徘徊观望。卒也，商震部入京维持治安，韩复榘转入天津，治安会亦于六月九日自动结束。阎锡山由保定通知各机关负责保管，静候中央派员接收。是时新旧交替之中，饥军数十万云集京畿，灾官数万人嗷嗷待哺，京绥、京奉、京汉三铁路均不通车，野贩挑夫不入城内，首善之区成为绝境，悲惨之状视辛亥年为尤甚。然南京政府以新胜之势，为建设之谋，乃议决四项办法：一建都金陵，北京设政治分会；二继续讨伐东三省，各集团军须一致联合，不得稍分畛域；三肃清共产党，并须取缔投机份子；四对外人生命财产须由各军保护。并派钱方轼（俊揆）接收财政部，六月十八日行就职典礼，诵孙中山遗嘱，静默三分钟。并派张福运接收税务处。

余自十九日起为宇宙间一闲散人矣。念自宣统元年回国服政，迄今虽几经改革，然均不断绝职务，唯张勋复辟停顿数日。此外由户部而度支部，而财政部，在若断若续中者二十年于兹矣。今局势变更，不得不略事休息，闭门悬车，还读我旧时书足矣。但亲朋失业者多不知如何方能挽回劫运也。

是年家中有一危险事，即务滋新娶苏氏女（女父字质夫）有狐臭疾，闺阃中常不睦，冰心夫人以此忧郁，竟于五月十八日得血崩症。方行维诊治无效，以误投参蓍，故喘甚。徐志芸云须改服凉剂，以疏肝养血，又无效。三十日病益亟，延中西医四人，方谓血亏肝横，须以羚羊、洋参镇之；徐谓投药太重，恐生变化；方石珊云状类伤寒。言人人殊，中医之不足恃如是。果从狄博尔博士言，以上身血压过重，故头晕神昏，乃针取上身之血以补射下身，两脚方有温气。是日惊惶万状，乃决入德国医院洗肠，断为胃炎病，每日以法国矿水灌洗。时因出汗过多，气力不支，六月八日病加剧。王娱珊语余云：胃受参蓍压迫，缩而不舒。狄医云，心脏虚亏，有时起时伏之虞。乃命永祁七弟入院助余照料。狄医并以养心习静戒之。六月十九日，余甫回寓休息，医院又以急电来报，奔视，仅奄奄一息。而务滋仍醋嬉如故，二媳则以牙病就医，种种需费。余乃手谕诸子云："尔等二十年来饱食暖衣，不知人间有艰苦事。今见母病支离，又值时事如此，家计如此，自当深加警惕。此后尔母只有在家养病，余亦只得在家读书，薄粥过日，亦算莫大之福。尔等亦须安分守己。一家以和顺致祥，自能邀天之佑，万不可荡游邪侈，于亲不孝，于兄弟不友不恭，于夫妇姊妹不和不睦，并要诫诸媳且勤且俭，共维家计。盖为人须能伸能屈，素患难行乎患难，素贫贱行乎贫贱。吾与尔母二人生平不敢奢侈者，即知有今日。故今日虽失职，而尔等尚不至入饿乡也。不有今日，尔等必放荡而忘返矣。是有今日之局面，乃天所以玉汝于成也。慎之！勉之！"

　　戚友中有以余课子太宽，而侍冰心疾甚勤，谓为难能可贵者，不知功名富贵均身外物，惟伦常纲纪为分内事。夫，扶也；妻，齐也。妻与夫既齐，则夫自有扶助之职务。吾尽吾之职务云尔，勤云乎哉。冰心以省费，故于六月三十日迁五号房间，日可省四〔六〕金。时马樱初开，余口占遣闷云："沈沈闷坐暗愁生，镇日门前看马樱。宦后友朋渐疏散，病中夫妇倍关情。频翻竹簟驱炎暑，且闭窗棂数雨声。量水调糜余老媪，一灯相对又三更。"妻病纠缠，加以诸务烦杂，自知涵养未深，天君不能泰然。岂意一波未平，一波又起。廷俊女在家患白喉，延方石珊治以针始渐愈。顷之，干如六弟夫人亦病，乏资服药，助以十金。此诚所谓千疮百孔交集一身也。七月二十六日，冰心回寓，移榻大厅，避暑气也。前后住院者凡五十余日。是时每月开销须五百余金，而收入只有半数，因诫家人节缩，于八月五日起改食窝窝头。仆四人日需小米面四斤，主六人日需小米面三斤，每斤二十九枚，日需六角，月有十八金足矣，较食米面须二十四金者可省四〔六〕金。试之一周，以所省无多，仍食米面如故。此时吾家人口不多，物价甚贱，维持尚易。然冰心病仍不能脱然无累，乃仍时请狄医复诊。

　　七月三日，蒋介石到京，即改北京为北平，改直隶为河北，以商震为河北省主席。蒋于七日赴碧云寺祭孙中山陵，称孙曰父师，自称曰弟子。其所昭告于灵前者凡八端：一为十六年四月清共及十七年一月绝俄之经过；二为同党同志精神结合同归于三民主义之下而努力；三迁都南京，永绝封建势力；四革命当先革心，同志应痛自省惕，无为虚荣利禄所诱而争地盘、权位之私；五关于心理、物质、政治、社会之建设及民生幸福、国际平等之蕲求，同志当共同奋斗；六当合国防计划、兵工政策为整个之计议；七宜使全国皆知内战为可耻，而注全力于国防；八宜使一切政治无背建国大纲，励行以党治国之主张。

北京总商会以上所列举八端，最关重大者为迁都金陵事，乃令七十二行，每行各出六十人，前往碧云寺请愿，免予南迁。此乃民国以来真正之民众运动，然而蒋不见纳，以此大失民心矣。而中国十余年来之大变，其祸根亦即潜服于此，此为忧心国事者所当知也。

七月九日，南口龙虎台开阵亡将士追悼会，冯玉祥演说云："先烈父母即是我之父母，先烈子女即是我之子女，万一死亡将士，无儿子者，我即是伊之孝子。"世谓冯为基督教中人，而好为虚伪之语，此语真耶、伪耶，固不可得而知也。是时，冯与蒋、阎合作，三方均主裁兵。而政治分会则于六日成立，以河北省、热河及北平、天津二特别市为其政治指导区域，李煜瀛为主席委员，阎锡山、冯玉祥、张继、刘守中、王法勤、鹿钟麟、赵戴文、蒋作宾、白崇禧、马福祥、陈调元、李宗侗为委员。李煜瀛未到会以前，由阎锡山代理，是北京实权落于阎锡山之手矣。

阎锡山既遵中央之命，由中央派员接收各机关，余所经手之部案及税务处、货价处俱交代清楚，惟天津货价调查处及财政专门学校则发生波折。接收津处者为张福运，于报纸上揭载津处内容，谓余侵蚀经费数万金。余以文字痛驳，揭载于京津各报，张始遣张同亮（梅孙）向余道歉，事乃寝。财政专门学校学生张乃作、刘尔柱、宋绍韩、谢汝鋆、衷益铭、徐乾元来谒，要求将财专改为官办，然财专本私立也。余陈诸钱俊撰，乃缓接收。学生不遂所欲，并受党部之煽动，乃两次宣言，宣布余之罪状，并以彩亭载余像片焚毁于余之门前，鼓噪而去。街警旁观，不敢制止。因念前有卑迩轩星者，谓余今年命运众不辅而势孤，上无援而功难成，人情嚣张，刑克难免，故入夏以来，拙妇大病，诸事纠缠，始命运早已前定欤。

自三民主义侵入北平后，除奔赴青天白日旗帜下，甘为投机分子外，余皆观望怀疑。一日，余之友人告余曰："天桥相声云：中国十年内能实行三民主义，则届十年以后，中国尽是富民，大家都有饭吃。答者曰：贫民到何处去？相声者曰：未到十年，贫民都饿死了，那时哪有贫民。警察闻之，挥之始去，然闻者称快。"不特此也，虞熙正（伯延）自南京回云："见圊混有一联云：'尚未成功，仍须努力。'"盖功与恭同音，谓尚未成恭，仍须努力，藉此以讥孙中山之遗嘱，意可知矣。苏遇春（杏仁）来谈，有人自南京回，云：南京匪徒白昼剽略商业银行，因此截途，大索旅馆，禁止出入。然匪无所得，仅得一男一女者百余偶，又有一男二女同宿者，即所谓女同志者。是盖党部多用女党员，而各机关职员亦男女参用，李烈钧即女党员领袖。自武汉政府容共后，提倡打倒廉耻，实行裸体游行，其余风流韵【事】传入南京未已。此是成何景象哉！有志之士早知其国纲不振，乱无已时矣。

十二月二十三日，余友张同礼（筱岱）来谈，蒋冯将与桂系破裂，蒋取武汉，冯图河北，白崇禧将弃武汉而集中于河北。奉与桂联，已到两旅，驻东岳庙。阎守中山，李济琛守两广，桂之一部分军队将入川，爆发之期，不及一月。蒋以编遣为词，责桂之不奉命，桂将以讨共为理由，树反抗之帜，其内容实由于地盘、军饷分配之不均，未足服桂系之心。桂近主张边防会议，即欲打破地盘思想也。苏遇春（杏仁）曰："东三省已易帜矣，恰可为张学良联蒋、杨宇霆联桂之证明，因东三省委员中杨未入选，故杨与蒋离。至桂、蒋失感原因，即由李济琛去职，两广财源不能接济。武汉乃桂系之致命伤，蒋且有煽动李济琛军队嫌疑，故桂系必欲得蒋而甘心，爆发之期不远。"此时余袖手观棋局之翻新，亦觉有趣。然而妻病在床，迄岁余而药灶茶缸尚未离也。

民国十八年己巳，余五十一岁

是年一月初，冰心夫人病未健复，但不时扶筇习步，尚能强自支持。余即事示以一律云："春寒爱日暖窗纱，妻病龙钟一杖叉。半百方知贫况味，全家不改乐生涯。妇醃寒菜供常馔，仆惜残杯进例茶。儿女齐肩温旧课，小孙扶膝也牙牙。"时余悬车闭门，惟张超南（蟹庐）常来谈谑。张自言年十八举进士，令新宁时，自撰堂皇楹联云："不饮民间一勺水，愿为天下万家春。"张以《虾须帘赋》受知某学使，故某学使回京，林寿图（颖叔）方伯询闽中名下士为谁，某学使以张对，林即以外孙女妻之，即梁鸿志（仲异）姊也。张与余谈杨宇霆、常荫槐已被张学良枪决。常得杨之提携，由办事员升至交通总长、黑龙江主席，一朝身首异处者，无非投入桂系，为蒋所不容，故张奉蒋之令而置之死地。张蟹庐又谈陈光远由偷鸡出身，前在江西积资千余万，何莫非搜刮而来。夏同龢由殿撰出身，奴婢事之，亦衣冠之败类。盖张亦愤时嫉俗流也。

三月六日，即旧历正月二十五日，为余五十一坠地之辰，忽发生家庭不幸事，盖次儿务滋与次媳苏瑞华闹离婚之事。去岁今日，即为二人送妆之辰，翌日洞房花烛，次儿即谓新娘有狐臭，不允同衾，以此感情不洽。至是年三月三日，即有妇女协会徐女士来访，谓闻许畹君女士言务滋与瑞华不睦，特调查内容，代为解决。余告以此系二人自由意思，家长无从干涉。其时外传妇女协会即女共党机关，余亦颇忧虑，乃托李释一夫人婉劝次媳，而次媳坚执脱离之说。至五日，则由妇女协会代其函索川资五百金，垫款一百金，及衣饰四大箱，赘礼一百七十五金，并真金钢钻戒指一具，作为和平解决之交换条件。是时方兆鳌（箓六）、陈绎（伯耿）夫人陈沈莫邪均来劝余俯诺，而张超（承之）谓须电达苏家家长，得其一诺为凭。至是日，则次媳愈迫愈紧，守立冰心夫人病榻，索取戒指。夫人奄奄一息，口不能言。大媳王善葆乃手脱自己心爱之真金钢钻戒指与之，以解厄难。同时并有来视之林寿亲（葆颐）允代恳岑生（诗椿）夫人向协会派来徐、李两女士缓颊，卒如其所请，定于三月十日下午二时偕在莫邪府上，双方立约，脱离婚姻关系，由律师刘钟芳，妇女协会代表李蕙芳、潘某签字证明。此为余意料不到之事，而受三民主义之赐者深矣。

　　三民主义非仅如余守旧派者所不喜，即同集三民主义旗帜下者亦有意见不合之时。王继曾（述勤）在王世澂（羲孙）同年所曾告余，蒋介石在南京演说吾人须卧薪尝胆，而冯玉祥斥之云："吾人须打倒卧薪尝胆，盖卧治而白拿薪水者实繁有徒，非打倒不可。旧军阀所尝者民膏民脂，今脂膏竭矣，新军阀起而尝百姓所余之苦胆汁，其可乎？亟起打倒，谁曰不宜。"盖此时蒋排异己，与桂系已有裂痕，冯固与桂系表同情，而深致不满于蒋者也。原夫蒋之北伐也，分六路出师，蒋为北伐军总司令，而唐生智为前敌总指挥。其第一军司令为何应钦，由惠州、湖州出发，经厦门攻福建，西出金华，直抵浙江、江苏，底定南京，此黄埔系之军队也。其第二路军司令为朱培德，由韶关出发，经衡阳攻长沙，即为唐生智之后劲，此云南系之军队也。其第三路军司令为谭延闿，亦助唐以夺取武汉者，此湖南系之军队也。其第四路军司令李宗仁，由广西攻湖南宝庆一带，此广西系之军队也。其第五路军司令为李济琛，坐镇广东，留守后防，此广东系之军队也。其第六路军司令为程潜，由江西瑞金、吉安攻南昌，出九江，会师南京，此江西系之军队也。何应钦为蒋之直系，故攻其最易者，牺牲最少。吴佩孚部队刘玉春军重镇武汉，唐生智由长沙攻取，又得李宗仁之助力，故武汉下，而唐、李之功最大，是则谓蒋之成功者，有赖于桂系之力最多可也。故武汉政府成立之初，军事首领属诸唐生智，政治首领属于汪精卫。是时汪甫自法回国，径抵武汉，挟鲍罗廷自重，吴稚晖谓其为灰色共产党，确是定评。汪于是年四月初旬抵汉，其各报所登之口号云："凡是革命的到左边来，不革命的滚开去。"其党徒乃大喊曰："拥护汪主席！拥护革命的汪圣人！"其意将以与南京蒋介石相抗也。故到汉翌日，遇中央纪念周，汪就主席台，开口即骂蒋介石反共，实违背总理遗教，又以驱逐鲍罗廷为忘恩。台下掌声如雷。但是时，唐生智有两湖王之称，嫡系军计第八军军长李品仙、第三十五军军长何键、第三十六军军长刘兴、教导师师长周澜，此外收编杂军如彭汉章、王天培、刘佐龙、梁寿恺、庞炳勋等，总计不下数十万人，其势力较大于共党，颇有左右武汉政府之能力。汪见风转舵，乃与唐共同反共，至是年七月中旬，第二方面军总指挥张发奎、参谋长谢婴白等就职之日，汪乃公开演讲，大斥共党之非，并宣布第三国际阴谋。其党徒闻之，莫不惊慌失措，于是武汉政府动摇。七月二十九日，又在牯岭开反共会议。当时汪精卫、孙科、唐生智、张发奎、黄琪翔、朱培德等均列席，议分共办法。汪乃言今非杀尽共党无以谢宁方同志，痛哭流涕，顿足攒拳，乃下令缉捕高语罕、恽代英等。同时南京亦反共。虎踞洛阳之冯玉祥素奉鲍罗廷为革命神人者，亦居然竖反共旗帜。于是鲍罗廷出走。而当时共产党军队在张发奎手中者发生怀疑，计公开投共者有贺龙、叶挺、蔡廷锴等，均脱离张发奎以去，参加南昌八一暴动。张发奎则率其四分一之残军由赣入粤。

由是邓演达出洋，共产分子全部肃清，宁汉政府合并。汪为政治分会主席，仍与蒋言归于好，而服事两湖王如故。两湖王得意忘形，大言曰："两湖，我之天下也。"加征盐税，预征钱粮。民怨沸腾，集矢于汪，汪乃拂衣去沪。于是南京政府以李宗仁为政治分会主席、朱培德为湖南省政府主席，以酬桂系之功也。然蒋欲藉编遣之名排除异己，抑制桂焰，而桂则争夺湖南地盘，径以何键代朱培德之湖南主席，无非引同类以抗中央。于是蒋桂双方调动军事，自此发端，世人谓之为蒋桂战事（始于二月二十一日，终于本年十二月）。

冯玉祥、白崇禧抱兔死狐悲之观，冯乃辞军政部部长职，白乃辞编遣区主任及三全会代表职，而武汉政治分会主席及第四集团军总司令李宗仁亦通电辞职。其电略曰：

> 宗仁追随革命，无役不从，自选任国民政府委员及分会主席以来，军事方面勉力赞助，完全北伐；而政治方面建设事业未成。五中会议之顷，编遣会议之前，莫不谣言纷腾，卒赖先进调护，幸保和平。迩者湘局改组，事属整顿，内部消除隐患，既奉明令查办，尚未执行，而军事行动已迫不及待。道路传闻裁兵公债移作战费，如果属实，良可痛心。今政治分会及集团总部行将裁撤，职责已了，只有仰恳辞去国民政府委员职，以谢国人。

此即为宁汉破裂之朕兆。于是蒋介石电致桂系之胡宗铎、夏威、张知本、程汝怀等，直抒中央调动军队之用意在乎防止反动，并非秘密行为，促桂系之省悟。其文略曰：

> 兄等致展堂、任潮诸先生电，至为骇异。中央处置湘事，力从宽大，但叶琪等部既自由行动，袭击湘省军队于

前，复违抗中央制止双方各守原防之命令，追击谭师，迄未
停止，中央又何能不预防其侵入赣境。所有调集皖赣境内各
师，中央用意，全为巩固中央，防止反动，绝非秘密行为。
中央已屡向德邻、任潮两兄言之，兄等果能服从中央，何虞
各师进入湘鄂。若以湘西之谋已遂，又转而东侵，兄等自陷
于反革命之大罪，岂能以只手掩天下耳目。最后忠告，幸熟
思而猛省焉。

然而言者谆谆，听者藐藐。南京不得已，于三月二十六日下
令讨伐李宗仁、李济琛、白崇禧等，云：

此次武汉政治分会违法僭权，任免官吏，称兵构衅，袭
击湖南。政府以和平为怀，力从宽大，除迭令擅自调动之军
队撤回原防外，仅将地方军政负责人员免职查办，冀其觉
悟。乃据夏斗寅师长敬电称，逆军于本日拂晓向我英山之前
方部队进攻，是该逆军等蓄意谋叛，逆迹昭彰。前据李品仙
等号电称，白崇禧阴主武汉，逆谋破坏中央，强令该军撤退
开滦，袭取平津，占领徐海，进迫首都。近又查获李宗仁自
上海致黄绍雄皓电称："醒南参谋长自京回沪，奉任公谕，
时机紧迫。蒋某甘冒不韪，破坏统一，急须调军讨伐，以伸
正义。本人一时未便离京，已有手令交李副官长泽霖携回，
希兄等即速计画动员，至盼"等语。更足证明此次逆谋实
李宗仁、李济琛、白崇禧等反抗政令，背叛主义，破坏统
一，若再优容，何以对喁喁望治之民众？李宗仁、李济琛、
白崇禧等著免去本兼各职，所有附逆军队如执迷不悟，仍有
侵略，仰前方各军严加讨伐，以遏乱萌。

余友虞熙正（伯延）在方策六夫人寿筵上语余曰："外间推

测武汉必胜，蒋必败，盖蒋以孙传芳之地位（拥有五省兵力）而戴吴子玉之头衔（讨逆军总司令），孙、吴之覆辙可鉴也。"居无何，桂系之生力军唐生智大败，或云其北来加入张宗昌，为扑冯之计；或云其赴日本别府居住。但唐有特性亦有可述者。张超南（蟹庐）告余云："唐生智好佛，戴僧帽，穿僧衣，营盘之内有佛堂，兵士皆信徒，训练之余即礼忏焉。然口念佛，手持刀也。人曰放下屠刀立地成佛，伊则放下佛经立地杀人。或云伊乃石达开之后身也。伊祖曾为提督，石达开曾死于伊祖之手，故伊父育长子时，伊祖曾见石达开入户，乃溺而置之死地。后又生生智，仍见石达开入户，故曰灭唐氏者必此子也。湖南人均知此轶事。"张蟹庐宦湘多年，故曾闻及之。张超（承之）亦告余云，有顾氏子者，前在京流落，欲求糊口地不得，后乃赴湘，削发为僧，遇生智，生智拜之为师，因此致巨富，可数十万金，蓄八妾。僧而有家室者，唐生智之赐也。唐亦怪杰哉。

是年四月五日，余友张超南（蟹庐）来谈武汉事已解决，蒋中正明晨可抵汉口，孔寅维持秩序。是时，忽发生懋业银行停业问题。懋业系中美合办，其资本额为七百五十万美金，中美各半，余有五千美金之股，后又以息金抵股，计二千五百元。四月十七日，开股东大会，商举董事，翌日复到行，始知最近发生集思堂股票问题。其内幕乃系武汉盐商报效汉口政治分会之款，而分会乃以集思堂名义（一百八十六万）作为存款，其实即桂系诸人之存款也。蒋介石到汉，派员清查逆款，勒令停业，而银行与桂系暗合，将存款改为股款，以拒绝蒋之提现。然懋业因此停业，影响全国，后虽令准复业，已岌岌无可挽回矣。时任总经理者为沈化荣（吉甫），任京行经理者为李钦（介如）。五月五日，公举余为股东代表，执行董事职务，余坚辞之乃已。盖世乱运乖，省事知止最为上策。果而，五月二十七日，京行亦停止营业矣。余母旧有体己三千四百元，储为身后丧葬费用，委余保管。

初存中国银行，而受正五弟固给事该行也，谓行库空虚，不敢负责，乃提存交通银行。而长男树滋谓交通远逊中国银行，亦不敢负责，乃提存中美合办之懋业，而不意其先中交倒闭也。后以八折售于庄蕴宽（思缄），为抵账之用，赵椿年（剑秋）为余作介者也。

　　六月二日，复开股东大会，被选为整理委员，并推余起草整理委员会章程。三日，又推余兼北平行整理员。讨检案牍，知腐败情形甚于政界，裁员减费，意见纷歧。而冰心夫人旧病复发，仍入德国医院诊治。五日，医告束手，嘱次儿务滋可备后事。务滋垂涕以道，余曰："事已至此，只有听天由命。"乃翌日渐有转机。又翌日，王文典自津行来议整理方法，盖津行尚未停业，而医院又以急电相招，冰心病复危迫。内外交煎，心如乱麻。行员擅提二万金，朋分为遣散费。余以违法，应送官惩办，陈宗蕃（纯仲）力阻乃已。然此款卒以全体名义存诸义兴银号，于八月三日被倒。天道昭昭，岂不可畏。同时中原公司议派代表接收矿产，公推余赴汴，余以妻病却之。是时在行中所争者，一为储蓄有优先权，余所赞同也。一为以存单抵欠款，于法不合，余与林行规（斐臣）均反对之。后以不欲违众，亦从众议，准予相抵。一为饶孟任（敬伯）同年整理沪行，有侵吞库款七千两情弊，余主严办。卒以意见纷歧，余辞北平行整理员之职，以冷家骥（展其［麒］）接充，谓可备款复业，实亦空言。至九月间，行事由南京财政部派员清理，余乃卸责。

　　十一月十一日，又续开股东大会，议决承认南京财政部所定清理三原则，仍图复业，推举中美股东代表五人，余与黎绍基（重光）、邓镕（守瑕）当选为华代表，樊克玲当选为美代表，缺一人，候美股东施栋派人补充，盖以股东代表会辅助上海清理处进行也。于是有挟嫌者，以余冒充财政部代表，飞语于南京财政部，部派财政特派员王章祜（叔钧）查办。是时充财政部代表者为范治焕（秉钧）。余固由股东公举者，名册票数俱合法，王以一纸呈复，事乃寝息。揆其飞语原因，除要求以存抵欠之股东及朋分行款之职员、并侵吞沪款之饶敬伯外，而最招人忌者为对债务者起诉一事。所谓债务者，如王怀庆、潘复、庄蕴宽、汪大燮、陆宗舆、沈瑞麟、汪士元、严璩、沈鸿昭、杨允楷、郑洪年、袁良等，皆身居要职，均以信用借款久欠不还。王克敏代裕大纱厂借款二百余万，亦不过由周作民、谈荔孙个人担保而已，故周、谈虽余之挚友，亦在被诉之列。银行停业，索欠、还欠，法理俱全，乃函催不理，由律师催告，亦不理，计无所出，至于起诉。被诉者愤愤不平犹可言也，而银界闻之震动，以为向来所未有，即同事者亦以为迹近操切，中国人之乏法律知识固如是者。前之办银行者，如沈化荣、胡庆培等皆以股东之资本、存户之储金作为酬应要津之资料，宜乎七百五十万美金之银行，十余年间亏折干净也。

　　是年五月间，余以北平特别市政府市长何其巩（克之）之聘，充北平展览会文化部委员。其筹办机关属于社会局，时任局长者为赵正平（厚生）。九月间，律师尹福保以代社会局索贿六万元被捕，事牵及赵正平。余于何、赵素无一面缘，不审以谁介绍而膺此聘，曾在南海大礼堂开会，公推熊希龄为会长。何其巩固冯系人物也。武汉破裂之先，冯亦反蒋，故四月间外谣有冯通俄之实据，并有奉军入关，晋军撤退，以奉防冯之传说。同时，胡宗铎、陶钧通电下野，张宗昌逃往大连，冯亦有胶济路接收后出洋读书之表示。乃五月十四日，张超（承之）语余，舒双全、何克之行动不能自由，河南有赈米数车、汽油两车被河南省主席扣留，蒋冯战争之发端早已肇伏于此。果也，五月二十四日，南京发表讨冯令云："冯玉祥背叛党国，逆迹已著，无可再予宽容。冯玉祥应即褫去本兼各职，著京外文武机关一体协缉拿办。"夫去岁此时，非蒋冯合作以摧陷旧京乎？人人皆谓日久必分裂，且有一年为期之说，今果验矣。二十七日，冯玉祥通电洁身引退，以谢国人。自陈：

> 待罪戎行业三十载，辛亥革命起义滦州，十八年之间推翻洪宪、讨伐复辟、首都革命、会师北伐诸役，无不追随先进，共同奋斗。去岁北伐完成，以为从此永保和平，乃入春以来战端又启。武汉事息，而川、滇、粤、桂又见兵戎。玉祥养病华山，谣言纷起，今不忍再见分裂，谨洁身引退，以谢国人。自五月二十七日起，所有文电一概谢绝。从此入山读书，遂我初服。

世人谓此电但言谢绝文电，可知其未卸兵权也；但言入山读书，可知其尚未下野也。六月二十九日，蒋电阎锡山云："焕兄（冯字焕章）如允出洋，无论道出晋沪，吾二人可保其安全，弟亦愿随其出国，以全吾三人始终且发扬革命之精神。"阎于三十日复电，定于明日驰赴运城，促其实践此约，但坚留蒋不可去，谓"山与焕章去可以定人心，钧座去反足以乱人心；山与焕章去可以定国，钧座去反足以乱国"。其所言者，岂不足动蒋之听。不意运城会议后，决定不战，且与冯有妥协，留蒋之去者即迫蒋以速去也。

汪回国活动甚力，国母（世称孙夫人为国母）斥蒋尤力。时余妇冰心夫人病在医院，困顿殊甚。（六月十三）张超（承之）来院看视，告余云："外传冯之军队交阎管辖，迁都北京，大抵蒋须下野，汪可上台。"不意事有至奇者，六月二十六日，阎亦辞本兼各职，偕冯出洋，是又为阎冯联合抗蒋之证。

是时，蒋已苍平矣。七月八日，商会有一千五百人请愿迁都回京，蒋派何成濬接见，仍无结果。而苏俄对外两次通牒，于是时送达，蒋主席乃通电全国，宣布哈尔滨苏俄领馆内搜获共产宣传之证据，及中东路俄员违约越权之行为，冀全国将士努力拒俄，以为消除内争之作用。然而冯桂联系，汪派又甚活跃，蒋不得已，于十月间免鹿钟麟、刘骥之职，又缉拿宋哲元、石敬亭等，盖以破冯联桂之计。且又通缉陈公博、王法勤、柏文蔚、朱霁青、白云梯、王乐平、顾孟余、陈树人、郭春涛、潘云超等。是所谓汪派也，蒋将一扫而空之。一面蒋又联桂，故有桂系复活之说。余友刘百昭（可亭）固桂系之代表，而列席于懋业银行股东会议者也，此时主张集思堂既为桂系之股款，桂系自应有派遣股东代表加入整理之权。可亭之沪，与清理处接洽者即为此也。未几，而西北将领总指挥宋哲元、刘郁芬、孙良诚、石敬亭、庞炳勋、孙连仲、张维玺、刘汝明、梁冠英、程心明、魏凤楼、张凌云、田金凯、马鸿宾、吉鸿昌、冯治安、赵席聘、陈敏耀、门致中、郑大章等通电阎冯，数蒋六大罪：

一滥用权威，包办三全大会，蒋实以天下为私；二政以贿成，政府要员非其私人即其妻党；三西北灾民二千万，革命袍泽百余战，不发恤费饷需，而南京募债至四万万二千万，总司令特别费每月百余万，黑暗贪污，何以自解；四屏除革命元勋，令同志坠其术中，兄弟骨肉自相残杀，今年湘、鄂、粤、桂、滇、黔等省战祸连绵，实蒋一人为之俑；五假编遣为名，令人竭力节缩，一面自加招募，更向德国大购军械，实行武力吞并；六异想天开，学拿破仑三世之所为，利用外交转移国人目标。济案屈辱姑不具论，此次中东路事件毫无准备，坐令俄兵出没过境，焚烧城池，丧权辱国，薄海同心。前者两公斡旋和平，敝屣高位，仍不足稍遏蒋氏野心，近以发行七千万编遣公债，军费有着，遂又大举兴兵，欲除异己，鄂西张发奎、皖中方振武、广西俞作柏各部皆欲消灭之而后快。蒋氏不去，中国必亡，哲元等誓不与独夫同存。伏祈两总司令速定救国大计，俾有遵循。

蒋乃自行剖释，于十月十五日通告全国将士，略谓：

> 冯部宋、石诸逆惟恐编遣实施，致其拥兵自私之野心莫由发展，故数月以来，对中央则骗取饷款，对内部则秣马厉兵，盘据灾区，恣意敲剥，扣留赈款，截夺赈粮。中央犹冀自新，被服饷粮按期接济，乃公然捏造黑白，诬蔑中央，此而可忍，则吾党必不再言革命。愿诸将士一致奋起，为党国牺牲，以完成革命军人之天职。

是时外间传说有谓汉口失守，阎冯将赴郑督师者；有谓浦口石友三兵变，下关、浦口之交通已断者；有谓蒋与冯同下野，而汪出主持政局者。最后至十二月六日，唐生智、宋哲元、徐源泉、刘文辉、孙良诚、刘兴、王均、何键、庞炳勋、张维玺等七十五将领通电云：

> 溯自中东路交涉以来，苏俄藐视我主权，蹂躏我人民，迭陷满洲里、海拉尔、博克图等要地，复进迫我齐齐哈尔、哈尔滨，西北侵我新疆，企图大举。当此之时，惟有立息内争，同心御侮，有违斯旨，即系全国公敌。至内政如何改良，应听国人解决。

唐生智因在郑州宣言如下：

> 一、速息内争，一致对外；二、蒋介石对于军事坚忍敏捷，可为欣佩，惜被谭延闿、胡汉民、王正廷等把持，致掩其所长，现其所短；三、前曾婉请汪先生回国，冀与汪蒋阎

合作，莫遂初心，尤为怅然；四、三全大会非法组织，人所共知，蒋介石大势已去，惟本汪阎两先生夙爱和平之志，按兵三十万，振导祥和，护党护国；五、张发奎所部应始终结合，一致援助；六、第五路军改称第四路护党救国军，一切非法党部一律解散，从新改组。

同时，石友三在浦口与中央军开战亦经证实，首都要人眷属均逃沪，如鸟兽散。芜湖兵变，安庆亦独立。石友三通电云：

> 数月以来，兵戈迭见，始而长江，继而西北。阎总司令调护其间，靡获良效，而两粤风云又复变色。外交失策，强邻入寇，张司令长官只手支持，乏人过问，中外古今无此怪象。今欲政治之刷新，必先政局之改造，用是陈师苏皖，待时势之转移。

列衔者第一路司令孙光前，第二路司令秦建斌，第三路司令沈克，盖藉此以响应唐生智、冯玉祥，以为倒蒋计。然唐之势力过大，亦非阎之利也。阎不敢显然抗唐，乃援张学良自重，于是于十二月二十一日，阎张联衔通电谓：

> 修明内政，方能抵御外侮，故以促成编遣、和平救国为职志。乃数月之前，风云骤变，迄今悬崖之势几不可勒。锡山和平初心，团结莫解，知我疑我，在所不计；学良以东省一隅抵抗强俄，财尽力竭，尤望早息内争，一致对外。讵料改组派乘机窃发，煽惑宣传，及此不图，则武汉战祸不数月而遍全国矣。锡山等惟望海内贤豪、各方将领审清利害，共挽危国。

列名者阎、张外，尚有刘镇华、陈调元、王金钰、刘春荣、魏益三、马鸿逵、万选才、刘茂恩等。是电盖对唐生智发，然又不明揭其姓名，其意在张助阎得河北地盘，张于关内固无暇顾及也。或曰阎得蒋赂五百万，故有反冯唐而拥中央之电。日本人称此为政治之买卖，岂非奇耻大辱哉。是役也，世谓之蒋唐战争（自是年十二月下旬至十九年一月十五日止，战期二十余日）。事关政治问题，固与余一身一家之故无涉，然记忆所及，泚笔书之，或可为一时史料也。

民国十九年庚午，余五十二岁

自民国十七年政府南迁后，余脱离政界，为一天壤间闲人。十八年以懋业银行事纠缠，亦觉无俚，是年乃继续任股东代表会代表。及一月间，乔平八弟来云："交通大学管理学院功课内有预算学一门，无人承乏，兄其讲授可乎？"余曰："是吾所素志也。"言于当局，聘余为讲师，余自是又从事教育矣。六月，以程树德（郁廷）介绍，充朝阳学院讲师，授民国财政史。又以秦维祺（烛桑）介绍，充民国学院讲师，授关税制度。郁廷告余曰："学风之坏至今极矣。为讲师者，授课之余，杂之以诙谐；讲论之暇，继之以征逐，斯为上选，否则非时乞告，故示优游，亦为学生所重视。不然一经议决，即可挥之使去。"余始以为其言过甚，后则稍稍涉猎，实有不堪问者。学校有学生会，又有校务会议，会议议决者，学生会可否决之，而学生议决者，学校当局不可不执行。噫，政治不良至此，教育何从整顿耶。

二月初，苏遇春（杏林）语余云，山西阎锡山有电致南京言五事：一、取消以党治国之主义；二、迁都回北；三、拥段；四、各省推代表组织国民会议；五、以青天白日旗为国民党党旗，以五色旗代表中华民国。此电由奉天传至天津，报纸上未敢登载。盖是时阎冯以蒋专断，排斥异己，裁军不平，故欲更弦更张，别有拥戴，而直皖两派又在天津、大连一带暗为构结，汪精卫宦情未冷，亦欲卷土重来。然王冷斋告余："北方无事，南方必不自扰，汪虽得南中民众同情，而北方无立足地，不易成功，蒋介石拟收束两粤后再图中原，目下华北可以苟安。"但阎冯不知大体，于三民主义之要图全不领会，徒以末节细故，推行不善，贻人笑柄。陈锡獬（伯翕）告余云，南京内政部饬各省厉行放足，派女检查员下乡劝导，十五岁以下注重放，十五岁以上注重劝，不从者有罚以一元至五元为等。伯翕佐卢龙县幕，罚最轻，以一元为限。然自李队长被殴后，不敢再罚，但由县长夫人下乡劝导，开销公款二百余金，固一足未放也。山西之阎锡山、河南之冯玉祥厉行最力，侧闻有两县发生惨案。一则女检查员会同县长下乡，激动民众，女检查员潜逃，县长被围，身成醢酱。一则某村女有母一，兄一，嫁期前一日，女检查员至，勒令放足。村俗放足者可退婚，女请翌日得翁姑一诺即放。女检查员不允，谓今日不放，明当逮捕。女闻之羞愤。少顷，女检查员去，母病在床，女掩扉自缢。兄归觉，询故，操刀往前村追。女检查员两足跨车，兄两断之，携足自首，乡人称快。此卢龙县知事刘鹤汀所亲见者。故后任知事卢宗吕引以为戒，未敢实行。党政乖谬，此其一端，故华北人士亦甚盼阎冯有力，如能推倒南京，改造政府，亦足以洗耻雪辱焉。果于二月十四日阎锡山致蒋一电，有所表示矣。电云：

　　佳申电奉悉。中国险危已达极点，诚如钧谕。锡山前由郑北返，深虑党国前途非有切实办法不易收拾，反复筹思，每至废食忘寝。窃念迩来变乱迭乘，党内之纠纷愈烈，军人之恐慌愈甚，挑拨离间者之机会亦愈多。加以民间疾苦日增，士兵怨望日蓄，若年继以兵戎，是以同持青天白日之旗自相肉搏，同奉三民五权之训自相摧残，岂不有辜先总理在天之灵。今以粤沪分裂，三全异议，理论各执一端，祸变相寻不息，能无慨然。为今之计，礼让为国，舍此莫由。山窃愿追随钧座，共息仔肩，党事决诸党员，完成整个之党。抑尤有进者，前此西北事起，山自思既不能解西北军饥寒之困，有失信约，又不能为国家消兵戎之祸，有愧职责，日夜彷徨，无以自解。两次购得船票，未忍怱去者，恐孤钧座图治苦心也。今者山确认武力统一不易成功，决意下野，以遂初衷。

蒋复电云："和平统一为余素志，洁身引退原属初衷。惟自桂叛起后，国内鼎沸，迄未安定，职责所在，何忍舍弃。尚望共同负此艰巨，勿遽消极。"自表面言之，固皆以礼让为怀，有共进共退之义，然而双方派兵遣将急于星火，岂能掩尽天下人耳目耶！此阎电蒋促其同时下野，而蒋不允从也。

未几而蒋又电阎，请其取消下野之意。二月十二日电云：

礼让为国及武力不易统一，深佩忧国之诚。惟愚见有须奉商者，革命救国，本为义务，非为权利。权利自当牺牲，义务不容诿卸。若因反动派谋叛不已而轻弃党国，是乃奖励助争，与礼让之旨适得其反。筹办编遣，悉取公开，乃有一部分不逞者出而扰乱，舍以武力制裁外更有何术？去年四月，讨桂曾宣言，军事结束即行辞职，不幸叛变迭出，我辈若果同心匡济，消弭反侧，实非甚难。望取消下野之意，同竟救国之功。

阎复云：

钧座欲底定国家而后身退，锡山深知之。惟钧座谓革命为义务非权利，山以为今日非革命与不革命的问题，是革命的力量互相残杀与整个团结的问题。今日所开除通缉的党员，何者非尽力国民革命的份子？今日所讨伐作战之军队，何者非尽力国民革命之军人？至云奖乱助争与礼让相反，山意当开编遣会议之际，大众一德一心，毫无疑意，因党务、财政致起戎端，一方发难，众处响应，贤者责备，群集钧座一身。锡山以为随钧座暂卸仔肩，使攻击者无其目标，当然无人附和，是止乱，是息争，非奖乱，非助争也。至云武力制裁之外更有何术，山意彼以凭藉武力维护党国为口实者，皆昔日努力党国革命之军人也，何乃正于前而邪于后？愿钧座安其心而杜其口，山以为能化险为夷也。同时谭组庵、胡展堂、王亮畴三院长亦力言武力统一之不可能，且并谓诸公认党为明治，介公与弟为萨长，则撤藩归政义无可疑。若认介公为明治，其余皆为藩镇，则留介公而去其余，理亦正当。

然第二电并建议依照编遣会议议决案，组织元帅府，或组织枢密、元老等院，皆足以镇乱而有余。此则蒋电阎请其取消下野之意，而阎不允从也。是时，外议纷纷，均谓蒋阎战争旦夕即发，或曰蒋之实力较胜于阎，阎将失败；或曰蒋之人心已失，胜算难操。至二月十三日，阎又通电云：

> 此次所争者三届续统与三届复统两点，而主张息争调和者，拟由一、二、三执监委员除共产党员外，组织临时国民党党员干部会议，于最短期内成立四届。锡山等拟请全体党员总投票，取决多数，三届续统，五届复统，亦可产生四届，亦无不可。否则各是其是，乱不能止，何以置党国于磐石之安？

是电列名者阁外，尚有冯玉祥、鹿钟麟、宋哲元、孙良诚、刘郁芬、庞炳勋、李宗仁、黄绍雄、白崇禧、张发奎、胡宗铎、何键、韩复榘、石友三、孙魁元、杨虎城、孔庚、刘存厚、李石樵、龙云、毛光翔、刘文辉、田颂尧、杨林、邓锡侯、金树仁、卢兴邦、刘春荣、高桂滋、刘珍年、万选才等，是盖合阎冯西北系、桂系、川系及其他杂军为反蒋之运动也。阎冯决计筹备出洋，军队交徐永昌维持，然中央主力军已直扑平津，决战即在目前。商震、徐永昌等联衔阻出洋，鹿钟麟又率五十七将领通电：

蒋介石以全国代表大会为党治最高机关，其尊隆殆无与比。本党三全大会，出席代表共应四百有奇，乃其中指派圈定者逾四分之三，纯粹选出者七十三人耳。谬援先总理在粤权宜指派先例，施于全国统一时期，大错铸成，孰辞其咎，党已不党，国将安托。论者议公非法毁党，责有攸归，此其一；废除不平等条约，本诸先总理遗嘱，我公以修订欺国人、置废除于度外，此其二；廉洁政府，革命所尚，今则琐琐姻娅，悉置要津，逊清弊政，殆不过是，此其三；裁兵救国，匡时要图，然阳托编遣之名，阴行吞并之实，论者谓公务造成个人为中心之武力，故冒不韪而弗恤，此其四；朕即国家，惟专制君主有此观念，而公以天下为私，不免有朕即党国之讥，此其五；武力政策决不容于党治之下，而公之武力迷梦远甚军阀，此其六；初级党部所以领导民众，代表地方，今乃凭喜怒为更张，是何异罗马有教皇，吾国有党皇乎？此其七；革命以爱为基础，今则忠实领袖多亡命异域，王乐平同志之祸尤骇听闻。昔高欢三思，谓天下无善恶，我所善者为善，我所恶者为恶，公其毋乃类是，此其八；国内粗安，非公所喜，挑拨离间，酿乱阶祸，论者谓公夙营交易，长袖善舞，此其九；陕、豫、甘三省匪类委状皆有公名，乃知发纵有自，不择手段，此其十。以上数端，荦荦大者，乞公自知猛省。

夫上之所列者虽多端，而其症结处则在指派代表大会党员及编遣两事。盖汪精卫以党为依据，若党员出于指派，则汪失其活动；编遣不公，则西北系、桂系、川系均将在裁汰之列。故汪与阎冯合，彼此利用，共同反蒋，而以阎当其冲，于是外传消息张发奎、李宗仁、汪精卫将入北平，与阎冯合组军政府，另组元老院，以位置群雄。汪由香港来平之日，正蒋在奉化观望之时。此扩大会议之由来，而亦蒋阎战争之开始也。

是时，北平在西北系势力之下，长特别市者为张荫梧，长公安局者为王锡符。辉霖叔女婿蒲志中（子雅）被捕，或曰因三圣庵之案，或曰有亏公款，或曰骑兵司令赵承绶父在前门观剧，道旁偶溺，被区警辱打，赵告于宪兵司令楚溪春，楚以告王，洩怒于子雅，以区警为子雅所荐也。合三者之原因，蜚语纷腾，羁押数月。至扩大会议无成，西北系退出，方恢复自由，由忠信堂郑大水取保，同车奔津。至奉军来平，因陈兴亚介绍，又复公安局第四科科长之职。当被羁时，送家信一封，开缄者五元，封缄者十元，数月间已耗八百余元，此无非王锡符之赐也。王之为公安局长也，曾举行化装大会，有瞽者，有和尚，有喇嘛，有道士，有尼有僧，有时髦女郎，有男女学生，有童子军，有皮匠，有瓦匠，有木匠，有厨役，有乡人赶脚者，有锯碗者，有剃发者，有卖胡琴者，有唱曲者，有打鼓者，有吹鼓手者，有杠夫，有乞丐，有捡烂纸者，有相面者，有算卦者，有磨刀者，有农人，有摇煤球者，有卖青菜、鲜花者，有卖报者，有卖暑药者，有卖鸡蛋者，有拉车者，有捡粪者，形形色色，维妙维肖，评定甲乙，分给奖金。盖以滑稽化装为秘密窥访之用，王其为侦探之雄乎。

蒋阎之冲突，至三月二十九日乃爆发。侄女适陈者自郑州围城中突出，逃回告余云："郑州激战，中央军弹下如雨，盖德国最新式之爆弹也。"然中央军之韩复榘不利，已离开封，孙殿英等以捷电报阎，自是阎之势力益大，与中央几断绝往来。中央以清理懋业银行函商代表会，将案卷移沪，代表亦到沪办事。余以南方非干净土，愿留北，但以案卷交派来之蔡竞平。而蔡以为中央之特派员也，气焰骄人，乃行至天津，被日本巡捕局拘捕，将以引渡公安局。余友邓镕（守瑕）为之奔走，营救无效。盖其时桂系复活，金鼎九、麦焕章等均代表集思堂股东者也。集思堂股东之案在全案中，虑其携南被淹没，故在津截留之，以为筹备复业之根据。蔡之被捕者，金、麦之所为也。

烽烟满地，我劳如何，明媚春光，杏花怒放，因于四月十日偕苏遇春（杏仁）、陈伯焘伉俪及廷俊女为大觉寺之游。先抵温泉叙茗，泉不及汤山之温。大觉寺为辽建，寺南杏花已褪，寺北金仙庵、管家岭一带初开。庵在旸谷山，与余友林行规（斐成）之鹫峰林场对峙。峰顶缺水，种植不宜，不如金仙庵遍地皆泉，源源不绝。庵有木笔两株，高逾檐，满树白花，艳如春雪，衣香鬓影，如一幅唐人仕女摘花图。杏林以管家岭为最胜，人在花中，如游邓尉，但无香耳。日夕回寺，寺有浮屠，如白塔然，松树盘郁于其上。松前有泉眼，泉清见底，苔翠欲滴。车回过黑龙潭。入城，在同和居买醉，各浮一大白。花香芬馥，依稀犹扑鼻端也。

翌日，应邓守瑕招赴津，商保释蔡竞平，并运回懋业卷宗。在津陈向元邀饮，邱豫萱新自南京来，谈孙传芳有江南宣抚使消息，齐燮元将任江北宣抚使，顾震任三十三军军长，往海州募兵。初拟即日回京，而邓守瑕、金鼎九坚留一夕，商召集股东大会，改订清理章程事。余谓改章甚周折，不如别设筹备复业委员会，加入桂系代表，尚有进退余地。众亦赞可，桂系之金鼎九、陈化平、麦焕章、石叔平亦无异辞。又翌日回平，谒陈弢庵夫子，问游踪，余以实告，盖师先余二日游旸谷，花尚未谢。出示题师妹陈勤贞女士大觉寺赏杏图云："清明初过春弄色，柳黄转绿杏红白。廿年五度旸台过，屡失花时晚乃得。紫冈照野若烟雾，数十百里树万亿。无风芳华自矜宠，向日光艳相映射。比香雪海差少香，东瀛樱花岂其敌。居人种树取落实，却办诗料供游客。烂漫无数管家岭，层杳周围望无极。山南大工亦擅胜，敢尽天欢穷日力。风光有此不留待，垫巾重为逝者惜。（前二年匏庵同来，花垂尽矣。）王孙草绿胡未归，久上秀峰永朝夕（沈庵顷在大连）。"时师年八十三，盖清明后三日游旸谷作也。

乐极悲来，事所常有。余游兴方酣，忽来一可骇之事。余妇冰心夫人病已经年，往复床褥，不离医药，五月二十二日晨，餐甫毕，手持一盂，忽笑忽哭，忽而瞠目视人曰："此余父也，此余母也，此余兄也，促余仙返。"却之，曰："立夏后当随汝以去，而父若母等牵率甚力。"与之水则曰："有人阻之，不能入口。"又云："我魂已脱，现口所言者非我也。"目直无言，口作势言："石芝口快宜自慎，王家姻母须留视善葆媳。"顷之又言："长孙已回（早殇之孙），勿塞床背；客来矣，速以茶饷客。"已又长歌，歌已云："吾之头颅，谁拔以去乎？全身已冷，只留胸前一块，头重如山。有人自头上拔其灵爽。"又言："余尚能延命三四日。"又云："余愿下床易簀，留得干净地，为石芝安眠。"又云："石芝须再娶一人，办治家事。"言毕复歌。夫人素不能歌，而所歌者似闽曲，似京调。歌毕复哭，哭已复笑。适乔平八弟来，大呼："嫂醒。"忽起坐曰："吾醒矣，八弟何时来耶？"字呼余女海伦曰："汝尚未上学耶。"当其狂病时，余以为生顺死宁，劝其视死如归，可徐徐行也。又嘱其顺天安命。余心颇镇静，意其肝坏，现出种种怪象，非真伊父、伊母、伊兄、伊孙诸灵纷集于其前也。若自俗人观之，必于青天白日下持有鬼论矣，否则曰狐之为祟也。及精神定后，益信为肝气上冲，神经错乱，其素来思想所悬结者，均现于脑海中。程明道对问鬼之有无者曰："汝若是闻人所说，即是谣言；汝若是自见，即是眼疾。"余意眼何以有疾能见鬼耶，肝有病故也。夫人前三日饮中国补药，内有半夏、白术、橘皮、荳蔻、潞党参等，均是热剂，又逢夏节，加以素体肝阳过亢，连饮二剂，至第三日而肝气大作，发现一场奇怪危险之象。下午，西医来，检内部无缺，但服泻药可以平复，余心稍慰。余之记此，盖以为无鬼论之佐证也。

　　蒋阎之正面冲突，始于五月中旬，至六月五日，余表弟孙彦玮自沪回平，语余云："蒋军虽胜利，战线太长，难于保守。且汉口被桂系包围，并无精锐军队足以抵抗，亦属岌岌可危。但将来西北军胜利，冯阎必启事端，现今冯之防地阎不能进一步，阎之防地冯不足插一足。盖二者均争山东海口甚力，阎且拟弃济南，由潍县扼胶济路。河南一席，应归宋哲元或孙良诚等，而阎乃授诸万选才，万竟一败涂地，冯尤怏怏。冯阎裂痕，即在目前。幸而桂军胜利，已抵长沙，将分左右翼，趋九江、沙市。"金鼎九告余云："北伐时亦走此路，势如破竹。第二次革命或可成功欤。"金又告余："阎冯分配鲁省，关于省行政，由石友三主持；关于中央行政，由傅作义、张荫梧主持。冯又与桂联络，约冯助桂攻赣，桂助冯攻武汉，然主力之战，则在陇海线剧烈，战争未知孰胜孰败。"林志钧（宰平）云："冯之大刀队天下无敌，其训练时每挥一刀，须斫下一木颅，故在杞县作战杀伤过当，蒋之德国机炮似非其敌也。"

　　七月二十三日，汪精卫到平，戒备甚严，不似平民风度。盖由蒋汪合作变为阎汪合作，阎主军，汪主党，于是议先颁布约法，而后征求东北同意，再组政府。汪乃发表其党政基本条件云：一、筹备召集国民会议，以各种职业团体为构成分子。二、按照《建国大纲》制定一种基本大法（其名称用约法抑用宪法再定），确定政府机关之组织及人民公私权之保障。此基本大法，应由国民会议公决，如时机紧急，或由扩大会议宣布，将来俟国民会议追认。三、民众运动、民众组织应按照《建国大纲》，由地方自治做起，严防共产党激起阶级混斗之祸乱。四、各级党部对于政府及政治立于指导监督之地位，不直接干涉政务。五、不以党部代替民意机关。六、总理遗教所谓以党治国，乃以党义治国，应集中人才，以收群策群力之效。七、关于中央与地方之关系，按照《建国大纲》采均权制度，不偏于中央集权或地方分权。

按以上四、五、六等项，微有限制党之权威之意，汪殆有所觉悟欤，然徒言之无益也。第三项之地方自治着手甚难，流弊亦不浅。不意墨沈未干，而阎冯之军已节节失败。七月二十八日，陈赞唐、文钦告余云："阎将退守石家庄，已令谢宗周在该地设置电网。东路方面，亳州、泰安复为南军所得，南昌、长沙均陷于共匪。"杨闻斋自陕卸县任回平，语余云："甘陕天灾半，兵灾亦半，各县均陷于匪。"伊任某县年余，驻军过军之粮无缺，惟近奉军粮局令，每月须交军粮二百石，恐累斯民，以迟延褫职，监禁五个月乃得放释。又云："冯军有不惬人意者三事：一、甘陕之兵在前敌效战者多被杀戮缴械，故兵有戒心。二、戏弄文人，俳优畜之，薛某曾为省长，因事一不当，辄摧辱之，故气节士多望望然去。三、军粮、军火不足，兵无斗志，惟将领善战，所恃者此耳。"南昌之共匪甚于甘陕。罗志言告余云："有萧某自江西来云，共匪猖獗。有妯娌二人被迫入党，娌素寡，令改适，娌不愿，党曰：党纲不许也。令妯判娌死刑，即日执行。子坐视不能救，哀惨何如。"不特此也，袁永廉（理卿）语余云："李盛衔（琴峰）妻弟随胡文藻（君黻）赴江西，得景德镇税局副局长，乘舟之任。甫抵岸，来一警，上舟查验，示以徽章，警饷以一枪，落水死，盖警乃共匪也。"又谈石家庄车站非军用票不能得车票，而一方又禁银号出售，违者有罚。欲乘车者以百计得军用票矣，而车站又拒用，盖有指定之银号方可购用，购则价高十一。既得票，仍无车，露天坐卧而已。是时日法公使见蒋无镇压湘赣共匪之实力，欲劝其下野，盖将以结汪精卫之欢心。于是汪拟赴石家庄谒阎锡山，赴郑州谒冯玉祥，商组织扩大会议产生政府。然奉天张学良不赞成由党产生政府，故汪派郭泰祺为代表赴奉商议，张拒不见。盖是时济南业已失守，德州亦危，张有武装调停之通电，四川刘湘亦响应之，奉军已豫备接收平津矣。表甥程学箴自开封来，谈冯军军纪极严，与士卒同甘苦，故士卒乐与之亲。月饷八元，以三元为零用，五元储蓄于西北银行，公私两裕也。但对幕僚、将领谩骂无礼，偶失人心，与杨闻斋所云相类，韩复榘去冯就蒋，以此故也。又云此次南北战争，双方死伤达二十万人。冯之治军亦有过严处，步卒出浴，遗三金，冯闻之，置于法。入夜按时就寝，偶尔巡见有开眼者，亦置于法。令全军习字，亲自评定，不进益者有罚。军士畏其严明，尚可暂守。晋军疲弱，多醉心黑（鸦片）白（白面）之间，尤不堪一击矣。王人杰告余，此次晋军损失数万人，其重要军备尽在黄河南岸，不及一旬，势须退回太原。津归奉天接收，平设行营主任，盖外间早有奉张以四十八时之期限促阎军撤退矣。八月二十七日，蒋自济南遣飞机来掷弹，死三人，伤数十人，弹下三十余枚，白身红尾，盖美国式也。

是时，次儿务滋以金鼎九之介绍，入扩大会议服务，余戒以宁退无进。未几，消息日紧，基础亦动摇，金渐知大势已去，告余云："奉天将于北平组元帅府，党政分立，汪或与阎联合，在娘子关另组政府，冯亦加入，是则三足鼎立矣。"余戏语金鼎九曰："鼎虽有三，何能敌君之九鼎乎？"晋阎固一时之杰，世所称为不倒翁者，何乃兴师三月竟成弩末之势？八月三十一日，余在中原公司开会，会毕，胡海门、凌直支、李鹿苹等谈晋军失败原因，以适遭大雨，军中所用海洛英被潮，故军士瘾甚，投环树梢者如鲫。山西年销海洛英二千余万两，禁烟成绩冠各行省，而流弊至此，非所谓以毒易毒耶？焦作一带出产最多者，黑白两项，黑即鸦片，白即海洛英也。军纪如此，焉能作战？张竞仁（心谷）语余云："外传汤玉麟军队已抵通州者，非真相也。初玉麟以二十万元之酬金，将销鸦片于天津，商诸阎，阎不允。此次北戴河会议，商诸阎代表贾景德，仍请益而后可。最后汤以四师之力自行运销，阎惧，乃允代运代销，阻兵入关，并代筑汽车道以畅之。外传国道局自丰台至古北口，限于十月一日修成一道者，以为运兵也，实则运烟。盖山西禁烟后，以海洛英为专卖品，而绥远、甘肃之烟专售直豫，今热土入则受打击矣。南军所恃为财源者，云、贵、四川之烟也。故论者谓，吾国数年来之战争，实乃鸦片之战争。外国人谓吾国海陆空军总司令应改为海陆空烟总司令，岂虚语哉。山西之被烈毒如此，微闻省城之娼妓增至一万余家，此在江南之地尚不如此淫靡，而晋以勤朴素称者，谁为厉阶，竟至此乎？"然返观西南是何景象，黄赞元（镜人）参事语余云："长沙陷落始为计画抢，后为乘风抢。计画抢云者，共产党计画而抢掠也；乘风抢云者，流氓乘共党而起者也。乘风抢所得较多于计画抢，故计画抢出而截杀乘风抢之流，乘风抢望风逃，计画抢乃又大抢三日而止。未抢之先，勒交铺捐三月、房捐二月，限翌日交齐，否则放火。商会如命。不意及期交齐，而抢如故。"吾民何辜，遭此涂炭？而憒憒者且自鸣得意，竟于九月一日由扩大会议发表国府组织大纲，并推定阎锡山、唐绍仪、汪兆铭、冯玉祥、张学良、李宗仁、谢持为国民政府委员，并推定阎锡山为主席，由中央党部通告。而是时列席中国国民党中央党部扩大会议者，计有汪兆铭、柏文蔚、阎锡山

（冀贡泉代）、黄复生、白云梯、朱卢青、刘守中、经亨颐、张知本、熊克武（李肇甫代）、陈树人、陈璧君、茅祖权、邹鲁、王法勤、冯玉祥（黄少谷代）、顾孟余等。逾二日，汪精卫发表其经济财政政策，通观其全体，即一种共产主义之宣传也。或曰汪将就此下台，故唱高调，以魔醉少年。余曰不然，政府将次成立，本可俟政府成立后负责发表，今必亟亟于此者，或对于背景先有表示，而后能得其援助欤。他不具论，内中最关紧要者，即耕者必有田。我国向来耕者无田，有田者不耕，今曰耕者必有田，是必夺有田者以与耕者也。友人言，湘鄂一带受此影响，有田者不得出售，代耕者不得纳租，而有田者仍须纳赋，其困苦已不可言。今华北受此影响，民何以堪。其次即仿照俄国租让办法（见其经济政策内），奖励外人投资。余不知俄国租让制度如何，但以租让习用之字义言，即永租意，其何异于出卖国土耶？余恐内外蒙非我有矣。其次内国公债延期还本，并减轻其本利，全国银行所恃以悒注维持生命者，惟公债是赖，今如破坏全国金融基础，而别有蓄谋则已，否则何以尽绝其生命耶！又曰废除内地洋关，夫我国内地止有常关，并无洋关，各报所载一律，并非错字。堂堂如汪精卫者，不识中国财政情形，不谙中国财政制度，乃自号为大政治家，大言惊人，岂不令人齿冷。余以此早决其筑墙泥沙上，其倾圮也可立而待。未几，冉廷宾（寅谷）来晤，冉固供职于冯军总司令部也，告余曰："济南方面，冯以三师助阎，取反攻势，陇海战壕积雨未退，两军均取守势，平汉路一旬内有剧战，军事立可解决。"阎定九月八日到平，定九日就主席职，盖取九九之义，十九年九月九日九时也。即以九九节为纪念日，替代双十节。果也，九月九日就职，其提前二小时者，惧飞机来袭也。逾日，飞机果来，各校纷纷散课，然竟至沧州为止。

惟民国学院仍于九月十日行开学典礼，舒之鎏（贻上）、黄震东（亚伯）、滕骥（俊侯）、欧本鹏（少文）、朱清华（绍云）群推余演讲。余痛詈党治之误国，欢声雷动，而座旁侧听者乃国民党元勋之周震鳞（道腴）也。周任民国学院董事长，深佩余言，乃告余曰："学风之坏至今极矣，非停办中学不可。中学以下，可改家塾。惟大学可由国立，但非杀蔡元培、吴稚晖不足以挽人心，正士气。"然则老民党如周者亦有所觉悟欤。彼并直斥孙中山，力排三民主义之非是，彼谓三民主义与社会主义无异，且登记土地等事行于地大之中国，万不可能。彼仅主国家社会政策耳。彼又云："三方面必倒（谓阎、冯、桂系），汪太颟顸误国。"三叹不已。果也，国府主席就职于九月九日，甫及一旬，至十九日，阎即通电辞国府主席职，谓蒋以绿气炮扫射，不得不退避三舍。奉军定二十一日接收平津。先是一日，汪精卫、张学良表示速定约法；召集国民会议；召集第三届全国代表会议；财政、外交。公开四政见后，即同扩大会议诸人避往石家庄，行至中途，原车折回，只留汪、陈（公博）在石接洽，谓冯军在平汉路大胜，虏二万余人，获枪枝四万，不日可抵武汉。故又派代表赴奉，请其表明态度。然奉军已抵津，于学忠为平津榆驻军总司令，王树常为河北省主席，劳之常为平汉路局长，吴铁城为北平特别市市长。大势一去，懋业银行之桂系代表如金鼎九、麦焕章等乃议取消筹备复业委员会，将集思堂案卷仍交还股东代表会保管。余等止有听其起灭自由而已。派赴奉天贾、薛两代表回平，报告奉张态度，第一步通电和平，第二步下动员令，第三步就南京副司令职，实行蒋张合作。由是扩大会议委员乃纷纷星散，各赴石家庄去矣。周震鳞（道腴）困守北平，就余商组和平促进会，并嘱草宣言稿。余因草一篇云：

　　　　天祸民国，十有九年，洪水猛兽，无如今日。原夫造端之始，奔走国事诸君子、掌理国政诸当局，非不热诚爱国，努力救民，然而迁流所及，祸患相乘，揆诸初衷，事竟有大谬不然者。以言政治，谓专制不善，早已推翻专制，实行民主政治矣；谓独裁不宜，早已打破独裁，改用委员组织矣，胡为乎革命至今尚未成功？藉曰革命之对象时有变更。然则革命之手段何时终了耶？民命几何，遽堪剥削？以言法治，当时手创约法之人，夫岂非自定而自翻之乎？今日又言创法，则训政之约法何以必有效力乎？世界无无法之国，吾民胡独为无法之民？公权无由取得，私权则可任人蹂躏。以言文化，名为退回赔款，提倡教育，而个人之把持垄断视为私财无论矣。学派之纷歧，乃因国派而实现，甚而藉此宣扬邪说，莘莘学子尽入彀中，数万青年供人涂炭。谁无子弟，奚忍视其坠落至此乎？以言实业，无论煤矿铁矿，但有余润，即日暂借驻兵，实则视为利薮；无论公司银行，但有端倪，即日代为整理，实则等于没收。美其名曰国营实业将以此立其基，非此不足以限制私人资本，集中国家资本也。然而吾民之血本奈何无条件而一口并吞之耶？以言社会，不问妇女之能识字与否，能独立与否，但令其离婚也，天足也，即可称为解放矣；不问工友之有技术与否，有工厂与否，即或为粪夫也，为理发也，亦可齿于劳工矣。夫天下之至颠连无告者，男无过于为僧，女无过于为娼，今禁公娼而私娼愈多，毁僧庙而僧产尽夺。谚云"民不聊生"，今日尚有何生之可聊耶？政治之混乱如此，法治之摧残如此，社会之混浊如此，不思所以摧陷而廓清之。兵连祸结，天地玄黄，同室操戈，中原鼎沸。今日所敌视者，夫岂非当年所号为集团、涕泣誓师、携手而告北伐之成功者耶？胡为乎一转瞬间，同舟之中竟起胡越，同泽之谊等于仇雠。连战半年，陇亩尽成堑垒，庐舍迭经兵戎，农辍于野矣，人民死于飞弹，城市荒若空墟，商绝于路矣。正税艰于担负，杂捐细若牛毛，贾嗟于肆矣，壮士散于四方，老弱转乎沟壑，流离迁徙，惨目伤心，吾民何辜，罹此浩劫？

兹幸天心厌乱，张司令长官首倡和平，巧日通电，义正词严，心长语重，吾侪小民诚宜焚香顶祝以观大化之成也。然而真正之和平方能持久，虚伪之和平徒益纷争，此中枢纽所关至微且细，吾国民不能不以一腔热血尽情披露，以宣告于天下也。

南都诸君子乎，统一告成之日，首先承认政府，允许关税自由者，伊何国乎？欧战告终，一跃而为世界第一等债权国者，资本膨胀，固不能不于远东辟一尾闾，排斥长江流域他国固有之商务势力，自起而更替之，且从而垄断扩张之，盖早已抛弃门罗主义，而以大帝国主义君临我新造之国家矣。试看今日之长江，竟是谁家之天下？彼所舐我者曰开国道也，辟电业也，创各种建设之事业也，无非以彼剩余之资本，榨取吾民之脂膏。道路流传，绿气毒炮来自彼国，虽曰无征，然其雄勃之野心，必欲以经济侵略之手段，达开放门户、机会均等之主义者当无疑义。三年之间，募集债券至五万万以上，江浙之民苦于苛税，忍痛而不敢言者，世之人皆知之。将与吾民为仇乎？抑将为彼国造机会也？夫人必自侮而后人侮之，物必自腐而后虫腐之。今方御侮医腐之不遑，何可自侮自腐之循环无已乎。如其翻然变计，弃战言和，与民休养，尚堪自立。此吾国民不能不大声疾呼，以为南都诸君子告者一也。

西北各父老乎，帝国主义其压迫人家国也为有形，反帝国主义，其煽动他民族也，别有用意。夫民族自决，名义非不正大；扶助孱弱之民族使之解放，情谊非不可佳，然吾民不先自求独立之实力，而徒思仰赖他人，或标榜其主义，或私得其援助，恐所沾之利益甚少，而彼辈传统之宰制欧亚之野心至今未已，今虽口含公道，高唱平等自由，以他人为牺牲，供主义之试验，在彼固失少而得多，在我实利少而害大。蒙回与内地本属一家，秦晋之毗连尤为密迩，西陲人民不乏高明，此际几微岂不洞澈。所虑者兵争不息，国困民穷，异族乘虚而入，则赤帜所至，国事不可问矣。此吾国民所不能不痛哭流涕，以为西北各父老告者又一也。

东北各长官乎，武装调停为天下倡高义，薄天四海之内，只有感激涕零而已。满蒙处特殊之地位，东有强邻窥伺其侧，非利我之土地，实利我之米粮。五大之协调一破，二次之大战旋生，太平洋首当其冲，我国不善为图，虽欲严守中立而不得。是以此时立足对内对外俱感困难，对内无彻底之和平，对外即留无穷之破绽，进兵关内，吾民知必有万全之策也。若谓鹬蚌相持，渔人得利，吾知贤达诸君必不若是其小焉、浅焉者也。试思已往之历史，控扼京津，参加作战，成败何常，惩后惩前，当有成算，各长官之所以筹国是者，必不后于我国民也。千钧之危，悬于一发，转祸为福，岂可失时。此吾国民所以不能不旦夕恳祷，以为东北各长官告者又一也。

总之，时至今日，外忧内患，交迫于前，危险极矣。世界各国为人殖民地者有之，为人半殖民地者亦有之，而列强之对我既租借乎要区，又干涉其政治。近则更以经济侵略，挑动内乱，使我筋疲力尽，听其指挥，予取予携而后快也。世界各国为人殖民地者，只对于一大国效贡献者为常例也，而我国则列国并处，虎视眈眈，犄角之形，相互争斗，无以谥之，谥之曰次殖民地，不亦哀乎？群鹿争逐于我国，而我国之内又有无数之鹿自逐于中原，国之不亡，更将何待？夫哀莫哀于心死，痛莫痛于国亡。吾国民有一线之心未死，则国均可以不亡。今欲救亡，当先论国。吾国民试更以再三所呼吁者，为海内贤达一痛陈之。吾国民所愿有者，一国家不知有所谓党国。国家者，四万万人所公有而公治者也；党国者，少数人所制造谓其为私有而私治可也。天下为公，顾如是耶。吾国民所希望者，有不战争之国家，不愿有因主义而战之事。战争之杀人为有血，主义之杀人为无血。如日无主义不足以资号召、攘权利，则诚然矣，何如不战争，吾民均可安居乐业，各事所事乎。是则吾国民之主义无他，不战争则其主义也。吾国民所着实注意者，有永久和平之国家，不愿有暂且停战敷衍和平之事。军队以一年二年休养，可再行补充，再行作战，吾国民之元气一经剥丧，有十年百年恢复而不能者。况剥丧至今，不知凡几乎。综前愿望，将欲见诸实事，其将何道之从？窃以为立国之道，在有根本大法，即所谓宪法是也。而制定宪法机关不可蹈贿选国会之覆辙，亦不宜为少数党员所把持。欲救新弊，自非仿华盛顿之先例，速开国民会议不可。国民会议筹备须时，召集须时，非可以旦夕期也无已。海内各职业团体、商业团体、学术团体、自治团体及军民长官代表召集各省区代表大会，以为筹议和平善后及召集国民会议之机关，庶十数年之纠纷可以解决，而最近之战祸亦可永息。列强因利害之冲突，尚可以开洛克非战公约、日内瓦军缩会议，维持世界之和平，况我国内战，如兄弟之阋墙耳，岂不可以坛坫交欢，息干戈之巨祸乎？本会同人目睹灭亡之祸已至，切肤痛苦之情不堪再忍，虽未敢创不息战、不纳税之激论，而深愿以和平之方法达和平之愿望。海内贤豪有与本会同宗旨者，盍兴乎来。谨此宣言，不尽一一。

余之草此者，亦借他人之酒杯，浇自己之块垒而已，于事实岂有丝毫之裨哉？是时奉军由北南下，中央军由南北进，冯令阎坚守石家庄，石友三守鲁西，冯自缩小战线以图存。蒋之飞机以为冯军已退，亟令徐源泉追击，过河后自断铁桥，不意中道遇伏，全军扼于大刀队，徐仅以身免。乃未几，中央军转败为胜，径入郑州，鹿钟麟由郑州退出，随冯军退河北，自此黄河以南尽为蒋有。蒋乃通电，主张速开国民会议，制定宪法，且有蒋、冯、张妥协，同来北平会议之说。而太原扩大会议乃于十月三十日公布约法草案，亦知徒法不能以自行，但姑以此结束时局，留为一重公案。十一月十一日，阎冯致电张学良，告以同时下野，将晋、察、绥、陕、甘、宁、青各等省政治交与各该省府，军队交与各该警备总司令，整理结束，以善其后。然南京必促其出洋，将冯军兵士改编，去其兵官而已。阎军则全令缴械。张于其时调停维护，可谓难矣。

英国与国民政府的战后处置
——英国外交档案选译

甄小东　侯中军 编译

　　说明：自太平洋战争爆发后，英国即开始关注中国对战后领土等问题处置的规划，并集合相关研究机构进行有针对性的分析。虽然英国明了中国将以收复 1894 年以来被日本侵占的领土为目标，但基于其自身的殖民利益，在对华外交上却实行有意牵制的政策。英国这种做法，导致中英关系在反法西斯的框架下既有合作也有矛盾。

　　文中所译文件选自英国外交档案 FO371 系列，时间从 1941 年太平洋战争爆发至 1943 年开罗会议召开。

外交部致驻重庆使馆电

1942 年 8 月 8 日第 1063 号，1942 年 8 月 9 日下午 1：50 分发

　　（本电属于机密，应由专门人员保留，不得传阅。）

　　你的第 987 号电报（7 月 15 日——未来香港和上海的地位）收到。

　　1. 鉴于各种原因，对未来香港的地位，目前我们的态度必须绝对坚持将其保留在英国辖区内。

　　2. 但在与中国人商讨这一问题时，我们不应使中国人在提出自己的看法时感到沮丧，我们应该倾听他们的说法，特别是其政府与英国合作方面。

　　3. 由于我们已经开始着手于战争结束时撤回治外法权，因

此对于通过治外法权维持外人治理权的上海而言，与中国的商谈可能更加紧迫。在进一步的讨论中，安德鲁先生坚持，我们必须得准备好应付讨论上海的地位。一旦时机到来，要在上海实行中国法律时，需要考虑一个特殊地位，以便能充分代表外国的商业利益。

4. 同时，我们必须小心，不能给美国留下口实，让其抱怨在讨论美国关切的远东问题时，没有和他们商量。在这些问题上，任何进展，均应秘告美方人员。

FO371/31715，F5553/5087/G，第 12 页。

中国的战后规划

下文是《远东评论》杂志第 11 卷第 18 期一篇文章的摘要，冈瑟斯坦（Guenther Stein）8 月 13 日发自重庆。该文系基于重庆政府的重要团体和个人方面得到的第一手信息。

1. 外部

（1）日本

中国无疑要求日本完全解除武装和放弃军国主义统治；作为赔偿，日本的工业力量应该用于中国和远东等遭日本侵害的国家的发展。

（2）中国丢失的领土

中国至少需要收回 1894 年至 1895 年中日战争以来失去的全部领土。关于对朝鲜的意图，中国似乎表明希望朝鲜成为一个独立国家，并与中国保持密切的合作。关于泰国，《大公报》建议置于中国的某种程度的保护之下。

（3）东亚殖民地

这些地区的独立绝对必要，中国认为自己对此负有某种责任，要加强和这些弱小落后国家的合作。在这方面，中印共同的行动最近几个月来尤其被强调，前提是印度完全获得自由。

（4）《太平洋宪章》

要求联合国家采纳《太平洋宪章》。

（5）治外法权和不平等条约

它们应当被废除，要明确承认中国与盟国完全平等。

FO371/31715，第 12 页。

驻重庆大使馆来电

1942 年 9 月 9 日

亲爱的惠利（Whaley）：

我信后附上了孙科对日和平计划草稿的副本，通过它可以概见中国精英阶层时下脱离实际的幻想。

它的授权和起草如海市蜃楼，加上孙科的娴熟手法，可能变得更加不切实际。

让我感到忧虑的是，孙科作为立法院院长和国父孙中山的儿子，在国民党守旧派中举足轻重。他们是比较危险的人群。

你忠诚的赫尔帕奇（E. L. Hall－Patch）（签字）

FO371/31715，第 57—58 页。

孙科博士的对日和平条件

1942 年 9 月 7 日

1．战争结束后，剩余的日本舰队转交中国，摧毁日本的海军和军事设施，关闭其海军院校，50 年内日本不得从事海军建设。

2．解散日本空军，毁掉所有的军用飞机，关闭航空学校。拆散生产飞机的工厂：50 年内禁止生产飞机。

3．解散日本军队。拆掉所有的兵工厂，关闭所有的军事学校。50 年内日本的国内安全只由警察力量维持。

4．日本侵华部队在放下武器遣返之前，有责任保护和移交中国所有的公共财产和私人财产，包括日本人的财产。

5. 遣返自 1931 年满洲事变以来移居中国的日本人。

6. 日本撤出朝鲜并承认朝鲜独立。

7. 战争结束后，日本剩余商船的 50% 移交中国。

8. 拆解日本一半的轻重工业设施，将其移交中国。

9. 一半日本大学设施和图书馆移交中国。

10. 从中国抢去的军事设施、图书、古董和有历史意义的文物，通过博物馆和私人方面归还中国。

11. 毁掉战前的反华出版物，严格禁止战后反华文学作品出版。

12. 为确保上述前三款的履行，中国、美国和其它盟国可以驻军在东京、横滨、京都、大阪、神户和名古屋，费用由日本承担。

《曼彻斯特卫报》所载《中国抗战的目标》一文

1942 年 10 月 12 日

重庆所进行的关于战后计划的讨论，其热烈程度和华盛顿、伦敦相仿。如果不这样才令人惊讶，中国希望在战争的洗礼中，成长为全方位的和由其地位决定的负责任的世界大国之一。无论是官方还是个人，他们思想的整体趋势冈瑟斯坦已在美国刊物中予以了恰当的描述。他强调，大部分计划还在重庆激烈地讨论着。有一点已达成共识，即日本必须解除武装，摆脱军国主义的统治，并有效地防止日本重新武装。有一些中国人希望，用日本的工业设备和技术帮助被日本蹂躏的国家发展。领土目标在变化：当归还 1894 – 1895 年战争以来丧失的领土被认可后，非官方的野心就超越了这个范围。朝鲜成为独立国家，泰国变为中国的保护国。中国希望完全恢复的区域还包括：外蒙古、西藏、新疆、满洲和台湾。其它东亚国家摆脱殖民统治而独立，被认为非常必要，包括印度独立自主，中印密切合作，保护和发展落后的东方人民。

尽管英国和美国正在放弃不平等条约，承认中国与盟国平等，但西方人对其他亚洲人的态度，还是让中国人感到不安。新闻报道在探讨《太平洋宪章》，以期明确这些意图。中国希望在东亚经济体的发展中居领导地位，一些狂热者似乎把这个合理的期望推得更远。但是应该认识到，对中国开放的机会，更多的取决于其内部问题的解决。中国应该制定计划消除地方主义，建立强大的中央政府，行使对全国的管理。作为委员长长期以来最为关切的问题之一，农业改革应该向前推进。金融稳定目前几乎做不到，这将取决于其它改革的成功。总之，计划者们已经预见到了一个庞大的工业革命，意识到中国急需外国的贷款和大量进口物资来修复自己的经济，快速发展自己的交通系统。但是，财政援助不能再次使外国人控制中国的铁路、矿权和其它的特权。从中国巨大的苦难中升起的强大和自由的前景，将确保她的成功。

FO371/31715，第 54 页。

冈瑟斯坦撰《战后安全体系》
1942 年 10 月 14 日

王宠惠博士是中国最杰出的国际法专家，1931－1936 年任海牙常设法院法官，1937－1941 年任外交部部长，目前任国防最高委员会秘书长。他非常重视战后集体安全体系为主要特点的国际讨论。在专访时，王宠惠根据经验向我提出了他个人的建议。内容是：

首先，单独会议应该商讨和平条约和集体安全条约。因为集体安全条约要求消除仇恨的氛围，代表了一个非常不同的任务，比起和平条约来，它是积极合作的世界观念的成熟。

第二，集体安全条约应该完全与和平条约分开。《凡尔赛和约》与《国际联盟盟约》合并，削弱了国际联盟。

第三，国联制裁条款的缺点应该大力弥补，制裁是集体安全的基石。"什么是侵略"应该非常清晰地写明，应该根据历史经验，而不能像国联成员那样自由解释。制裁的实施应该对所有的成员国都有强制性。国联的致命缺陷是，允许成员国决定是否、怎么、何时决定应用制裁决定。动议制裁措施的过程应该更加明确，更具可操作性，特别是不能被耽搁。应该抛弃《国联盟约》中所有成员国一致同意的条款，因为其中就包括了冲突双方。应当设立一个小型常设委员会，实施大量临时措施，直到对冲突做出最后决定。

第四，缔结国际裁军协定，其中包括裁军标准的具体定义及对军工的限制，这应该作为集体安全条约中的一部分。违反协定就受到外交、财政和经济等诸方面的制裁。军事制裁只能适用于实际冲突。

第五，设立三个地区安全机制，分别为：欧洲与大西洋、西半球、东亚和太平洋。这样整体的安全机制就会加强，变得有效。其它地区直接归整体安全机制管理。上述地区的任何冲突，应当提交地区常设委员会处理。当地区常设委员会不能做出决定，或成员国对地区委员会的决定提出上诉时，整体安全机制才做出强制措施。

第六，委任统治制度应当做出改变。委托地不应委托给某个成员国管理，而应被视为置于联盟之下。这项制度在名义上和事实上都应该是国际的。委托地的主要管理者被委任，主要考虑其人是否符合条件，而不能单单考虑是否属于同一国家。应该明确同一个人或同一国家的人连任不能超过两届。

委托管理的目标应该指向明确，即帮助其居民提高生活水准，为人民自治做好准备，或在民主政府的基础上达到最后的独立。届时所选出的人民代表，在安全组织问题上，应该能够具有较大地域范围的代表性。

　　第七，战败的侵略国应该被邀请参加集体安全组织，并加入维护安全的会议。

　　第八，任何不切实际的条约条款，都应和平地做出调整，确定可操作的程序。

　　第九，除了秘书处外，安全组织至少包含四个常设机构：国际社会福利部门，合并现在的劳工部，还要包括文化合作与道义裁军；经济和财政合作的国际部门；国际裁军部门，监督并履行成员的责任；一个常设的国际法院，负责裁决国家安全组织不能解决的冲突。

　　尽管中国对国联制裁侵略的失败感到非常失望，但中国对国际集体安全抱有坚定的信念。他们认为国联根本改进后，就能保证成功。但是他们强调联盟的改进依赖于营造一种良好的国际氛围，其目标是促进积极地合作与全方位裁军。

　　虽然还没有就停战协定与和平条约之间的时间间隔达成共识，但是同意建立有效集体安全机制需要时间，让思想成熟，以便尽早地准备。

　　　　　　　　　FO371/31715，F7093，第 53 页。

外交部致哈伯德电
1942 年 10 月 17 日

亲爱的哈伯德（Hubbard）：

　　我考虑你是否介意再发一份 10 月 9 日你寄给弗雷德里克·怀特（Frederick Whyte）关于战后中国计划的信件和附件，分别给海外贸易厅的格尔斯比（Golsby）先生、供给部的卡普兰（Caplan）先生和战时经济部的哈罗德（Harrold）少校各一份。格尔斯比先生可能有兴趣看到这篇文章的全文。你是否有多余的副本？或者告诉我能从哪里找到。

你忠诚的 A．H．斯科特（Scott）

FO371/31715，F7061/5087/10，第51页。

牛津大学起草的《中国的国家目标》

1942年10月18日

前言：满清帝国

1. 19世纪早期的满清帝国，早于欧洲人和日本人的扩张，疆域不仅包括中国内地的18省，而且包括满洲、蒙古、新疆、西藏。帝国疆域之外是朝贡国：朝鲜、琉球群岛、安南（越南）、暹罗（泰国）、缅甸和尼泊尔。它们对北京的义务仅仅是：定期派遣朝贡使团；沿用中国的历法；新任君主形式上得到北京的确认和授权。中国和朝贡国联系的纽带更像文化上的而不是政治上的。通常中国不会干涉朝贡国的内外事务，但是仍然认为它们属于帝国的范围，如果它们危害到帝国的利益，帝国就会介入。

2. 在帝国的版图内，东北的几个省在几个世纪以来就被视为中国的一部分，满洲是外来称呼而不是中国的称呼。这些地方的最南端，奉天或辽宁，很久以来就有大量的汉人居住，其他定居在此的人包括满族人和蒙古人。蒙古人认为他们是满族人的同盟者，而不是满族的臣民，因为他们承认1635年满族的统治者是北元朝（蒙古）皇帝的继承人，他们帮助满族征服了中国。新疆和西藏被满族军事征服，尽管是控制比较松的边疆区域。

3. 在中国，满族皇帝建立的是一个异族王朝，他们遭到如孙逸仙和革命党人的攻击。但是他们的一部分早在入关以前就汉化了，他们得到定居在辽宁的汉人的帮助，也得到长城以南乐见满族皇帝取代明朝皇帝的汉人的帮助。19世纪满族人在数量上较少，尽管汉族人和满族人还存在明显的差异，但血缘和文化上的同化已经很显著了。他们通过影响较大的儒家知识分子统治中国，后来儒家知识分子被召集起来反对太平天国叛乱。这些知识分子不喜欢西方传教士的说教和受基督教影响的太平天国领袖。因而是汉族的而不是满族的将军和政治家平定了太平天国运动。这些汉族领导人的功绩有：镇压了回民起义和收复新疆。这表明满族皇帝是中国的继承者。

4. 帝国是一个松散的政治统一体，总督和地方统治者拥有很大的自主权，尽管中央和地方政府首脑的工作主要集中在税收、治安、修坝建堤等公共工程。忠诚存在于家庭、宗族和地方，现代国家的感情在这里不存在。但是读书人认为他们的文化最优秀。儒家知识分子视其自身为帝国的支柱，其他大众承认读书人的优越地位。朝贡国也这样做。中国经常被征服，但一直有文化上的优越感，野蛮的征服者经常被这一点制服。在这方面，中国长久以来就像太阳，其他国家就像行星，其他国家所拥有的文明可归因于中国的影响和教化。

5. 反对满清帝国的革命情绪高涨，主要是因遭受西方列强和日本的侵略等一系列羞辱导致。甲午战争中，日本战胜中国尤其被视为奇耻大辱，因为中国人一直认为日本人是矮小的奴隶，只是中国文化的模仿者。满清王朝威望的消失是由于军事的无能，1911 年辛亥革命很容易地推翻了清王朝，原因是革命者和心怀不满的将军结合起来了。这些将领自身缺乏凝聚力，也没有保存政治统一所必需的共识。

孙中山及其追随者

6. 中国的革命运动由不同的份子组成，除了推翻清王朝、建立强大自由的中国外，他们缺乏共识。革命的领导人孙中山（1866 - 1925）出生于反满的中心广东，但是他大部分少年时光在夏威夷和香港度过，并在英语学校受教育。1895 - 1911 年间他是一名流亡者，先后流亡英国、美国、日本。在海外，他把华侨吸引到自己身边，这些人在财政上极大地支持了他的革命运动。他在通商口岸的中国人中宣传革命，与遍布中国的秘密会社接触，特别是三合会和哥老会。1912年，他的追随者和其他组织合并组成国民党。

7. 孙中山的追随者中很多受过日本大学教育，主要由于日本和中国有很多的相似性，也由于日本打败俄国后名声大噪。1907年后，美国政府同意用庚子赔款的一部分资助中国教育，许多中国学生去了美国大学。大英帝国和欧洲国家仿效美国，但是在英国、法国、德国大学的中国学生，在数量上少于美国和日本。1905年，中国废除科举考试，随后几乎出现了教育的真空，主要是政府缺乏资金创建新式学校，也缺少进行新式教育的老师。这个真空部分被教会大学填补。在新教资助的学校中，美国学校占了多数，尽管这时法国和德国的天主教会资助的学校仍占重要地位。在军事方面，许多中国的官员包括蒋介石，在民国十分抢眼，他们大多是在日本接受的教育，尽管德国在这方面的名声很大，而且影响并没有随着一战而消退。这些不同的影响导致革命者内部观念的不同，这助长了中国的不统一。

8. 总之，国民党的目标还是孙中山留下的三民主义——民族、民权、民生。孙中山认为，中国的社会哲学领先于西方，他不想破坏而是要复兴古老的忠诚，其中就包括孝道。但是他觉得在列强包围下的中国的虚弱，是由于缺乏民族或种族主义情感。通过比照西方的情况，他认为民族和种族在中国是一回事。他认为中国人的凝聚力和与西方平等的实现，只有通过发展民族与个人对共同体或整体的责任感，加强中国传统美德，在物质方面来看，就是引进西方的科学方法。这些主张被他的政党所遵循，特别是现在的领袖蒋介石，正在推行新生活运动。

增强国家团结

9. 在孙中山去世的时候，他的理想在现实中向前推进了。科举考试废除，满族官僚式微，帝国覆灭，这些在很大程度上破坏了传统文化和政治统一的纽带，导致了 20 多年的文化动荡，并引起了内战。国民党按照苏联模式重组，在 1925 – 1927 年国共合作时期，组建了强大的宣传武器。1928 年国民党取得胜利，开启了一个民族意识增长的时代，和一个更加强有力的中央政府。由于没有作好应对战争的准备，政府希望推迟事变的爆发，但是日本的威胁和 1937 年全面抗战爆发，强有力地刺激了中国的民族意识，公开要求抵抗日本侵略的意识变得非常强烈，以至于政府别无选择，只有坚持抗战。持续五年的抗战，伴随着激烈的民主主义宣传。表面上日本军队在中国境内的进攻十分冷酷，然而各式各样的地方力量汇聚成了一支民族军队，推进了民族国家的统一。尽管分裂的因素依然强大，并且更多地取决于对日斗争的结果，但是政治、教育和语言的统一不可能长久被颠覆。日本建议应与中国建立平等的伙伴关系，作为东亚集团的组成部分，日本人最后好像明白了这个事实。傀儡领袖汪精卫也以日本尊重中国的独立、平等对待中国为由，为自己逃离重庆辩护。

中国与盟国

10. 日本对大英帝国和美国发动进攻后，1941 年 12 月 9 日中国就发表了对日战争宣言和单独对德国和意大利战争宣言。这两个宣言明确指出，中国和交战敌国所签订的条约、协定失效。对日本来说这个宣言影响十分重大，这意味着中国不必受 1895 年的《马关条约》的束缚，这个条约使中国失去对朝鲜的保护，并把台湾割让给日本；或者不受中日关于满洲的协定的制约。在中国人看来，地板打扫干净了。

11. 太平洋战场上的灾难之于盟国事业以及重庆有双重影响。一方面，切断滇缅公路尤其引起中国的担忧，但中国没有批评盟国。另一方面，中国把自己坚持抗战和大英帝国与荷兰在远东迅速丧失许多殖民地领土进行比较。这不仅刺激了中国人的自信心，而且强化了中国的影响和重组东南亚的希望。所以说太平洋战争爆发后，中国的目标非常宏大。

平等地位

12. 要求西方列强承认中国的平等地位，是中国长久以来的基本目标。中国人对西方列强待之低人一等的任何建议都非常憎恶。在外交领域，这意味着首先要废除不平等条约，这些条约让一些西方人在中国享受着治外法权。一战的结果是德国和俄国在中国的治外法权消失；现今，日本人和意大利人的特权被视为取消，因为中国的宣战宣言取消了与敌国的任何条约。1942 年 10 月 10 日，英国和美国政府宣布它们准备和中国签订废除治外法权的新条约。这样就只剩下法国在中国拥有治外法权，但是法国几乎不可能在中国行使治外法权，即便它想行使。

13. 治外法权的废除将深刻影响租界的地位。就像贾斯蒂斯·菲瑟姆（Justice Feetham）先生在 1931 年关于上海的报告中指出的那样，如果受中国法庭的制约，外国的官员就不能履行自己的管理职责。中国法庭势必援用中国法律，这将侵蚀外国管理区。中国在上次战争结束后，收回了德国和俄国在华的租界和租借地，日本和意大利的租界在战败后不可能保持下来。英国已经归还了一些小的租界，中国未来肯定会完成这一过程。中国对租借地也会采取相似的态度，包括英国在香港对面的租借地，这在未来将凸显出英国殖民地的地位。

14. 其他要求完全平等的内容包括：废除《辛丑条约》，撤走驻扎在中国领土上的军队和撤走中国水域的外国军舰，终止外国商船进入中国沿海的权利和内河商船贸易权。

15. 上述 12 - 14 段里的目标毫无疑问是新目标，中国为了它们已经努力了三十年，尤其是 1925 年以来他们取得了重大进展。在这方面，中国得到一些西方列强的青睐，特别是英国政府的友善，从 1926 年《张伯伦备忘录》里可以看到这一点。由于日本从 1931 年开始对华侵略，治外法权、外国管理区和其他一些外国人特权问题，已经在中国与列强的谈判中解决。

16. 中国坚持的国与国之间的绝对平等，是与战后的国际组织成员地位相一致的。这些国际组织是战后规划的一部分。中国希望以完全平等的地位加入这些国际组织，不希望被任何贬低。与这个相联系，中国可能会提出种族平等问题。这个问题和日本在凡尔赛会议提出的种族平等十分相似。通过在美国的官方通讯社，他们已经提出试探性建议，中国人应该按照一定比例被美国接纳，通过正常的归化途径成为美国公民。

收复失去的领土

17. 1941 年 12 月之前，中国政府不接受日本提出的和平条件，除非中国恢复 1931 年以前的版图，日本必须归还东北四省，即满洲、内蒙古和长城以南地区。1941 年 12 月之后，中国的领土目标扩大了，收复台湾被正式列为战争的目标，中国还有可能对琉球群岛提出要求，因为中国从来没有签订任何条约同意日本占领这些岛屿。

18. 中国政府声明，朝鲜独立是中国的一个目标。中国庇护了朝鲜流亡政府，尽管没有正式承认；中国招募朝鲜革命力量。中国希望自由的朝鲜和中国保持紧密合作，因为一段时期内，朝鲜没有力量和能力站稳脚跟。

19. 受苏联影响的领土：新疆和外蒙古，中国虽然拥有名义上的主权，苏联对此还没有正式挑战，1936 年中国政府抗议苏联和外蒙结盟；1941 年 4 月 14 日《日苏中立条约》签订后，中国政府抗议苏联干涉满洲和外蒙古。但胜利后，中国不可能接受这些地区继续受苏联控制或者独立。这方面都将取决于战后苏联在远东的地位和政策。

20. 毫无疑问，中国对西藏也抱同样的想法。中国一直努力重获在西藏的主导地位，1911 年辛亥革命后，中国丧失了该地区的主导地位。中国在西藏能否成功恢复主导地位与英国战后在印度的地位密切相关。只要大英帝国还在印度，英国就要保持西藏的缓冲地位，独立且分裂的印度是没有力量做到这点的。

对少数民族的政策

21．中华民国早期采用五色旗为国旗，表明中国各民族即汉、满、蒙、回、藏之间的平等。国民党希望用汉族来同化少数民族。满族现在实际上已经灭绝了。孙中山在1912年宣布，五族共和口号的提出，只是因为中国存在着某种种族的区别；这种区别扭曲了单一共和国的意思，我们必须促使全部单个族群名称的消亡，例如满人、西藏人等。孙准备在中华民族内承认这些民族的平等地位，他强调这些民族太虚弱，不能分为单个民族。1928年国民党取得胜利，国民党以党旗取代了五色旗。孙中山没有提及中国南方省份非汉族人的地位问题。这些族群如傣、彝、苗，遭受着汉人邻居的压迫。中国对这些原住民一直采用怀柔政策，可是近来从重庆的报道获悉，重庆正在制定一项加强中央权力的政策，修订行政区划，划分新的小于现在省份的地方行政单位。战后这项政策将在全国推行，包括边远的新疆、外蒙古和西藏。国家军队将在边远省份驻扎，或者驻扎在一切必要的地方。

中国与自由亚洲

22．孙中山喜欢提及压迫国家和被压迫国家即半殖民地之间的阶级斗争，这与有强权和没强权之间的斗争不是一回事。中国按照众多的人口与丰富的资源来讲，是一个有潜力的大国。孙中山不认为斗争是白种人和黄种人之间的斗争，因为他这样论述的时候，苏联宣称它是被压迫民族的领导者。孙1924年在神户的演讲，确实发展出了泛亚洲理论。他赞扬日本、土耳其和苏联是被压迫国家的领导，日本在这方面做的较多。汪精卫也拥护中日合作。但是很明显，孙中山在这次演说及后来的其他讲话表明，尽管他愿意与日本、苏联合作，或者愿意与其他愿意帮助中国独立的大国合作，但他的心里认为，中国最终将成为亚洲任何集团的领导，解放其他被压迫的亚洲人，事实上重新获得古代的地位，成为亚洲的中心。

23. 只要西方列强在亚洲继续控制殖民地和依附地，中国的雄心就不能够实现，因此重庆方面讲亚洲自由的必要，用《太平洋宪章》补充《大西洋宪章》就毫不奇怪了。重庆的一个记者最近报道："所有其他亚洲国家摆脱殖民统治获得独立是绝对必要的。中国认为自己有责任为东亚和南洋地区的民族独立努力，为加强中国与弱小国家合作而努力；强调自由贸易与完善交通，在该地区形成一个组织良好与相互合作的世界社会。由于文化古老和长期争取自由的斗争，中国希望能够帮助其邻国，通过贸易往来、财经合作、文化接触，让这些邻国完全走上独立，走向一个多种族的东方团结。中国非常适合这样做，因为中国长久以来通过移民和这些邻国保持着密切的联系。"（1942 年 9 月 7 日《远东观察》）中国毫不犹豫会拒绝这个建议，这只是日本推行的东亚新秩序变换了主人。但是对于大多数的殖民地，如果独立，也不能单独站起来，这些地区众多的中国人会加强已经庞大的经济控制。这些地区要真正实现独立，只有结束中国的政治和经济优势。在中国的报刊里已有两篇非官方文章，令人鼓舞，一篇宣称泰国已沦为日本侵略的工具，迫害华人社区，丧失了自己的独立资格，应该降为某种形式的中国保护国；另一篇说印度支那不能恢复法国的控制，因为法国允许日本在这些地区损害中国，因此如果印度支那太弱而不能独立，那么这个区域应该划归中国托管。

中国与印度

24. 重庆对印度的独立事业表示了同情，并批评英印政府逮捕国大党领导人。重庆对这件事采取批评态度的理由是：害怕印度出现混乱，影响由加尔各答输往中国的航空物资；中国作为亚洲国，在争取实现自由时自然也会同情其他亚洲人的自由事业；中国对印度负有文化和宗教的义务。重庆正在讨论中美共同调停印度的僵局。中国希望在结束亚洲的殖民统治方面获得美国的支持，并已在敌视英帝国的群体中获得发言权。

对战败的日本的处置

25. 中国认为，日本一旦失败，不仅要吐出侵占的土地，而且要解除武装。一个中国官员说，至少50年非武装化。这就涉及武装占领日本诸岛问题。中国没有明确说明要参与这一行动，或者更愿意让盟国部队来执行。中国的确认为，非武装化的日本应该用自己的工业技术和装备帮助中国和其他东方国家的发展，作为日本侵略造成的损失的赔偿。

战后经济重建

26. 孙中山认为，中国衰弱的主要原因之一就是广大人民群众的贫困，他希望通过工业发展计划和农业改革来补救。中国有色金属丰富，有充足的煤炭供应。然而外国评论者指出，与其他制造业大国比起来，低品质的铁矿是中国工业发展的障碍。这个意见需要根据处理低品质铁矿的发展过程修改。1937年中国工业最突出的是轻工业和纺织业。当时工业集中在通商口岸，缺乏资本、管理落后、劳动效率低阻碍着中国工业的发展。中国工业被欧洲和日本的制造业垄断，特别是在上海和天津的外国工厂。日本侵华对中国工业是严重的打击，许多工厂不是遭到破坏就是被日本侵吞，尽管有一些设备及时转移到内地省份。战争促进了以往落后地区以及被忽视的西部省份工业的发展。

27. 国民政府资源委员会构想了野心勃勃的战后工业发展计划，建设大规模的铁厂、钢厂和化学工厂。这些重工业的构想主要出于防御目的，属于国有企业，由政府出资和管理。国民政府认识到，满洲和中国北方煤铁资源储量丰富，将是主要的重工业发展中心。这项工作已经由日本的开发完成，这对中国是有益的，特别是被占领地区的日本铁厂、钢厂和电厂没有遭到破坏，并转移到中国手中。

28. 中国经济界似乎有一个共识，就是重工业由政府经营，辅助工业由私人发展，但要在政府的监管之下。但还是存在着不同意见，一些人希望把大工业建在大城市，包括已经是经济中心的沿海城市；另一些人希望在乡村建设分散的小工业，这样一方面可为人口膨胀的农村提供就业，另一方面在于农村不容易受到敌人的攻击。尽管战时像后者这样的"游击队式"的工业在国统区获得了发展，但是大工业倡导者还是占优势。作为通商口岸的工业投资者，他们指出工厂设在大城市有许多优势，如水陆交通便利，接近原料产地和市场，日本的威胁一旦消除，就不会有安全威胁；农村地区的小工厂虽然不能忽视，但是大城市是中国的制造业中心。只有一些热心人认为，工业合作社在战后的工业规划中应占突出地位。这些合作社受到海外的大量关注，但是这些合作社规模小又简单。除了经济上的缺陷外，中国的管理层不赞成合作社，因为工业合作社有共产主义的意味。

29. 中国政府希望战后大力发展各种交通运输。这个计划包括修复战争破坏的铁路，并且建设几千公里的铁路，许多战时修建的铁路继续作为铁路的支线；还要进口大量的卡车和汽车；还试图拓展沿海和内河运输，建造远洋轮船。目前的情况是，为重建而进口的货物由官方和半官方的组织来处理。这些组织也出口中国的主要产品，如桐油、茶叶、丝绸、猪鬃和金属矿产品等。这些物品部分用以支付重建所需物资。可是政府垄断战时贸易不尽如人意，受到不少批评。一旦战争结束，对国有贸易的反对就会迫使这些组织放弃垄断，或者减少这些组织的垄断贸易活动。

30. 中国人认识到，重建蓝图如果不能获得大规模的外部财政援助将不可能执行。他们希望从美国获得这些援助，而且这些援助不能有任何贬低主权和伤害民族自豪感的外部条件。在这方面，国民党将遵循孙中山所制定的路线。孙中山非常欢迎外国资本，但是外资的提供不能作为控制中国的手段。1930年，中国规定中外合资企业中的中国股份不得少于51%，中国董事占大多数，董事会的主席和公司总经理必须是中国人。这些条件对外国投资者缺乏吸引力，以至于和日本比较起来，中国企业中的外国投资非常少。

31. 其他可能对中国工业化有帮助的是，获得日本的赔偿并组建自由亚洲国家集团组织。中国在该组织中将扮演中心角色，他们将为中国提供原材料与消化过剩产能。这个概念类似于日本的大东亚共荣圈想法。

32. 当战时工业扩张并向海外发展的时候，日本感到非常缺乏熟练的技术工人。中国认识到自己的缺口更大，中国有资质的各行业的科学和工程人员少得可怜。资源委员会计划训练大量的技术人员和熟练工人，希望战后派学生去海外学习，同样希望得到外国的技术援助。

33. 如果要预测中国的工业化计划能走多远，需要考虑以下因素：中国人的能力和聪明并不比日本人差；一种新的民族精神在反抗日本的战争中被唤起；年青一代走向前台，他们不能容忍腐败、松散和老年人的低效率，蔑视古老的规矩。战争和被侵略在很大程度上打乱了中国的社会阶层与家庭生活，正在形成中的新中国将更加坚毅，将来可能更加勇武，但是却更能够接受新思想，比过去更有效率。中国人在外交上将比日本人更加娴熟，更能赢得外界的同情。

农业及土地问题

34. 农业改革问题是中国政治的一个基本问题，解决之道取决于未来中国的政治经济条件。在政府的帮助下，农业改革已经有所成就，如在抗击农作物灾害和牲畜疾病方面，在作物选种方面，以及财政支持下新土地的开垦方面。可是中国的社会改革者指出，农业问题的关键在于农村社会结构的调整，农民的贫困不仅是受害于肥沃农业区人口的过度增长，小土地所有制和落后的耕种方式也阻碍了他们的发展；由于赋税、租金和利率过高，即便他们想实现自己的价值，亦无力采用新的耕作方式。民国时期这个过程加速非常明显，小农被迫卖掉自己的土地变为佃农。欧洲标准的大地产所有者在中国非常少，地主阶级的发展主要来自商人、高利贷群体和农民土地所有制的衰落，这种情况加剧了肥沃农业区域的不安，也引起国民党和共产党的分裂。国民党人主要来自地主和商人，共产党人目前主张的不是苏联的集体农庄，而是分配土地让贫困的农民受益，降低赋税和利率。共产党强化这一主张，导致 1927 年国共合作破裂以及后来的十年内战，1937 年形成的统一战线并没有消除双方的敌意。来自日本的威胁消除后，随之而来的可能是国共之间的大规模冲突。冲突的结果将对中国的内外政策具有决定意义。国民党希望建立一个强大的民族国家，其社会结构类似于西方资本主义国家，共产党认为中国革命是世界无产阶级革命的组成部分，尽管承认中国需要短暂的民主发展期，最终还是希望中国出现类似于苏联的社会。中共与苏联联系紧密，即便没有结成实际的政治联盟。

琼斯（F. C. Jones）

牛津大学巴里欧学院外交研究与宣传小组

FO371/31715，第 62 - 66 页。

布里南爵士起草的对华政策备忘录

1942 年 11 月 3 日

1. 思考中英之间现在所面临的问题，不禁会使人心生疑问：从我们的观点看，与中国人打交道的方法是否产生了最好的结果？

2. 尽管我们是强大的，并且是反对轴心国的积极参与者，但是我们似乎对中国应采取一种愧疚和迎合的态度，好像盟国的义务都在我们这边，我们痛苦地认识到我们未能很好地履行。交通困难阻碍了我们向中国输送物资，但是我们可以用大量的赞誉来弥补。我们担心中国投降，实际上，如果投降，中国损失的会比我们更多。中国政府很聪明地利用了我们的担心，要求我们慷慨地给予援助，不时地威胁要和日本举行和谈。蒋介石过去不时利用这个建议作为要求贷款的说辞。中国非但完全没有认识到英国对中国有可能坐视不救，因而去急着取悦英国、焦急地盼望英国的援助，而是滥用英国的好意和同情。他们应对这种情况的办法是谴责我们把他们推到日本那边，我们则强烈申明这不是事实。而且他们自认为了解我们的方式，知道如何对付我们。但是他们对苏联政府却不同，苏联人坚持以货易货，而不是用逢迎来处理与中国的关系，结果就是中国对苏联一直很客气。

3. 我们被告知英国在重庆不受欢迎，但是我认为这样说可能更真实些：鉴于我们各自的战争潜力和工业能力的差异，比起中国对我们而言，我们对中国更友好、更有帮助。考虑到我们的战争潜力、经济地位和运输能力，我们给中国提供了所有我们能提供的帮助。我们提供的物资援助是免收运输费的，或者是提供几乎相当于免费赠送的贷款条件。但是就中国所能提供的少数物品而言，他们向我们报出令人惊讶的现付价格。例如，他们提供的降落伞丝绸居然一磅开出 85 到 100 先令的高价。驻华大使认为，中国使我们陷入进退两难的境地而自己从中渔利。

4. 另一个例子是中国海员，鉴于政府的态度，中国海员对我们而言不是帮助。中国海员在英国和荷兰的船上工作，军事运输大臣确认，中国海员带来的麻烦超过了所有其他外国海员的全部。应该指出的是，绝大部分的荷兰船只租给了英国政府。我们努力协调三方的安排，在所有的船上给中国海员合理的工资，但是中国官方从不与荷兰和我们一起协商，尽管很明显为了海员的和谐，所有的海员工资应该一样。我们最终只达成了中英船舶协定，因此中国开始单独与荷兰协商，向荷兰要求高于英国所提供的工资。如果荷兰人让步，那么在英国船上的海员就会不满，因而尽管有协定，还是要煽动出现修改我方条件的事情，因此游戏不断上演。就丝绸而言，中国人知道我们要求迫切，故意利用我们的困难提出一些不合理的条件。

5. 通过大谈中国的痛苦，夸张中国的军事成绩，忽略我们在战争中的作用。中国政府劝说自己相信中英之间的政治天秤已经偏向中国。有鉴于此，他们有意通过些微付出，以扭曲事实、敲诈或者其他手段，冀图从我们这里获得金融、物资和政治好处，而完全不顾我们的安全。毫无疑问，他们中间有些人认为中国应担负起自身的国际责任，但是还有一些人采取上述自私和见利忘义的政策，如宋子文博士、宋美龄夫人和其他一些占据高位的人。除了提到的这些少数例子外，这种态度还在五千万英镑战争贷款的招待会中显现出来；在美国进行直接针对我们的敌意宣传中显现出来；在阻止我们恢复太平洋地区领地的活动以及公开支持印度不满分子中显现出来。

6. 中国的普通大众当中，有许多人曾慷慨地帮助过在占领区的英国难民，但是找不到中国政府在我们努力战斗时主动帮助我们的例子，除非得到相当的补偿。尽管目前的中国人宣称自己应在各方面被视为平等的盟友，但是却只是索取，不想付出。唯一的一个例外，就是蒋介石最近愿意让我们分享一些在印度的租借物资（这些东西运不到中国），但也要求在很短的时期内依照保证归还。中国军队参加了缅甸作战，这可以视为自卫的行动而不是慷慨地帮助盟国。即便如此，我们还是提供了军队给养和费用。我们对中国的态度是无私的，当然这样说可能有些不真诚，我们是从我们的利益角度去帮助中国的，反过来说也一样正确。这份备忘录的目标是，我们应该让中国人认识到责任是相互的。

7. 我们应当记住，中国人在国际关系中一点也不感情用事，他们是老练的外交家和宣传家，他们会充分利用别人所表现出的同情。这点在他们和美国打交道时表现得特别引人注目。他们是精明的交易者，他们也欣赏别人的这种品质。无偿援助的越多，他们要的越多，对我们的尊重也越少。所以首要的是停止对中国无条件的赠予。美国首开无条件五亿美元贷款的先例，对我们没有任何好处。它并没有改善中国的经济形势，也没有帮上美国，可它却使中国的财政部长对我们极端傲慢。我们跟随美国提供五千万英镑的战争贷款，最后除了侮辱，一无所获。

8. 通过取消治外法权，我们已经废除了中英之间不平等条约的基础。我建议与驻伦敦的中国大使坦诚布公，让他们明白未来处理两国关系必须以平等为基础，这也是中国人一直要求的。英国单方面所提供的贷款、利益和优惠不能再无限期地继续了。中国的大使应该被告知我们期望中国人所做的事，包括：中国人应该认识到自己在这次战争中所充当的重要地位，更应该思考一下我们在太平洋地区的利益，尤其是在盟国舰队上的中国船员的合作态度，取消英国银行在自由中国开业所遇到的障碍，按照合理的条件提够伞丝和其它在自由中国所生产的战争物资。

9. 我们应该让中国政府自己认识到，除非在这些问题上让我们感到满意，英国将对要求资金和帮助的会议缺乏兴趣。我们将在适当的情况下特意要求一些补偿品。

布里南（J. F. Brenan）（签字）

FO371/35740，第 103 – 105 页。

哈德森致外交部远东司克拉克电

1942 年 11 月 11 日

亲爱的艾希礼·克拉克（Ashley Clarke）：

我寄给你《中国的国家目标》第二稿，我理解这就是你要求在 10 月 26 日 A 表中所列的。这是一份参考资料，已经被下属委员会考虑。这虽然不是定稿，但是我不希望做大的改动。不久最后的定稿将报给外交部，作为参考资料。

我发给你一本给怀特的西藏备忘录和一份感谢信。我对目前的新疆问题非常感兴趣，就这个问题我希望和你或者约翰·布里南爵士在下周一 16 号讨论，届时我希望在外交部进行商决。如果你能允许我一阅关于这一问题的急件，我将非常感激。我已看了一些审查过的资料，这些资料显示那里重大的形势变化正在临近。

你忠诚的哈德森（G. F. Hudson）

FO371/31715，第 61 页。

重庆对战后处置的观点

1942 年 12 月 14 日

本文摘自《外交研究与通讯》，它概括了重庆方面对战后领土目标和对远东战后处置的观点。

领土目标

中国在这次战争中的领土目标的权威解释，是 1942 年 11 月 3 日外交部长宋子文在重庆记者招待会上发布的。他告诉记者，中国没有领土野心，除了那些本来就属于中国领土的部分。这些领土包括：满洲、台湾、琉球群岛（注：琉球群岛的历史，参考该刊 C. NO131. 第 117 – 119 页）。宋子文还补充说，"我们对那些被日本占领的国家虽负有责任但没有领土要求。"经同意后，他的声明被中国媒体引用。《新民报》（第四期）说，他的讲话代表了中国人民的要求。

朝鲜

一则来自重庆的联合通讯社消息（10 月 11 日）说，蒋介石宣布朝鲜必须自由和独立（《纽约时报》10 月 12 日），他在中朝文化协会在重庆成立时发布了这则消息。在 11 月 3 日的新闻发布会和后来的与《中国新闻》记者谈话中，中国的外交部长也表示朝鲜必须独立。(《中国新闻》11 月 23 日)(注：朝鲜的党派和朝鲜临时政府现在在中国。参考该刊评论 C. NO151. 第 271 – 272 页。)

对待日本

《大公报》(11 月 13 日)警告英国议会代表团，日本是东方的德国，日本人和纳粹一样令人厌恶。日本的野心是对远东所有国家利益的威胁，只要它在那里，远东就没有和平。日本必须被严密监视，以至于它不再成为威胁。《大公报》(11 月 20 日)提议大英帝国和中国之间的军事同盟，条件和时效应该类似于 1942 年 5 月 26 日《英苏条约》。

《国民先驱报》(注：一份英文报纸，被看作重庆外事部门的喉舌。)11 月初说，当战争结束时，日本战犯应该像纳粹一样受到审判和惩罚。这份报纸指出，指望日本主动对中国被占领区域人民造成的伤害进行忏悔和补偿是不明智的。战争结束后，要对军国主义者和战争罪犯依照法律进行严厉的惩罚。应该设立国际法庭，审判那些犯有战争罪行的人，他们对被侵略地区人们犯有重罪，应该给予相应的严厉惩罚。(《中国新闻》11 月 2 日)《时事新报》(11 月 11 日)说，日本人是世界上最没良心的人。1902 年的《英日同盟条约》是现代日本安全与繁荣的基本因素，但今天日本转过身来进攻英国。日本在香港、马来亚、缅甸的暴行超过了纳粹在欧洲的暴行。胜利的日子来临后，中国和英国必须联合谴责敌人并把他们送交审判。

军事占领日本

关于这一点重庆新闻界有不同的观点。《时事新报》(11 月 24 日)强烈反对这样的观点：即战后短期占领日本的一些地方是必要的。历史上，日本从来没有被外国占领过。一战后，过分的惩罚措施使得德国人心怀仇恨和报复心理。如果协约国接受威尔逊的主张，不使德国赔款割地，也许目前的战争就不会发生。（注：《时事新报》的海外新闻杂志，属财政部长孔祥熙博士管理。）

《国民先驱报》（11 月 25 日）赞成 11 月 20 号英国议会赴华使团成员斯克林杰·韦德伯恩（Scrymgeour – Wedderburn）上尉在重庆的演说。他说盟国占领德国和日本是必要的，直到战犯被惩罚。报纸支持这个建议，说日本和德国必须被警告犯罪是不值得的。

中国与亚洲领袖

《新苏报》（10 月 3 日）说，中国不满足于击败日本，他们希望建立一个新国家。一些美国人怀疑，中国是否有一天会成为像日本一样的帝国主义国家。这种情况不会发生。19 世纪后半期欧洲民族主义的老路，不会在中国重复。欧洲的民族主义以工业资本主义为基础，因而导致向外扩张。中国的民族主义建立在国际民主的基础上。中国应当担负起领导远东地区政治重建的责任，美国应该尽最大可能帮助这里的经济重建。

10 月 31 日在重庆闭幕的国民参政会上，最高统帅蒋介石宣布，"中国是亚洲最大最古老的国家，我们不是在谈论领导亚洲。中国革命的目的是恢复失去的领土和主权，与其他国家平等相处，实现四海之内皆兄弟。这就是我们的希望，除此之外，没有别的要求。"（《中国新闻》11 月 2 日）在一则寄给《纽约先驱论坛报》的快讯里，蒋介石再一次否认了中国希望成为亚洲领导的说法，他说中国不希望以东方的帝国主义取代西方帝国主义，或者中国孤立地取代西方的帝国主义。"我们认为必须从狭窄的排他的同盟或地区集团中走出，去实现国际联合的有效组织。"（《中国新闻周刊》11 月 21 日）《国民公报》（11 月 20 日）所载委员长的发言里有三个重要观点：首先，中国决定实现三民主义（注：孙中山的学说）；其次，中国同情亚洲被压迫的民族，拒绝领导亚洲的想法；第三，中国希望盟国能够超越狭隘的同盟或地区集团思想，以相互依存的世界大同，取代帝国主义或孤立主义。

殖民地

关于殖民问题，中国的新闻界有许多言论发表，特别是当参照威尔基（Willkie）先生的演说后，《益世报》（10月5日）说要建立战后世界的真正和平，平等、自由和博爱的精神必须作为国际关系的指导精神。《大西洋宪章》是这次战争的最重要的文件，它就是建立在这种精神的基础上的。《新苏报》（10月6日）说威尔基先生在中国受欢迎，不仅是因为他是罗斯福总统的私人代表，而且因为他谴责种族主义偏见。要获得战后持久的和平，盟国必须去除这种偏见，不能仅仅是解除轴心国的武装。《扫荡报》（10月6日）认为，任何国家无论大小，如果被剥夺了自由与安全，第三次世界大战就会爆发。"我们完全清楚美国人和中国人在这次战争中有相同的目标，相同的建设战后世界的理想。"《国民先驱报》（10月7日）说，只要殖民地人民不知道他们为什么而战，他们就不会全身心地投入盟国的战争。殖民强国必须采取明确的政策并行动起来，否则殖民地人民就会成为日本宣传的对象。一个重大危险就是，如果战后盟国没有采取措施，那么就会出现种族间的战争。"中国非常关心这个问题，不仅因为中国将是战后东方稳定的力量，而且因为有好几百万中国人生活在亚洲殖民地。"《大公报》（10月8日）引用了威尔基先生前几天在报界的声明，赞同并希望他的讲话很快变为行动。共产党的《新华日报》（10月8日）说，威尔基先生的讲话是中国战争目标的最好的定义。与盟国反攻收复缅甸有关，《商务日报》（注：《重庆商报》）（10月21日）认为，盟国的政治家应该申明，《大西洋宪章》应该同样应用于太平洋地区，给予弱小国家与强国同等的地位。这将促进缅甸人和盟军合作。

威尔基先生回国后的广播讲话，也受到重庆报界的欢迎，特别是他关于英国殖民地是帝国残余的评论。讲话被《新民报》（10 月 29 日）和《扫荡报》（10 月 29 日）引用，并得到这两家报纸的高度赞同。《大公报》（11 月 19 日）说，国家的自由是必须的，这一点在远东表现尤为强烈，《大西洋宪章》就强调了国家自由；为了动员亚洲全体人民反对日本军国主义者，必须要以民族解放的目标鼓励他们。

集体安全

最近有许多关于战后国际组织的参考消息，既有中国官方的，又有重庆报界的。10 月 10 日，中国外长宋子文博士返回重庆前告诉美国的听众，盟国应该尽快建立一个执行委员会，以期建立一个能在战争中和战后发挥作用的国际组织。（《纽约时报》10 月 11 日）在回到重庆后的记者招待会上，他又谈到了这个问题，他说他的建议受到了认可。

蒋介石在对《纽约先驱论坛报》的谈话中表示："除非我们的目标是真诚地促进世界人民在政治、社会和经济上的公正，否则我们就不会有和平、希望与未来。我确信，通过建立实现和平与公正的国际秩序，我们与盟国能够达到这个目标。为了实现这个目标，我们必须现在而不是将来就行动。让这些原则在我们中间贯彻，即便是牺牲我们中间的个别专制国家。"（《中国新闻周刊》11 月 21 日）

《扫荡报》（11 月 17 日）阐释了宋子文先生的建议，说我们所需要的并不是消极地防止战争，而是所有国家的合作。这个机制建立后，盟国可就现在和未来的重要经济问题进行讨论，以便制定出一个切实可行的合作计划。报纸认为，相比于建立统一的军事指挥，形成这样一个核心机构是一个比较容易的任务。苏联对于加入统一军事指挥联盟持怀疑态度，它只是准备加入以和平为目的的国际组织，就像它在《二十六国宣言》上签字一样。
它是国际集体安全的传统主角。

王宠惠博士的建议

王宠惠是中国国际法专家、前海牙法庭法官、中国的外交部
长（1937－1941），目前任最高国防委员会秘书长。冈瑟斯坦先
生在重庆采访他时，王宠惠谈到了他对国际集体安全的看法。
（注：这个报道出现在 10 月 12 日的英文报纸上，这里对他的具
体建议加以总结是值得的。下面的叙述来自《中国新闻》10 月
17 日。）王宠惠认为，集体安全条约和和平条约应该分开，分别
由单独的会议制定。《国际联盟公约》混在《凡尔赛条约》中就
极大削弱了国联。国际联盟制裁条款的缺点应该大力修改。什么
是侵略应该有非常清晰详尽的定义。制裁的程序应更明确和更便
捷。关于所有成员国一致同意的盟约条款应该抛弃，制裁的决定
所有成员国都有义务执行。一个国际非武装协定，应该是安全条
约的组成部分，包括非武装标准的具体定义，也包括限制军事工
业。整体安全机制应通过建立地区安全机制而得到强化并提高效
率。地区安全机制分别包括：欧洲和大西洋、西半球、东亚和太
平洋。其它地区直接由整体安全机制领导。三个地区的任何争端
都应提交地区常设委员会。整体机制的强制处理只有在地区委员
会不能作出决定，或成员国反对地区的决定而提出上诉时才能行
使。（注：蒋介石声明不愿意领导地区集团，上文曾提及，表明
王宠惠的建议没有获得中国政府的支持。）托管地不应该委托给
某个国家，不论名义还是实际上，都应由国际组织进行管理，托
管的目的应该清楚地阐明是为了提高当地人民的生活水平，帮助
他们自治或在民主政府的基础上实现独立。比较大的托管地的人
民，在国际安全组织里应有自己的代表。

顾维钧博士的建议

顾维钧博士是中国驻英大使，最近返回重庆，也对战后国际

组织发表了声明。顾维钧是中国长期驻国联的杰出代表，是1920 年国联委员会主席，1921 年国联大会的主席，1932 年李顿调查委员会中国顾问。回顾国联的历程，他认为最大的失败在于要求投票的全体一致性，在于一些国家对与自身无关问题的冷漠，在于决定达成后执行力的缺乏。因此他认为，战后的国际组织应该实行多数通过原则，应该设计成员国相互保护的机制，对于执行机构赋予足够权力。他建议（注：关于侵略的伤害）国际组织成员国提供的帮助应该与受援国接受援助的比例一致。（注：顾维钧博士没有提到地区组织，他的建议可能和王宠惠的建议类似。）顾维钧强调，中国从始至今都真诚地支持国际组织能够维护持久和平。

（注：除了特别指明的之外，中国报界文章的翻译来自于海外报界文章。）

FO371/31715，F8265/5087/10，第 77 - 80 页。

满洲的未来：中国批评太平洋国际学会会议上英国代表的观点
1943 年 1 月 5 日

中国最高官员们收到了一份报告，英国代表在太平洋国际学会会议上提出建议，大致是战争结束后满洲将成为苏联控制的托管地，日本在满洲发展的工业包括南满铁路仍归日本。

请求予以澄清。

（本电属特别机密，应由授权的接收员保留，不得传阅。）

FO371/35793，F134/134/10。

重庆汉语广播：中国战后的领土目标
1943 年 1 月 6 日

重庆的汉语广播播出了战后中国对满洲、印度支那和辽东半岛的处理意见，批评了目前提出的一些建议。

FO371/35797，第 2 页。

战后中国东北四省（满洲）的命运

1943 年 1 月 6 日

节选自《大公报》的社评。关于战后中国东北四省的处理有三种建议：

1. 毫无可能的国际共管

把东北四省置于国际控制之下的想法，是为了维持远东的经济和交通。这事实上不是目前的建议，而是陈旧傲慢的帝国主义的想法。他们依然以过时的脑筋为标准（如果这种想法被采纳）。如果这样，为战争而牺牲的人就会白白牺牲，不到十年，战争又会重起。东北四省是中国领土的一部分，日本过去用武力从中国掠走。中国起来反抗是因为中国要收复失去的领土。中国胜利后怎能把自己的四个省置于国际控制之下。

2. 中国不要印度支那

有把中国东北四省交还给苏联，作为交换，把印度支那交还给中国的建议。60 年前印度支那是中国的附属国。1885 年印度支那被法国兼并。这次战争之后，中国就没有收回印度支那的计划，但是东北四省必须收回，否则中国绝对不会停止战争。关于把中国东北四省划给苏联，我们相信苏联没有这个想法。苏联也绝对不想制造敌人。

3. 不让日本经济控制

另一个想法……战后把东北四省的立法权交给中国，把经济权力交给日本。这意味着中国未来是"满洲国"的一个重要邻居。如果把经济权力交给日本，就是允许日本继续占领东北四省。

辽东半岛

关东军中的日本军阀……关东军建立在南满铁路及其附属矿

山之上，如果东北四省只是名义上交还中国，南满铁路及其附属的矿产和港口由日本控制，那么不仅日本侵略的根基没有拔掉，而且关东军仍会快速成长并采取暴力行动。

唯一的办法就是解除武装

主要的问题不是铁路、矿山和附属物，是解除武装。《大西洋宪章》提议解除敌国武装，但是限制的不仅是敌国的武装，而且要限制敌国的军工经济，否则就不彻底。我们打败日本后把军工经济交给日本，这样做难道不愚蠢吗？这种建议是危险的。如果有人说中国是"满洲国"的重要邻居，那么他绝对是疯了。

满洲是中国不可分割的领土

最后《大公报》的编辑说，东北四省是中国不可分割的领土，如果没有收回，中国就不会停止抵抗。从世界来看，目前的世界战争始于中国的东北，所以中国东北问题必须要得到一个真正合乎逻辑的解决。

FO371/35797，第 3 页。

驻华盛顿使馆致外交部电
1943 年 1 月 10 日

急。第 127 号。

我现在获悉在华盛顿的中国人（特别是董显光）反对海雷（Hailey）勋爵的公开讲话，反对的内容部分如下："我们认为中国必须恢复在满洲的主权是理所当然的。但是满洲的实业发展很大程度归因于日本，是否可能设计一种方式，使得结束日本在满洲的政治统治后，仍能让其继续经营满洲工业？"海雷自己接着回答道："日本须交出所有自 1930 年以来侵占的领土是基本要求，但在多大程度上可以继续允许其参与满洲的经济活动，存在可以讨论的空间。"

就像你将看到的，这并不是英国代表的建议，完全不同于重庆发给你的 21 号电文中的观点，本身就不客观。这里当然没有提到苏联托管满洲。

FO371/35793，F202/134/10。

薛穆致外交部电
1943 年 1 月 13 日

（特密，应由授权的接收员保留，不得传阅。）

薛穆爵士。第 65 号。

1. 《大公报》于 1 月 10 日刊载了太平洋国际学会会议成员、《中国新闻》驻纽约办事处主任韩（C. L. Hsia）博士的来电，他说报纸上所宣称的内容，即太平洋国际学会会议上所提出东北四省不应归还给中国（参照我的 41 号电文）的传闻，是没有根据的。该电还说，英国代表认为中国在满洲的主权必须恢复，希望中国代表参加会议，来做一些必要的纠正。

2. 鉴于中国对满洲的敏感，我的 21 号电文所说的有关日本工业的谣言，可能来自华盛顿 161 号电文所引用的材料。我将进一步搜寻这个报告的信息来源。

3. 我将简要回答你电文的第二段。

FO371/35793，F295/134/10。

外交部远东司致印度政府信息广播局电
1943 年 2 月 22 日

1 月 30 日 72 号电文收悉。

自由法国不愿意表达任何观点。目前讨论此事没有意义，任何讨论该种问题的尝试都会使中国和自由法国的代表陷入尴尬境地。

法属印度支那的形势是微妙的，我们的态度是在中国与法国争论时我们不要介入。

FO371/35797，第 13 页。

外交部远东司关于首相讲话的节略
1943 年 3 月 22 日

许立德（Meyrick Hewlett）随中国军事代表团访英，告诉我他昨晚特意安排中国代表团收听了首相的广播发言，他们对两点不满意，即：

（a）把中国从战后胜利大国名单中忽略。

（b）战败敌国后大规模遣散军队。

许立德爵士立刻向他们指出：（a）点，首相主要指欧洲首先打败德国后可能发生的事情；（b）点，首相说欧洲有大量的英国和美国军队，交通如此不便，不大可能长途运输如此大量的英美军队从事对日作战。

尽管反对不合理，但这可能是中国国内评论的先兆，却至少可以先防止不满的加剧。这让人想起罗斯福总统曾于 3 月 16 日坚持劝说国务卿，为了解决世界问题，必须把中国视为列强之一。现在向我们提出的问题是："如果丘吉尔首相同意，我们可否趁机向美国国务卿发一封电报，建议美国借机说明中国位列强国之一，解决世界问题需要中国的参与，尤其是当击败所有敌人之后？"

FO371/35739，第 32 页。

远东司起草的致驻华盛顿大使电稿
1943 年 3 月 22 日

1. 在我 3 月 21 日的讲话里，我一次或两次提到了三大强国，即英国、美国和苏联。我知道中国军事使团正在英国访问，并且特别安排了他们收听了这个广播。代表团对于没有提及中国的事实感到非常愤怒。当时就有人立即指出，我主要说的是欧洲，因为德国可能先于日本失败。2. 我的评论可能被美国、中国或别的地方的报纸进行转述。由于美国坚持中国应列于世界强国之列（参照3月16日1273号电文第6段），你可以找机会再发布一个明确声明，大意是：在我们即将面临战后处理重建的时候，特别是我们的敌人全部被打败后，我们可以把中国列为四强之一，他们做出了重大贡献。

FO371/35739，第33—34页。

首相致贾德干爵士函
1943年3月22日

把中国说成是与英、美、苏并列的世界强国完全不符合事实，我不愿意发表类似违心的声明；如果他们在那里遇到困难，外交大臣会告知我们。因此我不认为这份电文有发出的必要。我的发言很清楚，无须再做任何解释。

FO371/35739，第30页。

驻重庆大使馆致外交部电
1943年3月25日

1. 路透社发布的首相讲话文稿引起了不利的评论。外交次长吴国桢为此将中国舆论界的批评意见转告英国驻重庆使馆，主要是以下三点：

（1）提到中国是需要被救援之国，故意忽略了中国作为盟国成员的身份。中国与英、美、苏同为联合国家的一份子，此身份将在不久成立的世界性组织中加以确认，也会在建议成立的亚洲委员中进一步提及。

（2）提到打败希特勒后英国将遣散部分军队。

（3）讲话主要涉及战后问题。

2. 外交次长认为，（2）（3）点是站不住脚的，因为英国对日本的作战主要由皇家海军和皇家空军来执行的，首相首次阐释了为什么要提到战后问题。报纸提到的（1）点显得有些苦涩。中国对自己在战后的地位非常敏感，部分是因为受教育的中国人认识到，从理论上讲中国是四大国之一，但目前中国在军事和政治上都很虚弱，与现实形成很大的反差。

3. 媒体的批评意见将在随后几天大量出现，但是我们将采取一些补救措施来冲淡这些意见。

FO371/35739，第 28 页。

驻美使馆致外交部电

1943 年 3 月 29 日

3 月 27 日国务大臣在白宫与总统、赫尔（Hull）先生（国务卿）、韦尔斯（Sumner Welles）先生（副国务卿）及霍普金斯（H. L. Hopkins）先生（总统助手）举行会谈，总统认为，中国被视为四强之一实有必要。

罗斯福总统进一步阐述了他的主张：单就人口而言，中国当之无愧四强的称号；我们应把眼光放长远些，50 年后，中国的发展水平将类似于 19 世纪末的日本，而中国并不具侵略性，也没有帝国主义的野心。到那时，中国将是一个有效的牵制苏联的因素。我们与未来的中国打交道，重要的是要抛开仅仅获取经济利益的做法。

国务卿赫尔发言说，总统的举例很有说服力，对此他不持异议。然而，有一点很重要，即战后中国的局势发展必须予以充分评估。赫尔同意总统不能仅注重经济利益的提议。放弃治外法权在中国就产生了很好的影响，尽管我们在华利益损失十分重大，但是我们的商业团体很优雅地接受了这种牺牲。

FO371/35739，第 41 页。

普拉特（J. PRATT）爵士致克拉克函

1943 年 4 月 29 日

亲爱的克拉克：

我看了一份在华有重要地位的英国人写的报告，其中包含了许多有价值的问题，我获得允许将报告转呈给阁下。我认为，我们可以依赖此人的判断。我希望以下节选的段落能够得到注意。

许多中国重要人物抱怨外国公司人员的减少和在华分支机构的关闭，他们以此作为证据，说明外国人来中国只是为了剥削。由于外国人不准备在危难时帮助中国经济复苏，因此现在是限制外国人在中国享受同等待遇的最好时机。比起之前我们享受的，治外法权的废除将带来更多机会。调整期可能很痛苦，但是为了使我们适应变化的形势，可以通过采用明智的计划来避免许多痛苦。

我们在中国的知识分子中存在最坚固的盟友。毫无疑问，中国的知识分子已经充分地认识到中国的缺陷，认识到允许外国人不受限制地在中国平等地进行交往，无论是文化的还是经济的，会给他们（同样也给外国人）带来很大的利益。但是中国的知识界还没有足够的政治影响力，来防止通过对中国不公正的措施。

商界也认识到与外国交往的利益，但是他们不认同外国商人可以不受任何限制，除非他们在这种交往中获得同等的物质利益。

中国学生所受到的教育是把中国所有的问题都归罪外国人，尽管中国的官员里也有腐败和贪婪。他们一些人还沉浸于传统中国的自负，视外国人为野蛮人。没有足够的措施用来促进中英之间的亲善，或用来减缓英国对中国影响力的下降。

我们在华的宣传品不仅数量不足，而且发布在那些可怜的报纸上，结果我们的作为让人难以理解。在重庆、昆明出版的新闻公报，要么是在夸大教皇和希腊人等所做的小事，要么是在宣讲美国人的战争努力，要么是在替俄国人做宣传。我们没能充分地宣传我们正在做的事情，当叙述一些问题时，我们选择的内容在中国人看来这些只是英国人才关心的事，例如贝弗里奇社会安全报道。

美国人用一流的报纸，以明白易懂的文字，挤出一两行的篇幅来描述苏联的战争，或许也会给我们一些比苏联稍微多些的报道，大量的篇幅宣讲着美国正在做的和将要做的事情。苏联人也集中报道自己。

不能把所有的缺点都归罪于我们在中国的宣传机构。众所周知，他们面前横亘着一些必须克服的困难，而且在获得必须的物资方面也存在同样的困难。如果配备一架专属的运输机，满足他们对装备和材料的需求，也许就会出现一个完全不同的画面。

我们未能充分利用所有对我们的宣传有助的途径。我特别想到两个：传教士、大学的图书馆和影像。为什么中国人认为英国是老古董，为了说明该问题，可以通过访问同一地区的美国传教士和英国传教士来说明。在美国传教士家里可以看到美国目前的军舰、飞机、坦克、工厂等彩色图片，所有这些都是美国宣传机构提供的；在英国传教士家里，看到的是褪色的照片，或者是从1939年新闻中截取的一两架过时的战机照片。无论我们、苏联人还是美国人，都没有直接拍摄过丰富的宣传片。美国人就利用了这种短缺，给大学送来教育电影，送来最新的关于医药等书的宣传复制片。这种服务我猜是由洛克菲勒基金会资助的。在大学图书馆里可以见到最新的美国参考书和课本。我们明显未能使中国的大学与英国现代的思想和研究持续地保持联系，尽管我们提供了一些宣传材料，如十四点计划、凡尔赛条约、殖民地与原材料市场、盖世太保等。似乎没有宣传印度的材料，因此导致了中国和印度联合起来反对我们，因为他们只看到了我们对手的宣传。

因此目前的趋势就是中国人只想依靠美国，不仅把美国看成是提供教育的故乡，而且看成是能够提供很多商品的母邦。

在海外接受教育的中国人，是对外国进行宣传的最好的宣传家，在这方面我们真的有输给美国的危险。因为有租借法案、飞虎队和保卫中国天空的美国航空部队等，美国人发现，在整个战争中，中国人很清楚美国的存在。

所有准备出国留学的中国学生，唯一想去的是美国。公路、铁路、矿业等工程师也一样，只想访问美国。我们应该提供设施，让中国的精英如大学生、工程师、化学家、律师、工矿企业家、公务员等现在就访问英国。我们不能等到战后，到时我们需要他们的宣传，以便影响即将到来的和平。

在中国的重建计划中，交通显得非常庞大，公路、铁路、水运、航空形成一个交织的画面。在公路和航空运输方面，美国人已经在美国本土开始训练中国人。我们的一个大学教授建议，我们应该邀请中国军队的飞行员到英国，把他们编入喷火式或飓风式战斗机飞行队，让他们参与对德国占领区的战斗，击落敌人的飞机，并给予荣誉。我们与这些飞行员经常见面，他们自然很快倾向英国，并且很快在中国航空圈流行起来。

FO371/35739，第56—58页。

克拉克致约翰函

1943年6月1日

亲爱的约翰：

关于将最近出版的普拉特爵士《中国的战争与政治》一书发给在美国使馆人员一事，你来函征求我的建议。你提到，你会想办法为他们提供普拉特关于中国的这本书。该书后面的章节对于卡克斯顿（Caxton）的战争史是有贡献的。我从你寄来的两本牛津宣传材料判断，这些东西是准备分发给领事们的。非常感谢你为他们做的一切，我将转给他们。

我征求了北美司的意见，我们一致认为应把《中国的战争与政治》一书大量地发给使馆人员，其所需花费和辛苦都是值得的。但像杰克逊维尔（Jacksonville）和东部沿海的一些小地方就不必发放了。我们认为这本书的传播应该包含一些引人注目的信息，将特别有助于和美国人展开讨论，例如鸦片战争的起因、特许权战争、西蒙史汀生争议等。需要清楚，这种宣传不是官方的，尽管可以为英美关系，特别是一百年来的英美关系，提供值得信赖的有帮助的描述。书中所包含的这些材料，可以帮助我们消除误会，反驳美国人对我们与中国关系的批评。

你永远的克拉克

FO371/35813，F2811/682/10。

克拉克致普拉特函

1943 年 6 月 9 日

亲爱的普拉特：

附上蒋介石的新书《中国之命运》摘要翻译的复本，供你研读。

你将看到，这本书有强烈的反英情绪。曾一度有人建议此书英文版应由英国官方资助出版，我们向情报部长建议（他已经采纳了我们的建议）：英国政府不应参与此书的出版发行。

6 月份出版的《中国的战争与政治》一书，可以对《中国之命运》的观点，作出有效而及时的纠正。如果政府不出面出版《中国之命运》英文版，则势必由民间出版社出版该书，到时我们请你写一些评论。所以你应该读一读这本书的英译本，并思考一下，届时希望能得到你的评论。

FO371/35813，F2351/682/10。

海特致克拉克函

1943 年 6 月 26 日

亲爱的克拉克：

我附上了两本复印文章（万一你要寄一本给重庆方面），是 7 月《外交事务》刊载的钱端升的文章。①

这篇文章似乎给我们一个明白、直接又相当不友好的战后中国外交政策的叙述。文中提到的西藏和缅甸问题值得注意。

你永远的海特（W. G. Hayter）

一

……意识到拥有梦想不到的力量。中国事无巨细地坚持在与其他国家交往中要求平等权利。中国非常在意完整的主权和自由的行动。老牌国家可能会接受一定程度的国际政府，并对主权做出限制；新的中国可能会表现出一些沙文主义倾向。第一次世界大战后复兴的波兰的态度，可能就是中国现在所期望达到的例子。

中国经历了长久的挫折后赢得了民族感情，如果中国用怀疑的眼光看待曾经统治过她的国家，这一点并不令人惊讶。这些国家主要有大日本帝国、大英帝国、苏联和法兰西帝国（如果恢复的话）。

中国为什么会怀疑日本，几乎不用罗列理由。中国希望把日本降为弱国，无论在军事上还是经济上。中国怀疑英国，是因为英国长期以来利用平衡之术维持自己在中国的优势，还因为英国对中国西南的边疆有领土要求。中国人继续担心英日同盟，尽管这个同盟已经死亡；二十年来，中国人听到英国政要表示他们对

---

① 原文如此。

放弃英日同盟感到遗憾，这增加了中国人的不安。中国人不是不知道，如果英国恢复其在远东的平衡之术，因为英国人认为中国注定在这个地区是一个主要的大国，怀疑就会存在。英国政府没有表达过愿意放松对西藏和缅甸的控制，而西藏属于中国领土；也没有宣布赞成中国完全收复满洲。难道英国是企图利用中国的这些资源丰富、土地肥沃但和中央有分离倾向的省份，来继续它的力量均衡之术吗？

中国极其不安地注视着苏联的政策。苏联帮助中国共产党一直是中国不安的因素之一。蒙古的地位令人愤怒。苏联顽强地控制着沙皇俄国从满洲北部获得的利益；1934年后，在威胁之下，苏联把这些利益卖给或以其他方式割让给日本。这无助于纠正其形象，共产主义的苏联也玩弄帝国主义的手法。

这些不同的怀疑能够消除，中国也希望这样……

二

……关于日本的形势是简单的。日本将被打败。作为和平条件，中国将坚持日本完全非武装化。中国也可能要求惩罚和赔偿。中国需要前者阻止日本的先进工业能力，从而阻止日本强大的军事力量；中国利用后者帮助恢复自己。

尽管非武装化、惩罚和赔偿的愿望能满足，但是中国还是非常害怕日本法西斯主义突然重新崛起。中国也非常担心苏联的威胁。为了应付危险，中国提议建立一个远东安全计划，英国、苏联和美国都加入这一计划。它将中国最信任的美国作为保证者。如果这个计划被接受，中国对日本的要求可能会柔和些；如果被拒绝，中国的要求会变得严厉。

哪些领土是中国要求归还的呢？中国开始被肢解的1842年之前，中国那时的领土比现在要大很多。中国要求归还所有割让给别国的土地是不现实的，也是不公正的（例如，阿穆尔河流域地区，现在属于苏联），要求归还目前忠诚于其他国家的朝贡国也是这样的（例如缅甸、印度支那）。幸运的是中国人的军国主义思想并不浓重。中国坚决要求收回的领土：第一是1874年以来被日本攫取的中国人居住的地区，第二是对外蒙古和西藏的全面的毫无争议的控制。第一类型的领土包括中国人居住的琉球群岛、台湾和满洲。台湾被日本占领之前是中国的一个省。台湾目前的居民大多是中国人，尽管日本不倦地进行殖民。满洲诸省的人口几乎全部是中国人，在被敌人占领的全部时间里，中国国民政府从来没有放弃对这些领土的要求。中国认为拒绝他们对这些地区的领土要求，相当于质疑其民族的生存权。这种拒绝就会造成纠纷，这类似于过去一个世纪里充满欧洲的纠纷。

西藏和外蒙古的问题很复杂。满清王朝时期，它们是中国的一部分，现在也是中国的领土。尽管英国对西藏的影响很深，但辛亥革命以来，英国仍然承认中国对西藏的宗主权。苏联也反复承认中国对外蒙古的宗主权，1941年的《苏日互不侵犯条约》也没有否认这一点。在这个条约里，苏联要求日本宣布不要干涉蒙古事务。但是外蒙古已经变成了一个独立的人民共和国，表面上是通过自决。西藏人也同样不愿意重新纳入中国。……

FO371/35740，第50—51页。

钱端升关于中国战后外交政策的观点

1943年7月8日

随函附上钱端升先生的一篇文章，这篇文章发在7月份的《外交事务》上，分析了中国的外交政策。

备忘录

关于钱端升的详细情况在F6536/3187/10里有一篇文章。

中国的沙文主义和民族主义在任何地方都不比在宣称满洲和蒙古是中国的领土上表现得明白，这里居住的民族和汉族有明显的差异，他们有独立的倾向。就满洲而言，我们的政策是在战争结束前避免做出领土调整的承诺，我们只说我们战争的目的是把日本从满洲驱逐，以及驱逐出其占领的中国其它地区。

顺便说一句，钱端升的中国历史知识并不扎实。秦始皇几乎不能算伟大帝国的皇帝，这个名称更适合汉朝和唐朝早期的统治者，他们统治的区域超过了今天的版图。

1939 年时中国曾建议对德宣战，当时英国反应冷淡，事实上确有反应冷淡的缘由。A·克拉克·卡尔爵士 1939 年 9 月咨询过此事。只要日本仍然保持中立，在对德作战中，中国对我们的帮助很少，如果把中国拉入我们的阵营，就会给中国的敌人借口，采取对我们敌对的态度。中国驻伦敦大使建议，如果中国远离欧洲战争，将是最好的选择。这些事情可能泄漏给中国了。

至于中国在马来亚，主要的限制是国民党不能建立分支机构，尽管可以个人身份加入国民党。禁止党员建立分支的原因是这些机构等同于国中之国，可以管理中国居民，其中也包括一些英国居民。这个问题的根子是中国想在新的东亚居领导地位，成立一些依附于中国的卫星国。

接下来的第三段内容，相比一段时间以来已经公开发表或宣讲的观点而言，更接近中国的真实想法。真正核心的是，中国有追求自我为中心和民族主义的政策倾向，除非其它大国通过提供帮助、给予金融支持等，或者给予中国所宣称的法律权利，中国才会有实际行动，否则中国的国际合作只能停留在口头上。每一个国家的外交政策都受自我利益的支配，中国的反应是正常的，除了那些在头脑中对中国充满理想和完美愿景的人之外，对此不应沮丧。

可取的是，这篇文章的发表激起了对关于西藏的外交事务问题的关注，使它变得更加清晰。如果民族主义的原则实行起来，西藏就有一个有效的自治要求。我们首先要把钱端升的文章寄到印度事务部征求意见，并建议印度事务部安排人，如查尔斯·贝尔（Charles Bell）爵士写一篇必要的文章。稍后我们会和美国沟通一下我们掌握的关于钱端升先生的情况。

FO371/35740，第 48 页。

驻华盛顿大使馆致外交部电

1943 年 7 月 11 日

（特密，应由授权的接收员保留，不得传阅。）

1. 过去的几个星期，我养成了一个习惯，就是不定期地与霍恩贝克（Hornbeck）举行私人会谈。他昨天谈了许多影响远东政策的问题。

2. 他以强调英美紧密合作的重要性，以及必须努力维持两国间的协定作为谈话的开始。接着他把话题适当放大，指出，在处理中国的问题上，美国人整体上比我们乐观。我告诉他我们在华有更大的利益，我们与中国有更多的实际接触。此外从性格上看，与美国相比，在面对是非对错问题上，我们很难做出转圜，因此我们处理问题更加困难。他接受这点，并说我们的政府，无论是英国还是美国的，必须认真对待中国，把中国看成一流国家和平等的大国，如果我们要和它友好相处

3. 关于香港问题。他希望我们找个合适的时机和中国人友好顺利地解决。大多数美国人认为，我们应该把香港归还中国，但他不这样认为，而是希望香港作为盟国安全战略的基点，这似乎暗示我们应在这种名义下把香港按照美国的意图交还。到讨论香港问题的时候了。我引用丘吉尔首相的话说，如果在此种氛围下讨论香港问题，等于是对大英帝国的清算。毫无疑问，香港应该按照英国的意见去处理。

4. 关于台湾问题，他不支持轻易交给中国，因为台湾在未来的太平洋防御上具有重要地位，我们所有人都有兴趣。

5. 关于朝鲜问题，他没有什么好办法，美国目前还没有考

虑，中国政府也没有具体的要求。

6. 他认为苏联可能会在满洲制造麻烦，出于不可告人的目的，苏联会在战争结束前加入对日作战，肯定要分一杯羹。对于英美而言，由于地理局限，接近日本非常困难，在击败日本时还需苏联帮助。

7. 结束谈话时，他以首相的一句温暖的祝辞来总结，即便私下的时间多于闲暇时间。他说，尽管总统已经做得很好了，但如果深入研究一下首相的演讲将会收获更多。

8. 我向你提供了霍恩贝克的想法，尽管这是他自己的说法。我注意到最近几个月他变得很健谈，乐意与我们更友好地合作。

FO371/35740，第 42 页。

艾登致薛穆函
1943 年 7 月 19 日

爵士：

1. 中国大使下午来见我，他说中国外交部长即将来访。他说宋子文先生将要谈西藏问题。他不认为西藏问题有什么困难，因为我们有许多共识，这位大使提醒道，我们一直承认中国对这一地区的宗主权。顾维钧的说法存在疑义，对此做些澄清将会有些帮助。我记得，在华盛顿举行的太平洋理事会会议上曾论及西藏，并有结论。尽管如此，若宋子文博士有意愿，我仍准备与他讨论西藏问题。

2. 大使接着提到了贷款问题，这个问题来访时也将提及，如果可能，就做一些安排。我回顾了迄今为止我们的困难，作为回答。我没有说贷款被以新的形式挥霍掉了。

3. 大使阁下希望这次访问是友好的，成员由国家最高代表组成。我保证隆重接待。

4. 大使说他非常感谢我在阿尔伯特厅所做的关于中英关系

的声明，中国非常欢迎这一点，中国政府让他感谢我。

安东尼·艾登

FO371/35740/，第 46 页。

远东司起草的《英中关系备忘录》

1943 年 7 月 22 日

宋子文一定会从整体上谈英中关系。尽管英中关系从去年这时有了可喜的进步，但是英中关系整体上并不乐观。主要原因如下：

我们与日本初期作战造成的灾难所留下的影响，现在还不可避免地存在着。尽管我们阻止了日本进一步取胜的趋势，但是我们还没有取得能够恢复我们地位的胜利。的确，英方的倡议完全失败了，例如保卫阿恰布（缅甸港口），尽管这是小规模的。失去缅甸，阻止了我们向中国成批量地输送物资，这对中国产生了持续的负面影响。事实是，中国自己丢失了所有的周边地区通往中国的路径，但在中国人看来，这样的事实不是被忽略，就是找托词解释。因此从中国的观点来看，滇缅公路的丢失，和缺乏任何重新打开通路的努力，这从心理和事实上构成了目前改善中英关系的最大障碍。

从大的角度考虑英美战略，应决定先打败希特勒，然后才能全面投入力量击败日本。中国把这个决定归因于受英国的影响。事实是他们不考虑深层的英美战略，无视我们执行决定的。

其它不一致的地方有香港、印度、西藏以及财政问题。此外中国不理解我们在西方争取最终胜利的努力。但前两段的不同是主要的。他们的不满、失望和憎恨形成了一种怀疑的氛围，并不断扩散。中国公众怀疑我们不希望中国在战争中强大、统一和独立；怀疑我们是否尽全力打败日本；怀疑我们在战后是否真的愿意帮助中国收回满洲和台湾，这是普遍的情绪。

到目前为止，这些问题不是缩小了，中国在美国的宣传，强调和扩大了这些问题（一些已经从这些文章里摘录了）。美国人的情绪化态度是这种宣传的温床，中国人认为这是向我们施压的好条件。

宋子文博士可能会利用上面提到的问题指责不太令人满意的中英关系，以此来刺激我们帮助中国。他也可能提到一些小的对华不当的事情。（参考：最近他们批评哈利法克斯（Halifax）勋爵，说我们把蒋介石夫人经过印度说成是走私。）我这里附带上布里南爵士去年 11 月 3 日的备忘录，这里提供了一些其它方面的画面。我不建议这些成为观察宋子文的主要负担，但是这个备忘录提供了一些有用的材料，如果宋子文把责任都归罪于我们，国务大臣可以用来反击。举个例子或者建议：如果我们不立即归还香港，就会给中国留下可悲的印象。

尽管细节需要详细讨论，并且已经提交了单独的备忘录，我建议我们总的方针如下：

（a）我们认为，取消治外法权是中英关系史上的一个重要进步，而不仅仅是一纸协议。在我们和美国的帮助下，（中国政府）重新获得对全国的控制前，中国人可能还感觉不到它的全部影响。但是目前的影响也是非常大的。这意味着我们之间的关系要立足于平等互利。中英关系不能偏向一边，而是未来彼此都要认识到这一点。

（b）我们完全认识到中国的价值以及正在战争中发挥的作用，我们也认识到中国坚强地克服着所遇到的困难。中国人也应该认识到我们也有困难需要克服，我们已经取得的和将要取得的成功。这些成功有助于盟国最后的胜利，中国不应轻视。

（c）中国不必担心我们会不尽全力去打败日本。这点我们保证过。我们又一次向公众说明（7 月 7 日国务大臣在阿尔伯特厅演讲），中国和大英帝国的未来都取决于能否打败日本帝国主义。

（d）战后计划备忘录已经提交，整体上国务大臣可能会指出，像他在公众面前重复的那样，希望中国在战后问题的处理上起领导作用。如果宋子文提出诸如将来满洲处置等问题，得益于我们在最近的战争中所积累的经验，最佳的应对方式是继续限制任何形式的关于领土问题的协定洽商，不论是公开场合还是在秘密场合，正如我们一直所做的那样。因这些都是等我们战胜日本之后才会面临的问题。

（e）（更多地使用防卫而不是冒犯的方式）作为盟国，我们彼此应该有责任表现出慷慨、容忍和理解。通过宣传手段打心理战，无论在国内还是在其他国家的报纸上，都与联盟精神不符。宋子文博士可能会看到我们在这方面做得很好。但是我们不能说中国也一直和我们做的一样。

艾希礼·克拉克

FO371/35740，第 102 页。

艾登致哈伯德电

1943 年 7 月 26 日

极密。

爵士：

1. 中国外交部长宋子文博士今早拜访我。

2. 相互礼节性的交换和简短的对整体形势的谈话后，特别是根据早晨意大利新闻，我问宋子文博士是否还有别的什么议题要讨论。

3. 他首先提到中国希望得到 25 磅的 3 - 7 英寸的大炮配件，这种炮是加拿大依中国订单生产的。宋子文说能拿出这些要求的全部清单。我说我希望中国能毫不费力地从英国得到这些物品。

4. 我们简单谈到了通过伊朗到中国的路线，宋子文博士希

望马上开通，并且每月输送 2000 吨物资，之后上升为每月
5000 吨。

5. 关于空中输送，他说没有达到预期。原因部分是因印度
缺乏飞机场，部分是由于很难把物资沿布拉马普特拉河运输。可
是他希望到 8 月份每月能达到 7000 吨。

6. 对于这个问题，我说远东最高司令的任命还没有达成，
但是我们相信很快就会达成。

7. 宋子文博士谈到了西藏。他说中国在亚洲并无领土野心，
这同样适用于印度支那、马来亚及其他地区。稍后中国政府将进
一步向外阐明此点。

8. 我说英国的态度是，西藏在中国宗主权下必须拥有自治
权。宋子文博士说中国政府希望稍后开通西藏的公路，但是目前
遇到了许多困难。他要求我们理解中国的地位，即中国没有领土
野心，但是他希望我们承认西藏系中国领土的一部分。最后我们
希望在一个备忘录里声明我们对西藏的主张，届时将与宋子文博
士交流。

9. 宋子文博士询问了我们未来的安全计划。

10. 我概要地叙述了我们的想法，我说我们已经开始与美国
商讨，未来的和平组织建立在四大国的基础上，将由 12 个国家
组成的最高执行委员会协助其工作。这似乎和美国的观点一致，
苏联也接受了四大国的原则。

11. 这个组织之下设立地区委员会处理地区问题。我们的目
标是限制日本的侵略，希望中国强大。我们将努力这样安排。我
们的主要目标是不能让日本再发动侵略战争，我们将禁止日本拥
有和制造飞机。

12. 回答这个问题，我告诉宋子文博士，我们希望荷兰也能
参与并作贡献。

13. 宋子文博士说他大致同意我们的观点，回国后将继续

探索。

14. 我告诉宋子文博士，希望在他回国前确信我们真心希望帮助中国。我们自己也处于困难时期，我们面临的困难妨碍了我们被希望在帮助中国上应该扮演的重要角色。形势好转后，我们会尽力帮助中国。首相和我都公开表达了这个意思，我希望宋博士相信我们的话，我们真的希望在战后与中国合作，我们已经放弃了治外法权，就是一个证明。

15. 宋子文博士说他完全接纳这点，中国政府也希望进一步与英国合作。

16. 他把话题转到缅甸问题，这个问题我们第一次见面时他就提到了。他说对中国来说这是最重要和紧迫的问题，他非常希望得到我们关于这一问题的信息。我说我会向首相提出这个问题，首相也想就这一问题会晤一下宋子文博士。这个问题毫无疑问会与主要领导人讨论，有可能还与韦维尔勋爵（Wavell）讨论。

安东尼·艾登
FO371/35797，第 22 页。

中国是远东新秩序的稳定因素

1943 年 7 月 26 日

要完成战后太平洋地区秩序的规划，就要从整体上考虑中国在新秩序中的地位。

首先西方的民主国家不担心中国变强。中国人从根本上讲是热爱和平的，他们从来不出于领土扩张或政治控制的目的故意发动对别国的战争。相反一个自由、强大、繁荣和民主的中国将是亚洲地区新秩序最稳定的因素。这样的评论可能有些过分，但却是事实，这是约翰·斯通（W. C. John Stone）教授指出的。实际上一些美国人担心新中国会对外扩张，只有通过强大的、乐意并且能够在太平洋地区行使自己权力的国家日本、俄国和联合国家来遏制。出于这个原因，这些人不仅支持战后维持日本的强大，而且一些人甚至支持日本战后继续控制满洲和朝鲜，例如，斯派克曼（N. J. Spykman）教授在他的政治地理学论文《世界政治中的美国战略》中就这样主张。

担心战后中国强大和扩张本身就是一种夸张，将不能被简单的事实所证明。毫无疑问，赢得胜利后中国必将增强自己防御外敌入侵的能力。但是受重工业发展水平的制约，中国还需要数十年发展，才能建立强大的军备进行对外扩张。从这种政治战略的观点来考虑，保持日本的强大以制衡潜在的中国的想法，就像中国形容的"饮鸩止渴"，几乎是以一种犯罪的方式满足需求。出于在太平洋地区防御潜在的侵略力量的目的，中国、日本、苏联或其他国家，建立集体安全体制之上的地区组织才是安全和有效的。本书前几章总结过，这样的组织优于依靠过时的大国平衡。

不要领土的扩大

事实上，中国的领土扩展规划没有超过最高领袖蒋介石和外交部长宋子文最近在不同场合讲话中提到的中国的目标。蒋介石1942年11月30日在重庆第三届国民参政会全体会议闭幕式上，申明了中国的战争目标：我们抵抗战争的动机单纯，原则一致，我们不是出于自私的目的，而是通过解救自己来实现拯救世界。在拯救亚洲和世界的过程中，我们要尽我们的义务，排除权力的诱惑和其它与博爱的道德准则不相适应的各种欲望，博爱恰是中华民族精神的特点。革命的目的是，就涉及中国自身的利益而言，是恢复中国边界；就中国以外的世界而言，是从各民族国家平等迈向世界大同。

11月3日重庆记者招待会上，宋子文强调了同样的目标：我们将收回满洲、台湾、琉球群岛；我们的领土主张没有超越属于我们领土的权利；委员长在国民参政会上驳斥了中国要当亚洲领导的想法，因为总的原则是自治。如果这些描述代表了中国官方的战后处置态度，也应该是这个态度，那么强大的新中国奉行侵略政策，危害邻国安全和世界整体和平利益的想法，就是没有根据的。

随着不平等条约的废除，中国与西方列强之间长久的问题得到解决，在中外关系史上将揭开新的篇章。一旦在国际大家庭里维护了自己的司法自由与平等地位，中国就不会与西方国家吵嚷旧的问题，但是与西方交往中会争取更好的经济文化地位，和更好的国际合作地位。

泰勒·丹涅特（Tyler Dennett）博士认为，焦虑的原因在于，（中国）在北方有和苏联发生冲突的可能，在南方有和英国发生冲突的可能。很明显远东存在着这样的潜在危险，但是通过长期的理解建立起的善意和德治可以扭转这种情况。

在东南亚，中国和英国的利益冲突最有可能发生。在这里，中国的地位非常明显。中国总的原则就是仅支持结束帝国主义的旧秩序。就中国的利益而言，中国希望战后的安排特别要考虑的是：（1）中国南部边界的和平与安全；（2）通往南中国海的陆上通道安全；（3）保护中国的利益与当地中国居民的权利。

香港和澳门

领土问题有两个需要解决的突出问题，一个是香港，另一个是澳门。澳门是位于中国东南沿海的一个小地方，作为一个贸易口岸，三百年来实际处于葡萄牙的占领之下。但是只在上个世纪末中国才正式确认"葡萄牙永久居住和管理澳门，澳门成为其附属"。道义上和力量上，葡萄牙几乎不能抵御中国收回澳门，葡萄牙对澳门的占领不仅侵犯中国的领土主权，也是对西方文明的羞辱，因为葡萄牙在远东开了一个糟糕的赌城。至于香港问题，作为英国在远东战略点的地位不再重要，英国政府似乎应该通过战后归还中国权利，来纠正一个世纪以来对中国所做的不当之事。香港作为两国友谊和信任的象征，也是战时同盟的象征。

达成归还香港的决定很重要，有鉴于此，英国倾向于把香港问题和九龙问题联系起来。英国人看香港问题很特别，因为尽管整个香港是英国殖民地，但是一部分是19世纪中英战争中中国割给的，另一部分是中国租借的，有一定的年限，目前归还期还剩55年。香港如果没有九龙的护卫是不能防御的，而且这两个地方在经济上是一个整体，如果割掉一个，另一个就无法管理。

由于这个原因，英国代表在1921-1922年的华盛顿会议上宣布，英国归还租借地给中国的政策，将把九龙作为一个例外；很明显出于同样的原因，在最近关于放弃在中国的治外法权的协商中，英国拒绝再讨论九龙问题。因此似乎只能从早期关于香港问题的基本协议里去寻找解决九龙问题的办法。作为对英国友好姿态的回报，中国应当大方地考虑英国人在香港的权利和利益，详细地处理与领土有关的问题。

当一个知名的英国人提出来，香港的未来仅根据旧的条约由中英双方交涉是不可能的，香港问题的解决必须依靠中国和亚洲成员的整体解决，达成的条款重要的目的是促进安全与转口贸易的维持。这个观点很难让中国人接受，这将使问题更加复杂，也会进一步推迟香港问题的解决。中国希望英国政府就香港问题做的，就是立即签订归还中国的协定。关于香港涉及的国际方面的问题，如安全基地、贸易设施等，就像预计的一样，需要整体地解决，这些问题需在归还中国之后进行协商。

整体上看，中英之间不存在不能协商的问题，包括国家利益和世界观。为了共同的美好愿望，目前需要相互理解，相互尊重，我们作为盟国中两个重要的国家，要合作争取和平并赢得胜利。

中国和苏联

关于中国和苏联战后的关系，整体上来看有三个危险需要严肃对待。中苏有漫长的陆上边界，防止发生边界冲突事件和过度地保卫边界事件，双方很难控制。第二，外蒙古问题是双方冲突的一个根源。第三，苏联继续大力在政治上和物质上支持共产党反对国民政府的政策。此外，这两大友好邻国，即使通过相互理解和尊重，也很难找到避免双方利益冲突的办法。似乎第三个因素并不构成战后严重的威胁，因为在斯大林的指导下，苏联的政策目前并不直接介入中国内部事务，例如，避免直接帮助中国共产党反对国民政府。有许多理由可以预计战后苏联可能会继续不干涉中国事务的政策，尽管胜利的中国是一个统一的中国，力量增强的国民政府在处理共产主义问题上更加有效和民主，并以此促进国家统一和共和国的社会进步。的确，近来莫斯科宣布解散共产国际，从国际的观点来看，战后的共产主义问题可能在中国会简化。

外蒙古问题也不是一个不能解决的问题。一方面苏联不宣称自己对中国这些领土的要求；另一方面强迫的同化将不是也从来不是中国对边疆少数民族的政策。战后，获胜的苏联将不再害怕日本对西伯利亚的威胁，也没有理由不从外蒙古撤兵，如果外蒙古要求自治，中国认为给予外蒙古人民自治是明智的和安全的，也是与中国主权相一致的。这个问题与中苏之间漫长的边界安全密切联系。从长远的观点来看，这个问题必须从整体的安全与和平上解决。根本的问题是建立某种长期解决方案，这种方案可能建立互不侵略的相互信任，以至于两国不必在漫长的边界部署大量军队。互不侵犯的保证与边界区的非军事化，经过长时期的发展，通向确保两国睦邻友好的永久和平。

这种观点首次被胡适博士所强调，内容如下：我真诚地希望中苏肩并肩合作的到来，不仅在打击共同的敌人的时候，而且以后一直如此。拥有长达 5000 多公里的边界线，中苏之间要制定出一个永久和平、互不侵犯、相互帮助、整体安全的计划，类似于最近《英苏条约》的宗旨。美国与加拿大 3500 公里的不设防边界，可以作为中苏为了相互利益而仿效的榜样。和平与繁荣的亚洲需要这两个大国之间的相互理解，它们占亚洲的四分之三。

中国的积极贡献

从积极方面看，一个胜利的和完全复元的中国，摆脱了治外法权的限制，摆脱了外国政治和经济的控制，将能够在太平洋秩序中扮演十分重要的角色：

首先，中国将引领亚洲的民主道路。在与西方民主国家密切合作取得胜利后，中国在政治重建中最有可能走上宪政民主的道路。拥有四五亿人口的古老文明的中国走上民主的道路，对亚洲其他国家的民主趋势将产生极大的影响。

第二，中国将用自身日益增长的影响力，既包括道德方面，也包括政治方面，帮助太平洋地区建立良好的秩序。没有人否认自由的中国拥有逐渐增长的力量和维护传统的和平观念，并将以极大的道德力量，推进整个地区的和平与正义。这将成为现实，特别是如果中国与自由的印度合作，印度人特别信任中国人，并且对中国人非常友好。而且中国将确保太平洋地区政治生活的进步和秩序，通过适度影响西方与亚洲的关系，亚洲非常希望摆脱西方的控制。

第三，从军事观点来看，中国将在维护亚洲和平方面发挥重要作用。胜利的中国将加强军事防御。因为人力资源丰富，地理位置重要，强大的中国能和其他大国分担监督太平洋地区的责任，并对将要发动侵略的国家实行制裁。事实上，中国是少数的大国之一，在这个地区扮演有效的军事作用的国家。因此从各方面来看，在联合国家打败日本后，太平洋地区的永久秩序依赖中国在这一地区所起的作用。

需要指出的是，在争取完全平等和自由的斗争中，中国人必须明白一个道理，像外国人指出的那样，"道路不仅只有一条"。

在构建远东整体安全机制方面，中国毫无疑问将贡献自己的力量。从以下角度，这个问题经常被问到：但是什么是中国自己对安全要求的贡献？回答是：中国将承担自己地位所赋予的责任，这些责任是共同安全的需要。并且一个尖锐的问题将会出现，特别是台湾在这个方面起什么作用。在这方面有人会强调，中国对我们共同的目的的贡献是很重要的。这涉及根本的问题，在太平洋地区安全机制下（前几章提及）需要建立所谓的"基地链条"，或者"跨太平洋防御带"。

国际安全基地

接受国际链条防卫基地是维护太平洋安全的根本要求，中国一定会同意这种战略安排，把香港、台湾划为国际安全基地。但是不能过分要求中国让步，除非考虑到下列条件：（1）因为建立国际基地，中国也不能牺牲对上述领土的主权。（2）整体的安排必须建立在平等互惠的基础上，某种程度上意味着其他盟国也要拿出部分领土作为国际基地。（3）必须建立一个国际权威机构，无论是建立上文提到的地区组织，还是其他类型的国际机构，他们都能根据整体安全利益行使对这些基地的有效控制。

最后，必须要明白一点，如果联合国家真的是共同努力致力于战后世界的永久秩序，中国作为其中的一员就不能逃避对新秩序的责任，特别是对于维护太平洋地区的和平与整体安全的责任。关于中国的这种国际展望，最好地体现在最高统帅蒋介石的讲话里，他宣布"抱着共同的目标前进，直到为了更美好的世界而加入联盟，我们彼此加入联盟，更好地促进民族国家的建立"。这是他在签订废除治外法权的中美和中英条约时，对全国人民和军队所讲的。

FO371/35797，第 32—33 页。

克拉克致威廉函

1943 年 7 月 26 日

亲爱的威廉：

　　谢谢你 7 月 26 日的来信，附上了钱端升 7 月在《外交事务》上的文章。我们认为比较明智的做法是不必反应过度，但是这篇文章对于这个国家将来与钱端升联系的人可能有用。

　　钱端升事实上已经写信给各部部长及其他国内重要人士，他还写信给斯塔福德・克里普斯（Stafford Cripps）爵士、克兰伯恩（Cranborne）勋爵和塞西尔（Cesil）勋爵，这些举动都将给他本人惹祸上身。他的政策似乎是有立场倾向的表达，试图探出关于我们对中国外交的观点。这件事情经钱端升之手让英王陛下的政府感到难堪。目前仍不清楚钱端升是自发进行的类似活动还是替中国情报部门工作。但你将看到我们驻昆明总领事发来的密函，他本人因与前南京的内奸有联系已被审查。

你永远的克拉克

FO371/35740，第 58 页。

关于西藏的会谈记录

1943 年 10 月 6 日

　　由印度事务部外事司记录，对于远东司的思考，与斯坦利・霍恩贝克（Stanley Hornbeck）博士访问有关。

　　西藏当然是一个微妙的问题，如果能避免，我们不希望战后美国染指西藏，但是目前美国的帮助对我们有很大的价值。不管怎么说，我们请求他们给予帮助，商讨关于中国在玉树地区集结部队的问题。和霍恩贝克博士谈论以下内容是有价值的。

　　我们不可能希望美国政府就西藏事务有多大的帮助。坦白地讲，美国对西藏不感兴趣。同时我们至少让美国保持善意的中立，霍恩贝克博士知道我们关于这个问题的态度。让我们立即承认印度的长期政策有意支持西藏的半独立状态。中国与印度之间存在缓冲国当然会带来安慰（西藏不同于阿富汗）。这样做的同时，不能让美国抱着这是英帝国主义的一个典型做法的想法而逃离西藏。毕竟我们不准备在印度长久呆下去，我们不断观察印度的对外政策，整体上看，未来我们会将权力移交给印度。他们当然会以适当的方式调整与中国的关系，现在开始建立一个缓冲国当然不会使他们受伤害。除了这个令人不愉快的问题外，我们仍对西藏报以理想上的同情。这是一个向世界要求同情的地区，就像捷克斯洛伐克和波罗的海国家一样得到人们的同情。西藏实际上从中国独立已经 30 多年了，他们不是中国的组成部分，不支持自决会使我们在他们受到逼迫时袖手旁观。

FO371/35871，第 16 页。

克拉克与霍恩贝克会谈记录

1943 年 10 月 14 日

我可以肯定我们在欧洲获得的经验，可以作为远东国际安排的有用的先例。我们自己的想法还没有固定，但是我们头脑里的国际组织应该由四个大国居领导地位，尤其是在结束敌对状态的初期，特定地区的地区委员会纳入这个国际组织。就远东地区而言，这个国际组织，无论通过地区委员会还是别的方式，将有两个主要功能，即集体安全组织的安排和东南亚不同地区整体经济发展的合作。

霍恩贝克博士说，促进地区经济发展合作的地区委员会只有与集体安全的安排相适应才能运行良好。他设想，为了后一目的，指定一些中心或基地驻扎代表国际组织意志的武装力量是必要的。他以台湾为例，建议盟国应该坚持在台湾设立必要的国际基地，作为归还中国的条件。

亚瑟·布莱克本（Arthur Blackburn）爵士表达了他对这些基地的看法，例如，新加坡、马尼拉、基隆（台湾）必须置于管理特定地区的大国的主权之下。这些大国就位于这些地区，为了集体安全，这些大国必须承担海陆空设施。霍恩贝克博士似乎并不完全信服这点。不管怎么说他的个人观点是（他承认他的观点属于少数人的观点），必须成立国际武装力量，执行世界组织决定的措施，来对付可能出现的冲突。他认为这一点很重要，当达成必须采取行动的协议时，出于多种原因，应该尽可能不向单个国家公布，某一国为了这个或其它目的出兵是不妥的。

附录（略）

FO371/35871，第 52 页。

备忘录

1943 年 10 月 15 日

贾德干爵士：

我随信呈上我们和霍恩贝克博士的非常有用的谈话记录。建议我们 10 月 18 日星期一下午 3 点，在你的办公室最后谈一次。皮特森（M. Peterson）爵士和桑塞姆（G. Sansom）爵士将出席。我建议你应该让我就我们所讨论过的话题做一个简短的介绍，并且邀请霍恩贝克博士做一些评论，提一些引起他注意的要点。

我认为他看重的问题有：我们应该把中国当作盟友并平等对待；我们应该支持蒋介石的统治权，特别是在战后，蒋介石可能会遇到来自国内的麻烦；军事安全应该是我们规划战后太平洋地区的主基调；日本解除武装后，占领日本的目的是让日本设计出符合他们未来的政府形式。从现实的观点看，我们讨论关于提供技术专家和有限的商业活动是很重要的。

就我们所讨论的各种问题，我们和他协调没有困难。从现实的观点看，我们讨论的关于技术专家和我们有限贸易活动的条款很重要：目标是避免他们的反感和我们之间的妒忌。讨论新的紧急状态委员会的权限也是很必要的，因为华盛顿和新德里存在着政治斗争。

与霍恩贝克博士交谈的人有：盖特（G. Gater）爵士、金特尔（Gent）先生、蒙提斯（D. Monteath）爵士、皮特（Peat）先生。我认为这些会谈很有价值，他的访问使他和我们都受益。

克拉克

FO371/35871，第 32 页。

与中国关系备忘录

1943 年 10 月 19 日

讨论美国和英国与中国的关系时，霍恩贝克博士说中国更看重自己的名声，而非物质利益，因此精神方面的鼓励很重要。然而目前英美对中国的精神鼓励是完全错误的。我们口头上将中国视为重要盟国，却不信任中国，目前制定所有关于中国的政策并未向中国咨询或考虑中国的观点，英美只是把制定后的决策抛给中国，让其决定是否采纳。霍恩贝克博士举了几个例子，如军需品分配小组的运作，致使中国不能获得其最需要的物资；航空运输给中国的困难，有了这些中国很容易获得补充。他主要批评了士兵，其中最主要的就是史迪威将军，这位将军看不到自己需要之外的东西，不能满足他的需要的东西都予以阻止。例如，他举了 C. N. A. C. 的例子，国务院设法给 C. N. A. C. 五架最新飞机，但是由于史迪威的反对而告吹。合适的处理方式是史迪威应该与中国人一起讨论中国的需要，史迪威应该劝说中国人收回不适当的要求。然而事实却不是这样。霍恩贝克博士建议，即使有充分的理由不让中国人进入军需品分配小组，在审查中国的军需品时，也应该叫一个中国代表参与讨论，作为采取决定的理由而不是另外的解释。他的意见应该考虑。

10 月 18 日霍恩贝克博士与贾德干爵士会晤时重提了这一点。他说这是出于安全的考虑，以免中国人完全听从我们的建议。霍恩贝克博士说他不希望把中国纳入联合参谋组，但是就提供援助方面，至少让中国人说明自己的情况。例如，当涉及中国的项目的时候，军需品分配小组应允许中国人参加。

贾德干爵士认为这是合理的，并问是否会就军火分配做出调整。霍恩贝克博士悲观地说调整很快就会发生，但是他说应该用我们的影响使它发生。贾德干爵士指示，如果合适就发电报给华盛顿。

FO371/35871，第 36 页。

克拉克与霍恩贝克会谈记录
1943 年 10 月 19 日

与霍恩贝克博士最后一次会谈的出席者有：贾德干爵士、皮特森（M. Peterson）爵士、桑塞姆（G. Sansom）爵士和我（H. A. C.）本人。在会谈时我回顾了前十天我们讨论过的议题，双方都表达了从中受益的感激。

单独的说明已经提交讨论，随之而来的公众比较关心的问题有：日本对待战俘、可能某种程度接纳中国进入设在华盛顿的联合军需品分配小组、服务于政治的华盛顿紧急委员会的范围。

霍恩贝克博士说，在我们会谈议程中有两个问题没有涉及，即香港和印度，美国公众对这两个问题有些担忧。他不希望现在就强迫讨论这个问题，他希望桑塞姆爵士在合适的时间在国务院和他谈及，自愿表明我们的思想倾向，因为我们的决定对英美关系很重要。

克拉克

FO371/35871，第 55 页。

赛珍珠致美国政府的备忘录

张民军 译

说明：二战期间，美国著名女作家赛珍珠（Pearl S. Buck，1892—1973）为中国的抗战奔走呼号，出力甚多，除了大家熟知的她发表文章、做广播演说、为中国募捐、购买医疗用品、组建"紧急援华委员会"及"废除排华法公民委员会"等活动之外，她还曾在太平洋战争爆发后上书美国战略情报局（OSS）局长威廉·多诺万（William J. Donovan，1883 - 1959）上校，为美国的亚洲政策及中国抗战大声呼吁。目前国内外众多的赛珍珠传记及研究论著均未提及这份备忘录。这不仅是一份珍贵的赛珍珠研究文献，也是不可多得的抗战史料。该备忘录（Memorandum to Colonel Donovan from Pearl S. Buck）于1972年解密，收录于"战略情报局—国务院情报和研究报告，第三部分：中国与印度，1941—1949"（Office of Strategic Services-State Department Intelligence and Research Reports，part3：China and India，1941 - 1949.），现译出，供研究者参考。

J. R. 海登（J. R. Haydon）　　　　1942 年 1 月 19 日
J. P. 巴克斯特三世博士（Dr. J. P. Baxter, 3d）

随信附上的是赛珍珠致多诺万上校的一份备忘录的副本，多诺万上校将该备忘录交给了我。我已让国务院远东司知悉此备忘录。我想你或许希望收入这份副本，可能的话，并散发给（国务院的）分析委员会的成员以及研究与分析处的一两个部门。

赛珍珠女士极力敦促一份明确的声明，"应由总统发表，即我们充分意识到在东方的轴心国战争的重要性，而我们给予其相应的关注是没有危害的"。在我看来，似乎你希望向（多诺万）上校提议，由上校建议总统采取这一行动。

附件

备忘录：赛珍珠致威廉·多诺万上校

众所周知的是，日本正在其亚洲的宣传中大肆利用白人对有色人种的歧视（这一主题），而这种宣传开始呈现的效果却没有引起太多的关注。日本宣传的力量来自于一个不幸却千真万确的事实：许多白人确实对有色人种怀有强烈的偏见；在中国、日本、马来亚、菲律宾与印度等地有许多白人，他们一直以来专横、傲慢与不公平地对待这些国家的国民，而日本的宣传正遍布这些国家的每一个角落，他们的宣传甚至强化了这种记忆。日本的宣传说："白人不会赐予你们平等，因为他们从未给过任何有色人种平等。当你站在白人一边战斗时，你就是在为他们对你的统治而战。"日本列举的论据是：

A. 英国始终不愿给予印度哪怕是自治领的地位。

B. 英国对所有有色臣民的殖民主义态度。

C. 在美国，有色美国人总是受歧视。

D. 除了卑贱的岗位，美国海军不招收有色人种；美国空军尚未有有色人种；而陆军中白人与有色人种是隔离的。

在我们的亚洲盟国中，可以找到这些宣传已经产生效果的证据，特别是在年轻人中。而令他们严重困扰的可能是一个获胜的白人帝国主义，对他们而言，最终推翻白人帝国主义要比推翻日本统治更难。人们听到在私下里经常发出诸如此类的评论：

"我们最好不要让日本海军被摧毁，我们可能需要它来对付白人。"

"纵然我痛恨日本人，然而如果我们不得不在当一个日本的附庸还是美国的附庸之间做选择的话，我们将选择日本，因为他们没有种族歧视，而后者会成为未来平等希望的一个障碍。"

"别忘了，英国人与美国人给过我们什么证据，以表明他们真正相信民主？他们不是为民主，而是为他们自己而战。我们必须要为自己而战。"

"如果我们必须战斗的话，我们最好不要让亚洲唯一的现代国家——日本的力量去迎战白人的现代国家。如果我们摧毁了日本，而白人却不给我们渴望的民主时，我们怎么办？"

这些言论及其他许多类似的话显示了一种心理的失常状态，下述这些新近发生的事件加剧了这种状态：

1. 丘吉尔访问华盛顿，亚洲人将其理解为英美单独加强联盟的一种努力。

2. "现在就团结"（Union Now）运动本身，除了用一些模糊的措辞外，把民主中国排除在提议中的民主国家联盟之外。

3. 在诸如韦维尔（Wavell）[①]将军等这样重要的官员中有一种殖民主义思想的倾向，甚至在对待像蒋介石大元帅这样的领导人也是如此。一个被援引的例子，是当韦维尔在一次采访中表达他对盟国授予其指挥权的感谢时，他忘了提及中国，虽然中国长期以来一直是亚洲抗日的主力。

4. 在华盛顿，外界感到丘吉尔表现出其对我们亚洲盟国的

---

① 韦维尔（Archibald Percival Wavell, 1883—1950），英国陆军元帅，1942 年 1 月出任西南太平洋地区盟军最高司令。

事务与人员缺乏了解，他对这一切兴趣索然，难以了解或记住谈话中的相关内容。

5. 在丘吉尔演讲的结尾，当他谈到英美"并肩坚定前行"等内容时（他在华盛顿的第一次公开演说，见密封线），这些话被从亚洲立场思考的人视为其"大西洋观念"的证据。

6. 美国报纸记者与专栏作家倾向于将亚洲人用"黄种人"或"东方人"这样的称谓归并在一起。中国人尤其强烈反对这种做法，觉得既然他们从未称呼"白人"或"西方人"（这种措辞），而是代之以具体的国家，所以西方也应以国家而非肤色或"东方人"来称呼亚洲人。一位有影响的中国人，日前刚刚看到华盛顿《时代先驱报》用"这些东方人"的措辞，曾尖锐地指出这一问题。

7. 我们必须予以重视的是，我们在远东的严重损失已不可避免地在所有那些人之中引发一种有意或无意的震惊感，他们在过去多少遭受过白人帝国主义的迫害。在这次事件以前，在远东，白人的威望主要建立在武力基础之上，而这种威望目前暂时下降到了与事实不符的程度。甚至在我们的盟国中出现一种自豪感，认为亚洲人已足够对付强大的西方大国的力量，日本迅速将此转向种族主义解释，他说，"你瞧，我们无需畏惧白人。"

8. 印度仍是亚洲民主的一块试金石。这在很大程度上依赖于英国对最近 15 位印度领袖请愿活动所做的答复，英国通过丘吉尔作答，所有这些领袖在政治上都是温和派。英国在包括中国在内的远东人民的心目中印象不佳，如果英国继续保持其目前对印度的强硬态度，日本无疑将受益良多。

这些就是当前有助于日本在亚洲全体民众中开展极具危害性且颇为成功宣传的主要事实。

我们能做什么来抵制这种宣传呢？

1. 首先我们必须代表自己，并且要记住我们与亚洲之间有一种英国所没有的关系。我们濒临着太平洋与大西洋。我们没有英国在远东的黑暗记录，我们现在不必如此行事，即与英国的结盟如此彻底，以至于在亚洲民众看来我们是一体的。任何排他性的白人与英语联盟都将是对日本的大力帮助。

2. 我们应立即向中国人承诺我们与其修好的决心，我们对待中国人的友好态度与对待英国人一样。如果总统能够在这一点上明确声明，这对我们将是最宝贵的。如果中国完全消除了疑虑，那么一半的危险就将消散。

3. 但仅凭言论是不能消除疑虑的。前几天一位中国人在一次机密的谈话中说："在这里，我们与日本的战争被认为是长期的，因此就不向我们提供援助，而把援助送了那些被认为是战事激烈的地区。本来能在任何时间送给我们的 500 架飞机却没有给我们，而它们原本可以让我们在当前有能力从侧翼猛攻日本。"又如（引自一个中国人）："我们恳请美国的飞机与军舰不要过于集中，就像它们过去在夏威夷与菲律宾那样，我们的经验是当前的这场战争不能按集中力量的老方法来打了。分散就是真理。虽然我们与轴心国的战斗比任何国家都要长久，但他们从未留意我们或我们的经验。现在我们极其遗憾地想起这些飞机，它们在数小时之内就被摧毁了，我们本可以用这些飞机赢得战争。"再如（引自一个中国消息源）："我们让整个自由中国供盟国随意建机场，分散的机场能让一支赢弱的空军避开强大的对手。"再如："中国有一种疲惫的感觉。经过了这些年的战斗，他期盼着美国参战。然而中国并未得到任何救济，却被要求派遣士兵奔赴缅甸与印度支那。"再如："如果中国无法迅速获得援助，将在经济上崩溃。对蒋介石而言，如何供养中国军队已成为一个迫切的问题。"再如："一个巨大的危险是英美将这场战争作为一场殖民战争来打，但这不是一场殖民战争，这是一场总体战，而总体战有赖于政治与精神的意义以及军事力量。"再如：

"为何美国没有认识到同盟国的巨大力量？而这种力量就蕴藏在中国人民的精神之中。在亚洲，只有中国人在打着一场反对轴心国的总体战。菲律宾、马来亚、印度的人民全都不在他们自己的土地上战斗——他们是作为一个帝国的殖民地臣民而战。但中国像美国一样，是为自己的国家而战。真正的联盟应在非帝国主义的中国与非帝国主义的美国之间结成。"（所有这些引文均来自中国人与菲律宾人）

为了首先让中国，进而让亚洲的其他盟国感到我们将他们纳入民主国家之列的决心，（我们）能够采取且立即付诸实施的行动是什么？

A. 应在华盛顿而非伦敦设立一个持续性的战略协商会，因为亚洲人对英国怀有强烈的不信任感，但倾向于而且愿信任美国。在此会议中，中国应以与英美完全平等的地位出席。

B. 关于分配战争供给的决策应在联合磋商中确定，需要注意的是韦维尔将军不能对中国人持有殖民地官员的心态。

C. 特别是在华盛顿，有许多针对中国的客厅谈话，中国人知道这种情况。人们说，"别忘了，你信任中国人吗？""中国人能干什么？""为什么中国人没有做些什么？"这种关于中国人的不公正谈论有很多，多年来一直如此，到现在为止，它毫无帮助，却伤害了中国人。

D.（我们）应告知媒体，当其谈到日本时，他们不可使用那些也包括我们盟国在内的种族字眼，也不应使用似乎是基于种族与地理的原因而轻视我们盟国的任何术语。目前，报社记者与专栏作家的无知就是这样——甚至像沃尔特·李普曼（Walter Lippman）这样的知名专栏作家，以致不经意间他们就冒犯了我们的亚洲盟友。

4. 事实上，或许我们的将士对赢得这场战争的理解既有益又有害。今天，要想赢得战争，不仅依靠军队和武器，同时也依靠精神的力量。像德国人一样，日本人正在进行一场总体战——不仅仅是衡量武器的力量。但美英的许多军人似乎不能理解这个事实，他们自然而然地用武器对武器、军队对军队这种过时的套路来思考。在韦维尔与蒋介石之间应建立全面的联络——政治性与军事性的。韦维尔是否能做到这些值得怀疑，因此必须要由其他能帮助他的人加以补救。中国正以充分的政治自觉来抗战，但迄今为止我们并未如此，英国也没有。将军们似乎无法理解这场新的战争，他们认为这场战争仅仅依靠坦克与飞机就能获胜，军人们只知道如何面对坦克与飞机。

5. 在中国之后，荷属东印度正在进行一场总体战。（荷属东）印度有40万荷兰人，他们目前在欧洲没有家园，这是白人力量在亚洲的最大聚集区，而在印度的英国人只有8万。（我们）应充分利用荷兰人的精神力量，他们真正为自由而战，自由人的战斗力是殖民地居民的10倍。

6. 就我理解而言，澳大利亚具有同样的潜力。关于这一点可以通过与澳大利亚公使凯西（Casey）先生的一次会谈得到确认。

7. 最后，为了安慰我们最强大的盟国——中国，也为了切断日本宣传的要害，（我们应采取的）极其重要的第一步包括两方面：（A）总统发表一个明确的声明，即我们充分意识到在东方对轴心国战争的重要性，而我们给予其相应的关注是没有危害的。（B）要立即向中国提供援助，哪怕只是相当少量的飞机。

在此备忘录的结尾，我必须恭敬地唤起大家对此种谬论的注意，即相信如果德国被单独击败，那么轴心国就能被击败。德国必须被击败，但是如果允许日本法西斯统治亚洲，攫取那里的资源并统治民众，我们美国人会发现将要与一个比德国更强大的敌人战斗。因为日本是一个比德国更深深植根于法西斯思想的敌人；而且如果它获胜了，其富裕程度将远超德国，除在它的幻梦以外所可能达到的程度。

我必须要指出的是，在德国酝酿纳粹政权之前，日本早已完全演进到纳粹体制了。对历史资料的研究将清晰地显示出二者相同的统治体制，该体制基于武力、对群众的蔑视、对民主的摒弃、侵略战争，基于其使用谎言、欺骗与宣传为武器。早在 16 世纪中期，这个政权开始出现。只有朝鲜见识了，因为他目睹了自己成为该政权的第一个受害者，结果的确如此。现在的世界大战可以直接追溯到那个时期，即日本通过夺取朝鲜开始推行其明确的侵略政策，第一次世界大战不过是其中的一个阶段而已。今天的历史只是用被撕毁的条约与无用的承诺重复着往事。揭露德日在欧洲法西斯主义发展中的直接关系是饶有趣味的，无人怀疑这种关系是直接的，而且日本是（欧洲法西斯主义的）主要源泉。

因此，忽视这些事实，相信若击败德国我们就能轻易打败日本，这是最危险的无知。一个在亚洲获胜的日本对我们的危害，不亚于一个在欧洲获胜的德国对英国与我们的危害。如果日本占领了英国在亚洲的据点，也许英国将无法给我们太多的帮助。我们不必指望印度的忠诚，也不必指望俄国的援助。俄国在目前战争中的成功，只会在亚洲人民中增强新的强国（出现）的感觉。俄国的军队中有成千上万的亚洲人，特别是印度正受到俄国革命成功的影响，俄国对今天的亚洲有一种特别的吸引力。

至于中国，我必须提请大家注意到他被称为一个民主国家的权利，也许他是一个比我们或英国更真实的民主国家。中国长期实践着一种真正的民主，虽然这是基于一种与西方迥异的方式。当中国认为他属于（英美集团），却没有被英美完全接纳时，整个亚洲激起了巨大的怀疑，这是很自然的。（不论在实际抑或计划中，当中国没有被置于与英美平等的基础之上时，那就需要战舰与轰炸机前往日本，以表明它正在告诉亚洲人民的是什么。）

日本正企图将这场战争变为由种族问题引起的，我们美国人应竭力避免其与种族问题产生关联。即使中国在各方面都不应完全获得平等待遇，我们也要坚持给予他一种平等地位，以便证明日本是错的，这是我们的利益所在。事实上，任何对中国有所了解的人，都不会认同他不值得拥有平等的地位的观点。中国的抗战已遏止了日本长达四年半之久的进攻，现在将近五年了。总有一天，中国的抗战将作为防御战中的一个战略典范而载入史册。中国的民主与我们自己的民主一样真实，基本的差异存在于其形式而非效果，这是一种分权化的民主，而西方民主已中央集权化了。

因此，我认为今天对美国巨大的危险，是在亚洲人民的心目中美国等同于英国。这不仅只是我个人的看法，而且是亚洲内外的诸多有识之士、各个种族与民族人士的共识。相对而言，我们在亚洲有着良好的历史，那里的人民没有因过去的帝国主义而畏惧我们。我们在亚洲的未来，要么是使亚洲成为一个拥有巨大影响与友好力量的地区之一，要么就是布满荆棘。让我们仅以与中国同样平等的联盟来与英国联合，让我们保持我们自己对亚洲国家的政策，让我们向亚洲人民展示我们的决心，即在我们为所有人的民主全力以赴之际，我们决心维护自己的独立。

清华大学留学史料选编[*]

金富军 整理

编者按： 下面这组反映 1925—1949 年间清华大学派遣留学生情况的史料，系从清华大学档案、《清华周刊》、《国立清华大学校刊》等中摘录，内容为留学生选拔、派遣、资助、管理等方面的情况，为目前已刊资料所未录，今整理刊出，可与相关资料互补。

1. 1925 年资送专科生女生赴美办法草章
游美官费委员会拟

一、按本校去年宣布专科生、女生各择优资送五名。

二、专科生五名之游美学科分配，计：习工程者一名，习自然科学者一名，习教育者一名，习商业经济者一名，习历史或应用社会学者一名。但五种学科内有一种无人应考，或考试不取而同时他一种及格有二人以上者，名额得重新支配之。

三、女生应试以习教育、自然科学、应用科学及家事者为合格。

游美官费女生，不得习美术及音乐。

四、专科生报名应试者之资格，至少须在国内大学或高等专门学校毕业，且至少须有一年以上教授或服务之经验。如应试者

＊ 本文系"清华大学亚洲研究中心 2014 年度青年项目"。

现在国内各机关（除清华外）服务，而该机关能有相当位置等候该生回国充任者更好。

五、女生报名应试者之资格，至少须在国内中学毕业。如在国内大学或高等学校毕业或有教授及服务之经验者更好。

六、报名应试之专科生、女生，年龄上无限制。

七、报名应试者之证明书、成绩单等，宜于春假前寄到本校，以便分别审查。凡资格不足及无取录希望者，得早通知其不必应试，以免徒劳往返。

八、考试时应特别注重中文及有关之科目，如中国历史、中国地理、中国社会及经济情形等。

九、专科生口试可请专家及有经验者考问，以便甄别其英文程度及品格。

女生得设一茶会，请中外女士招待，以考察其英文程度及品格。

十、专门科目出题及阅卷，最好请清华以外之专家担任之，问题范围不宜太窄。例如工程科考试，并无机械工程及电机工程及其他工程之分。普通科目如德文、生理等功课，凡从招考经验证其虽考无益者，得取消之。

十一、已取录之专科生、女生，游美后，不得变更科目。

《清华周刊》，第 332 期，1924 年 12 月 26 日，第 42—43 页。

2. 留美学生管理章程

第一章　资格

第一条　国立清华大学选派留美学生，以本校留美预备班之毕业生及由本校临时考取之专科生与女学生为合格。

第二章　志愿书　保证书

第二条　学生起程以前须填具志愿书，附粘四寸照片一纸与印花税五角，并觅妥人取具保证书存案（该书本校印有定式）。

第三章 留学年限

第三条 在本校留美预备班毕业之学生留学年限定为五年，其考取专科试验遣派之学生定为三年。

第四条 学生如有于所定年限内毕业而有特殊成绩，愿更继续研究，或学生专习医法等科不及于所定年限内毕业，欲请展长期限者，应于六个月以前将最近成绩寄呈监督处，并请该校教务长或本科教授径函监督处证明，以凭核办。

第四章 学校与学科

第五条 学生所欲入学校及所专习学科既经选定，到美后不得擅自更改，违者取消学额。

第六条 学生入学后，如实有不得已情形必须改科或改入他校者，应在下学期开始一月以前具函声明理由，呈请监督处核准。

第七条 学生陈请改习学科或转入他校者，在未经监督处许可以前，应仍照原定计划进行，违者照章取消学额。

第五章 整装川资各项费用

第八条 学生整装费定为国币三百六十元。

第九条 除国内往来与旅沪等费应由学生自理外，所有自沪赴美之舟车川资以及护照验身费、入境税等费均由本校支付。

第十条 学生到美入校后，每月月费定为美金八十元，按月由监督处发给，不得预支（发给手续另由监督处布告）。

第十一条 学生所需学费、科学试验费、体育费、毕业证书费与医药费等，均由监督处径与各校各医院接洽支付，惟医院内膳宿费由学生于月费内自理之。如因病久用费过巨时，得由监督处酌给津贴。至博士论文与实地调查费，由监督处酌办。

第十二条 学生如有自行发明之新物，欲呈请美政府注册专利者，其所需之呈请注册费、律师费、准予专利费三项，由监督处核准后可酌给津贴或贷款于学生。

附注：（1）学生陈请注册时，须注明发明人为清华大学资助派遣之学生。

（2）新物注册后，他日或由该生自行推广出品或将专利权转售他人所得利益，均应酌提若干归入清华大学补助公款。

第十三条　学生在未满留学期内如在各场厂、路局、银行、公司等处实习，经监督处许可而不领薪资或领薪在二十元以内者，其月费仍照本章第三项规定数目发给。其领月薪在二十元以上者，监督处应按其所领之数于其应得月费内酌量扣减，以期节省公款。

（1）领薪二十一元至四十元者应减月费十元。

（2）领薪四十一元至六十元者应减月费二十元。

（3）领薪六十一元至八十元者应减月费三十元。

（4）以下类推，但凡领薪在一百二十元以上者，概减月费六十元。

第十四条　学生回国川资定为美金五百二十元。

第六章　请假

第十五条　学生如因不得已事故须暂时请假辍学者，应先期函请监督处核准。

第十六条　假内无论回国或往他处，所有川资悉归学生自理。

第十七条　请假辍学期内，该生月费及一切用费应即停止，日后亦不得补给。

第十八条　假期至多不得过六个月。六个月期满时尚未回美报到者，监督处即将该生除名，取消学额。

第十九条　凡未经监督处核准，私自离校辍学或就他项事业者，一经监督处查出，即取消其学额。

第二十条　凡未经监督处核准，私自离美而托人代领月费者，一经监督处查出，除责令该人照偿还外，并取消该生学额。

第二十一条　凡请假回国以后不再回美者，不得向本校或监督处追领回国川资。

第二十二条　学生无论毕业回国或中途请假期满未归者，即使其留学年限未满，日后不得续请留学权利。

第七章　停止学费

第二十三条　除第四章与第七章已经规定者外，学生如有左列情形之一者，监督处应即停止其月费用费之一部或全部，或即发给川资回国。

（1）有反动行为，经查出究办者。

（2）身体多病至六个月未能痊愈，或医生认为调养需时者。

（3）擅自改校或改科者。

（4）私自离美或托人冒领月费者。

（5）请假逾期者。

（6）学业旷废或成绩太劣者。

（7）借故趋避学校规定之学科"如体育、兵操等"者。

（8）品行不端或损害国人名誉者。

（9）只藉工作得资非为实地练习者。

（10）在留学时期结婚者。

凡犯本条第一项者并不得发给回国川资。

第二十四条　凡学生在校成绩继续二年均在中等以下，得由本大学取消其留学资格。

第八章　回国

第二十五条　学生留学期满后如未经准予展长期限者，应凭船公司定舱单据向监督处领取川资回国。

第二十六条　学生于起行回国之月，其月费应按日计算至离美之日为止。

第二十七条　学生在留学年限未满，既经请准辍学回国而迟留不行者，或既不回国而学业亦不继续进行者，其学额应于辍学一月后取消。

第二十八条　学生如欲预定回国船票者，可请由监督处直接向船公司酌付定费，日后该生临行时，该费即于回国川资内扣抵。

第二十九条　监督处发给学生回国川资后，随机函报清华大学转报该生家属。

第三十条　毕业或因事辍学之回国学生领到回国川资后，如仍逗遛在美，监督处及清华大学均不负责。

第三十一条　学生回国后随时应将住址、职业函报本校，俾便通讯。

第九章　不测事故

第三十二条　学生如有在美病故者，应由监督处就近派员妥为殓葬，概不运柩回国。惟其家属愿自费运回者听。

第十章　附则

第三十三条　本立程于民国十八年　　月　　日经本校评议会核准并呈部备案，如有未尽事宜，得随时修改。

第三十四条　本章程自公布日施行。

清华大学档案：1－2∶1－96∶2－016。

3. 国立清华大学留美学生监督处施行规则

一、支付月费规则

第一条　月费最早在月初发给，不得预支。

第二条　月费不得托人代签代领。

第三条　月费支票非至银行取款时，万勿预先签名，以防遗失后他人取款，发生纠葛。

第四条　支票遗失时应即电告监督处通知银行停止付款，如将来失票发生纠葛，由本人负责。既经挂失之票，寻得后不得再往银行取款，应即寄还监督处注销。

第五条　月票收据应于收到月费支票时即刻签名寄还，如收据在月终未寄到者，下月月费即行扣留，俟收据寄到后始能发给。

第六条　凡在西点陆军学校肄业学生，除所需各费径寄该校外，不给月费。如假期中在校外居住所需费用，未经该校照付者，得支领月费，按日计算。

第七条　凡因住医院及其他原因扣减月费者，其办法详见其他规则。

二、支付校费规则

第一条　学生所需学费、报名费、科学试验费（指试验室内应用之费）、体育馆费（运动会、赛球会入场券及青年会体育费等概由学生自理）、毕业证书费及其他各项校费均由监督处直接支付。遇有学校不允开账领取之费，可先由学生代付，后凭原收据向监督处领还。

第二条　凡学生转入新校，应于该校开学一个月以前向监督处领取入学证书，以便持赴该校办理注册手续。

第三条　凡欲在暑期学校选习学科，经监督处认可者，亦发给入学证书。办法与前条同。

第四条　学生于入学注册时，应同时将监督处所发选课报告单填就，请该校教务长或注册部签字，然后寄交监督处，以凭查核。

第五条　学生正课以外之补习功课、游艺课程（如音乐、照像、电影等项）及函授科、速成科等费，概由学生自理。

第六条　除在西点陆军学校学生一切费用均由该校经理外，其他学生所需膳宿、衣服、书籍、仪器、洗衣等费用均归自理。学校会计员如有误将此项费用开入账单向监督处索款者，学生应加阻止。

第七条　军事学校学生操衣费由监督处按照各校情形酌定款额，径交该校，学生不得随意支领。倘愈限额，即由学生补偿。

第八条　学生入暑期军营练习及在本校选习军事科者，所需操衣费亦照前条办理。

第九条　凡因报名太迟及变更课程、补行考试等事而有应付之罚款，除系因病或其不得已情形，已先期报告监督处并得许可者外，概由学生自理。

第十条　凡非因病或其他不得已情形于所选习之功课未照章读完或考试未及格者，该科已缴之学费，应由学生归还。

第十一条　学生毕业时租用衣帽费及缴付本级社交及其他各费等均由学生自理。

第十二条　所缴各费有应退还者，例由学校径寄监督处。如学校有将应行退还之数交付学生者，应于收领后即转寄监督处。

三、支付医药费规则

第一条　学生有病时，应就现肄业学校之医院诊治。如须就诊他处者，应先经校医察验认为必要时，可由该医院介绍，并将校医证明书送呈监督处查证。如不照上列办法径就校外医生诊治者，所有医药费概由学生自理。

第二条　普通医生对于学生收费较廉，诊病时务宜转恳医生照学生例取价，以省经费。

第三条　医费概由监督处直接寄付。

第四条　药费在二元以上者，得凭药方收据请监督处津贴半价；在二元以内者，应由学生自理。凡滋补药品及洗用与施治等器具，概不给费。

第五条　凡有重大手术医费在四十元以上者，应先请医生说明病状并医费估价，送请监督处核准，然后施行，否则，医费由本人自理。凡遇危急症候，可由医生直接电商。

第六条　凡因身体上有不良习惯，如口讷等病而延医施诊者，或因形体不端请医生用手术治理以求美观者，所需费用概由本人自理。

第七条　凡用通信治疗或电汽治疗，费用由本人自理。

第八条　凡学生离校往他处就医者，车费由本人自理。

第九条　凡患病，医生不能担保在六个月以内痊愈者，应即具领川资回国。

第十条　凡患神经病者，医药费付款及待遇等事由，监督处酌量情形办理。

第十一条　凡眼睛、牙齿有病，所需医治费由监督处付给。至配眼镜、镶牙、洗牙等费，概由学生自理。

第十二条　学生留学期满后，医药费由本人自理。

第十三条　学生在回国临行之前如有本付之医药费，应与医生对清，来函声明，否则监督处不能负责。

第十四条　凡因重大疾病须暂赴医院疗治者，医院房费每日至多不得过五元（倘有不得已情形得酌加一二元）。

第十五条　遇有特别危急之症，经医院认为必要雇专人看护者，可由医院电商监督处，病势稍好即应辞去。凡在医院外雇佣看护者，其费用由本人自理。

第十六条　住医院时，除手术费、看护费（见前条）、洗衣费、本城迎送病人车费照付外，其余费用均归学生自理。

第十七条　凡因体质亏弱须入调养院疗治者，应先由现肄业学校医生来函详述理由（并附该院章程一份），如实有调养之必要，放准前往。凡未得监督处之许可径自前往此种调养院者，一切费用由本人自理。

第十八条　居住调养院内，不得另雇看护人，且非经监督处许可，不得另请院外医生诊视。

第十九条　赴调养院来回车费概由本人自理，但遇必要时可在回国川资内借支。

第二十条　居调养院时除医药费、膳宿费、洗衣费由监督处照付外，其他费用均由学生自理。

第二十一条　凡住医院或调养院在一星期以上者，每星期扣减月费十五元。

第二十二条　凡往调养院满六个月、体气仍未复元或出调养院后旧病复发者，应即具领川资回国。

四、调查旅行津贴规则

第一条　凡调查旅行为学校学程中所规定并有主任教授介绍证明书者，其来往车费可由监督处核实支付。学生至迟在二星期以前填具陈请书寄来核办，在未经核准之前不得擅自起程。

第二条　监督处支给来往车费至多不得过一百元，其他各费由学生自理。

第三条　学生调查后，应备详细报告一份寄交监督处。凡于调查后两个月内不缴此项报告者，其所领车费应于该生月费或回国川资内扣还。

五、转校津贴规则

第一条　凡学生在美国大学本科毕业后，得陈请转入其他美国大学继续研究较深学问。

第二条　凡转入之大学其地点在现习学校之东方者，由监督处给予火车费，其卧车费、膳费、行李转运费等概由学生自理，但得在回国川资项下提支。

第三条　以上转校津贴只于学生由本科毕业转入大学院时给予一次，以后转校车费应由自理，但得在回国川资项下预支。

第四条　学生转校应在学期完毕后举行，如有在学期（暑期学校亦作一学期算）未完时转校者，所有已缴原校各项校费应由本人悉数归还。

第五条　学生往暑期学校及暑期军营练习者，不得照转校陈请津贴，其往来车费应归学生自理。

六、毕业论文津贴规则

第一条　学士或硕士论文已经主任教授批准之后，所需之复写费得凭教授核准证书及复写人收据，陈请监督处酌给津贴。该项津贴至多不得过三十元或总数之半。

第二条　学生应将论文复写本一本由邮局挂号寄交监督处，

以便转寄清华大学图书馆存储。凡论文在毕业考试后一个月内未寄到者，其所领津贴应由月费内扣还。

第三条　博士论文已经主任教授批准之后，所需之复写费或印刷费得陈请监督处酌给津贴。

第四条　陈请津贴时应将（甲）学校缴纳论文章程，（乙）教授批准论文证书，（丙）已经批准之论文复写本，（丁）复写人之收据，（戊）印刷局之估价清单，一并寄监督处核办。如系必不可省之费用，得酌给津贴，惟总数至多不得过三百元。

第五条　凡论文已在学报登载或学校不需印本，及有同样情形毕业论文不可付印者，不津贴印刷费。

第六条　凡论文未经教授核准者，不给津贴；或虽经核准，而终期考试落第者，其已领之津贴应即归还监督处。

第七条　论文复写费可在川资内借支，但至多不得过美金一百元。如将来津贴核准，即在津贴内扣还。

第八条　论文复写本应由监督处转寄清华大学图书馆存储。其未缴论文复写本者，不得领论文津贴之全数。

第九条　论文如须付印，印成之后应更将该书二本寄送清华大学图书馆存储。

七、名誉学额津贴规则

第一条　学生因品学优良在美国大学获得名誉学额因而免缴学费者，得陈请监督处将所免学费照数拨付本人以资鼓励，但学额奖金二百五十元以上者，该项免费只拨付半数；在五百元以上者即不拨付。

第二条　请领免缴学费时，须将学校关于此事之通知书与会计处所开每学期免费数目清单等寄监督处核办。

第三条　学费照学校规定缴费时期拨付，不得预支。

第四条　学费拨付之后，如因学生不能遵行预约、学校重向监督处收款者，应即由学生照数归还。

第五条　凡免费学额系专为贫苦学生而设者，如清华学生获得此项学额，所免学费概不拨付。

八、名誉学会会员津贴规则

第一条　凡学生因品学优良而被选为美国大学中名誉学会（如 Phi Beta Kappa，Sigma Xi 之类）会员者，如经教授具书证明，得陈请监督处津贴初次入会会费。

第二条　凡名誉学会钥匙费、宴会费、常年会费以及其他费用，均归本人自理。

第三条　凡学生加入普通学会者，如 American Economic Association，American Society of Chemical Enginess 之类，不得陈请给入会津贴。

注意：以上四至八各项津贴费，监督处得因经济情形于一个月以前通告各生将某项变更或停止之。

九、赴欧研究及考察给费规则

第一条　凡学生在美国大学已得博士学位，或在工程科毕业已有实习经验一年以上，或已得硕士学位有特别良好研究成绩、呈缴著作经清华大学评议会审查及格者，得请转赴欧洲留学。

第二条　凡欲转学欧洲者，须于预定起行日期三个月以前，提出考查及研究计划并教授之荐书，送请监督处核办。

第三条　留欧期限加曾经在美期限不得超过五年。

第四条　凡学生赴欧在英留学者，除按月给予在美月费美金八十元外，每月加给留欧津贴美金二十元。惟此项津贴包括学费、试验费、医药费等一切费用。在其他各国者，仅给月费八十元，不给其他费用。

第五条　转欧学生川资得由回国川资内支领一部或全部。此外不得另请津贴。

第六条　转欧学生须将在欧所入学校及考试成绩随时呈报监督处查核，并由监督处按期径向各该学校调查。

第七条　学生转学欧洲，必于在美大学学期终了方能启程离美，否则该学期校费应由该生归还。

十、请入军事学校规则（附入暑期军营规则）

第一条　凡学生愿入美国西点陆军学校者，应开具履历书及详细体格检查表、学校成绩单，陈请监督处转寄清华大学，由清华大学呈请外交部转咨军政部批准备案，再由外交部咨驻美使馆，转请美国政府提交议院通过。

第二条　凡学生愿入美国陆军部所设其他军事学校者，亦应照入西点军校程序办理。惟此项陈请毋须美国议院通过。

第三条　凡学生愿入暑期军营者，应先托学校军事学科代向美国陆军部陈请。如陆军部复信须由中国外交官代办者，应由学生开具陈请书，连同教授荐书、学校成绩（如从前曾在军营练习或在军事学专科修业者，应将证书一并抄寄）寄交监督处转送驻美使馆，咨请美国陆军部核办。

第四条　凡已请入美国国立军校者，不得同时更请入其他国立军校。再如，已得美国陆军部允许入某军校或某暑期军营，而届时并不前往，或已前往而中途退出者，下届不得再陈请入任何军校或军营练习。

十一、展长留学年限规则

第一条　留学年限在每年六月底满期。

第二条　留学年限满期后月费及其他各费概行停止发给。

第三条　如因博士论文或工程师最高学位论文尚未完毕，须多留美数月者，应于期满六个月以前详具理由，并由主任教授具函证明，陈请监督处转送清华大学核办，但延长期间至多不得过六个月。

十二、支付回国川资规则

第一条　无论留学年限已、未满期，回国川资在回国时支领。

第二条　凡学生拟于留学年限期满时而不即回国者，川资暂由监督处代为保存，俟定船回国时发给。

第三条　凡留学年限尚未期满而决定辍学回国者，得经监督处许可后，在启程一二月以前凭船公司预定舱位证书请领川资。官费即自离美之日停止。

第四条　凡学生已领回国川资而延期启行者，至多得展期一个月。如一个月后尚未启行者，其官费应即停止。

第五条　学生陈请回国，于领川资之后如中途取消者，应即将所领川资如数归还并继续学业。

第六条　回国川资除留欧、转校、复写博士论文、归还清华借款及赴调养院就医得照章预领一部份外，无论因何理由，概不预支，但各项预支总数不得超过川资数三分之一。

第七条　学生于回国前所有房、饭、洗衣各费均应自理清楚，倘有拖欠，监督处概不负责。

十三、留美自费生津贴规则

第一条　津贴留美自费生以品行纯正、学业优良、家境贫寒、在美国大学至少曾有一年以上之成绩者为合格，但自民国十八年一月起，除已补此项学额者得酌量继续外，其缺额不在添补。

第二条　每名每月津贴美金四十元，由国立清华大学留美学生监督处按月发给，不得预支。

第三条　津贴年限每次以一年为度，陈请津贴次数至多不得过三次。

第四条　自费生陈请津贴应于每年一月内向监督处索取陈请书式正副二张，按格填写，附粘最近四寸照片两张，并检同历年在美成绩报告单（其他文凭与毕业证书及委员状等概请勿寄），于三月一日以前寄交监督处察核，转报清华大学审定（续请津贴手续与上相同）。

第五条　津贴生每学期所习各学科之成绩，应请该校校长或注册部于每学期终直接报告监督处。

第六条　津贴生如有品行不端、学业旷废及不遵守津贴规则等情事者，即行停止津贴。

第七条　津贴生在津贴期内半途辍学离美者，停止津贴。

第八条　津贴生如因病或不得已事故须暂时请假离美者，应先函报监督处核准，在假期内停止津贴，日后亦不补给。请假以四个月为限，如逾期回美，虽其津贴期限未满，亦不偿给。

第九条　凡津贴生请假未经监督处核准以前私自辍学离美，并托人代领津贴者，一经监督处查出，除立即停止津贴外，应责令将冒领之款照数偿还。

第十条　遇有特别事故发生，监督处有减少及停止津贴之权。

清华大学档案：1-2:1-96:2-016。

4. 校长办公处通告第七八号

1933 年 7 月 8 日

查本校本年举行留美公费生考试，关于应考人资格，业经教育部规定应考人资格标准三款公布在案。至关于第三款保送名额，依照教育部最后决定办法，本校得保送额数计为十四名。凡本校毕业生，有志应考而未能按第一、二款资格报名者，统限于本月二十五日以前，具函向注册部呈请报名，并陈明应考门类，听候审核，决定保送名单。特此通告周知。此布！

附录：教育部规订应考人资格标准三款暨应考学门

甲、应考人资格标准

一、国内外公立或已立案之私立专科以上学校毕业，曾继续研究所习学科二年以上，而有价值之专门著作或其他成绩者。

二、国内外公立或已立案之私立专科以上学校毕业，并曾任与所习学科有关之技术职务二年以上者。

三、国内外公立或已立案之私立大学或独立学院毕业而成绩优良者。

第三款应考人由各大学及独立学院择优保送。其保送名额每一大学以十名为限，每一独立学院以四名为限。

乙、应考学门

门　类	学　科
应用光学一人	微积分及微分方程
	力学
	光学
	电磁学（包括应用电学）
	工艺常识
应用地球物理一人	微积分及微分方程
	力学
	弹性学理论
	电磁学（包括应用电学）
	普通地质学

门　类		学　科
仪器及真空管 制造二人	（甲）仪器制造	微积分及微分方程
		力学
		光学
		电磁学（包括应用电学）
		工艺常识
	（乙）真空管制造	微积分及微分方程
		力学
		真空管及其应用
		电磁学（包括应用电学）
		工艺常识
国防化学二人		无机化学（包括无机分析）
		有机化学（包括有机分析）
		理论化学（包括胶质化学）
		工业化学（包括化学工程）
		普通物理（包括力学、电学、光学、热学）或普通机械工程
硝酸制造一人		同上
硫酸制造一人		同上
钢铁金属学一人		微积分
		光学
		普通电机工程
		应用力学及材料力学
		理论化学（包括热力学）

续表

门　类		学　科
飞机制造三人	（甲）原动机	微积分
		应用力学及材料力学
		内燃机
		机械设计
		普通电机工程
	（乙）机架	微积分及微分方程
		应用力学及材料力学
		结构学
		热力工程
		普通电机工程
兵工二人	（甲）枪炮制造	微积分及微分方程
		应用力学及材料力学
		热力工程
		机械设计
		普通电机工程
	（乙）弹道学	微积分及微分方程
		力学
		高等力学
		电磁学（包括应用电学）
		理论化学（包括热力学）

门　类		学　科
炼钢一人		微积分
		应用力学及材料力学
		热力工程
		普通电机工程
		无机化学（包括分析）
水利及水电工程三人	（甲）河工	微积分
		应用力学及材料力学
		水力学
		结构学
		水利工程
	（乙）水电	微积分
		应用力学及材料力学
		水力学
		结构学
		普通电机工程
作物育种一人		作物学
		育种学
		遗传学
		生物统计
		植物生理学

续表

门　类	学　科
土壤肥料一人	作物学
	肥料学
	土壤学
	普通地质学
	植物生理学
植物病理一人	作物学
	真菌学
	植物学
	植物生理学
	植物病理学
兽医一人	动物生理学
	组织学
	家畜病理学
	家畜解剖学
	细菌及免疫学

门　类	学　科		
	微积分		
	统计学（二年）		
	以下任选一组		
	（甲）	人口问题	
		劳动问题	
统计一人		社会学理论	
		城市及乡村社会学	
	（乙）	会计学（二年）	
		财政学	
		经济理论	
		货币银行学	
	财政学		
	经济理论		
	货币银行学		
国际金融及贸易一人	会计学（二年）		
	统计学（二年）		
	国际贸易及汇兑		
	欧美近代经济史（自一五〇〇年迄今）		

续表

门　类	学　科
公共行政一人	市政学
	财政学
	公共行政
	行政法
	政治制度（中国在内）
	政治思想史（中国在内）

《国立清华大学校刊》，第 512 号，1933 年 7 月 17 日。

5. 1934 年度考选留美公费生学门及名额表

二十三年度本校考选留美公费生学科名额，前经评议会审酌决定，并由学校呈奉教育部照准。兹将各学门及名额表觅录如左：

1	历史（注重美国史）	一名
2	考古学	一名
3	油类工业	一名
4	造纸工业	一名
5	陶瓷工业	一名
6	理论流体学（Hydrodynamics）	一名
7	高空气象学	一名
8	海产动物学	一名

续表

9	应用植物生理学	一名
10	农学（注重选种）	一名
11	农村合作	一名
12	人口问题	一名
13	国势清查统计（Census Statistics）	一名
14	劳工问题（注重劳工法及工厂检查等问题）	一名
15	成本会计	一名
16	国际私法	一名
17	地方行政	一名
18	水利及水电	二名
19	航空（原动机及机架）	二名
20	机械制造	二名
21	电机制造	二名

《国立清华大学校刊》，第 576 号，1934 年 5 月 17 日。

6. 国立清华大学考选留美公费生规程

（1935 年度）

第一条　名额及门类

本大学本年考选留美公费生，除教育及历史二学门限定女生
应考外，其余各学门考生，不分性别，名额定为三十名，按照左
列各学门分配之：

语言学（Linguistics）一名，戏剧（注重舞台技术）一名，
概然逻辑（Logic of Probability）一名，土地问题一名，货币问题
一名，经济史一名，法律（私法）一名，公务员任用制度一名，

天文一名，地理一名，仪器制造一名，金属学（Metallography，注重无铁合金——Non‐ferrous alloys）一名，电化工业（Electro‐chemical Industries）一名，酿造工业一名，古生物学一名，昆虫学（注重害虫）一名，土壤微生物学一名，畜牧一名，水产学一名，大地测量一名，炼钢一名，纺织一名，河工一名，动力工程一名，长途电话一名，航空（原动机）一名，电机制造一名，机械制造一名，教育（女生额）一名，历史（女生额）一名。

以上分配如考试委员会认为必要时，得依考试结果酌量变更之。

第二条　应考资格

应考人须身心健全，具左列三项资格之一：

（一）国内公立或经教育部立案之私立专科以上学校毕业，曾继续研究所习学科二年以上，而有有价值之专门著作或其他成绩者；

（二）国内公立或经教育部立案之私立专科以上学校毕业，并曾任与所习学科有关之技术职务二年以上者；

（三）国内公立或经教育部立案之私立大学或独立学院毕业而成绩优良者。

第二款技术职务包括实际技术工作、技术行政，及与专科有关之教学或助教职务而言。

第三款应考人，由各大学及独立学院择优保送。每校得于有关系之学门，每一名额保送毕业生四人。

第三条　考试科目

考试科目，依照学门分组定之，见后。

第四条　报名时地及手续

（一）报名期限自八月十一日起至八月十七日止，逾期概不补报。（二）报名地点分北平、南京两处：北平在骑河楼清华同

学会；南京在国立中央大学国立清华大学留美公费生考试委员会
南京办事处。

（三）报名时应交左列各件：

1．报名志愿履历书（附贴最近四寸半身相片一张）。

2．体格证书（附贴最近四寸半身相片一张，相片骑缝处未
经指定医师签署盖章者无效）。

3．专科以上学校毕业证书。

4．研究或服务证明书（研究或服务证明书，须由研究或服
务机关最高主管人员签名盖章。以第二条第三款资格应考者免
缴，但须另缴学业成绩证明书。倘有大学本科毕业论文亦得呈
缴，以备审查）。

以第二条第一款资格应考者，于上件之外，须兼缴著作或研
究成绩，以备审查。

5．报名费国币五元。

6．不加装裱之最近四寸半身相片二张（所有应缴相片应由
同一底版印出）。

（四）报名程序

1．于报名期限内先到南京或北平报名地点领取志愿履历书
等空白格式，但报名最后一日停止发给。

2．携带空白体格证书到指定医师处检验身体，并请其于证
书上填注签署（非指定之医师所填证书无效）。

指定医师如左：

北平：西单迤北背阴胡同北平大学医学院附属医院。

南京：中央医院。

检验费由应考人自备（约四五元）。

3．将上项体格证书连同填就之报名志愿履历书，及前项规
定之证件费用各项，一并交到报名处，听候审查。

在北平应试者，于考试期间得住本校，但须于报名时声明。

（五）应考人经审查合格，即发给准考证一纸，以为考试时入场凭证；其不合格者，报名费及证件均即发还。

（六）应考人经核发准考证后，无论因何原由，已否应考，于第三款规定各件，除3、4两项之资格证件及著作外，余件及报名费概不退还。

第五条　考试地点及日期

（一）本年度考试地点：北平在清华园本校；南京在国立中央大学。

（二）本年度考试日期定于八月二十一起京平两地同时举行。考试日程于考试前在京平两地考试地点公布。

（三）应试地点择定后不得更改。

第六条　通信须知

（一）凡询问关于考试事件或索取规程，除于报名期间可径向本校京平报名处接洽外，均须径函北平本大学注册部招考股，并将通信地址列入函内，以便答复，而免贻误。

（二）函索本规程须附邮票一分。

（三）欠资邮件概不收受。由北平城内寄至本校函件，邮章须照外埠例纳费，务须注意。

第七条　附则

（一）本届公费生留学年限定为二年，但必要时得请延长一年。

（二）本届公费生取录后，于必要时须依照考试委员会之规定，留国半年至一年作调查或实习工作，以求明了国家之需要。其工作成绩经指导员审查认可后，资送出国。（留国期间由校酌给津贴，且此时期不影响其留学年限。）

（三）本届公费生出国研究详细计划，经指导员规定后，各生应切实遵照进行。

（四）本届公费生资遣办法悉照本校《留美学生管理章程》

办理。

（五）本届公费生在美二年或一年后，如因研究上之需要，得请转学他国，但于所往国语文，应有熟习之证明。

（六）本届公费生于留学期内，须于每学期结束后将该学期之经过及研究成绩作成报告，连同主任教授证明文件寄呈本校考核备案。

（七）本届公费生留学期满回国后，有依政府分配于指定机关服务三年之义务。

清华大学档案：1—2：1—91：6—001。

7. 1935 年留美公费生考试科目

（甲）普通科目：

1. 党义，2. 国文，3. 英文，4. 德文或法文（择一）。

（乙）专门科目：

（一）语言学门（Linguistics）

1. 高级英文

2. 高级德文、高级法文（任选一门）

3，中国文字学（形音义）

4. 语言学

5. 语音学（Phonetics）

（二）戏剧门（注重舞台技术）

1. 中国文学史

2. 西洋文学史

3. 中国戏剧史

4. 西洋戏剧史

5. 舞台技术

（三）概然逻辑门（Logic of Probability）

1. 西洋哲学史

2．逻辑

3．数理逻辑

4．高等代数（注重概然论）

5．微积分及微分方程

（四）土地问题门

1．乡村社会

2．中国社会

3．土地经济

4．土地法

5．合作

（五）货币问题门

1．经济学原理

2．货币学

3．银行学

4．国际贸易

5．国外汇兑

（六）经济史门

1．经济学原理

2．西洋史（注重中古及近代）

3．近代欧美经济史

4．中国社会及经济史

5．史学方法

（七）法律门（私法）

1．政治学

2．国际法（公法及私法）

3．宪法

4．刑法

5．民法（包括商事法）

（八）公务员任用制度门

1．现代政治制度

2．宪法

3．行政法

4．民法

5．公共行政

（九）天文门

1．球面三角及立体解析几何

2．微积分及微分方程

3．力学

4．光学

5．普通天文学

（十）地理门

1．普通地质学

2．自然地理学（包括气候学）

3．人文地理学

4．中国地理学

5．世界地理学

（十一）仪器制造门

1．微积分及微分方程

2．力学

3．光学

4．电磁学

5．工艺常识

（十二）金属学门（Metallography，注重无铁合金—Non - ferrous alloys）

1．微积分及微分方程

2．光学

3．电磁学

4．热力学

5．普通化学

（十三）电化工业门（Electro Chemical Industries）

1．普通物理学

2．无机化学

3．有机化学

4．理论化学

5．工业化学

（十四）酿造工业门

1．普通物理学

2．无机化学

3．有机化学

4．理论化学

5．工业化学

（十五）古生物学门

1．普通地质学

2．地史学

3．古生物学

4．动物学（注重分类）

5．植物学（注重分类）

（十六）昆虫学门（注重害虫）

1．普通化学

2．无脊椎动物学

3．普通生物学

4．普通昆虫学

5．作物学

（十七）土壤微生物学门

1．普通化学

2．普通生物学

3．生物化学

4．植物生理学

5．土壤学

（十八）畜牧门

1．普通化学

2．脊椎动物学

3．动物生理学

4．遗传学

5．畜牧学

（十九）水产学门

1．普通化学

2．脊椎动物学

3．无脊椎动物学

4．普通植物学（注重藻类）

5．鱼类学

（二十）大地测量门

1．微积分

2．普通测量

3．大地测量（包括最小二乘方）

4．应用天文学

5．普通物理学

（廿一）炼钢门

1．微积分

2．应用力学及材料力学

3．炼钢学

4．热工学

5．普通电机工程

（廿二）纺织门

1．微积分

2．应用力学及材料力学

3．机械原理及机械设计

4．热工学

5．纺织工程

（廿三）河工门

1．微积分

2．应用力学及材料力学

3．水力学

4．水利工程

5．结构学

（廿四）动力工程门

1．微积分

2．应用力学及材料力学

3．热工学

4．普通电机工程

5．原动力厂

（廿五）长途电话门

1．微积分

2．应用力学及材料力学

3．电工原理

4．电话工程

5．无线电

（廿六）航空门（原动机）

1．微积分

2．应用力学及材料力学

3．热工学（注重内燃机）

4．机械原理及机械设计

5．航空工程

（廿七）电机制造门

1．微积分

2．应用力学及材料力学

3．电工原理

4．电机设计

5．电厂工程

（廿八）机械制造门

1．微积分

2．应用力学及材料力学

3．机械原理及机械设计

4．热工学

5．机械制造（包括锻铸金工及机构学）

（廿九）教育门（女生额）

1．社会学及中国社会问题

2．教育心理及儿童心理学

3．教育原理及方法

4．教育史（中国及西洋）及现代教育思潮

5．中国小学及幼稚教育实际问题

（三十）历史门（女生额）

1．中国通史

2．西洋通史

3．近代欧美社会及经济史

4．中国近百年史

5．史学方法

注意：

一、以上各科考试时限均为三小时。

二、各专门科目，除特别注明者外，应考人得任用英文或国文作答。

三、各科成绩除党义必须及格外，其计分法如下：

各科总成绩共为 100%：

1. 普通科目占 20%

国文 8%；英文 8%；德文或法文 4%。

2. 专门科目占 70%。

3. 研究及服务成绩占 10%。（大学毕业论文亦得作为研究成绩。）

四、应考学门认定后不得更改。

清华大学档案：1:2:1—91:6—001。

8. 国立清华大学考选留美公费生第一至四届考试委员会委员

清华大学第一届留美公费生考试委员会委员一览表（1933 年度）

姓　名	别　号	职　务	通讯处
张　准	子高	清华大学理学院化学系主任	北平国立清华大学
叶企孙		清华大学理学院院长	同右
顾毓琇	一樵	清华大学工学院院长	同右
周　仁	子竞		上海白利南路豫园路底国立中央研究院工程研究所
邹树文			南京国立中央大学农学院

续表

姓　名	别　号	职　务	通讯处
陈可忠			南京山西路国立编译馆
曾昭抡	叔伟	北京大学化学系主任	北平国立北京大学
燕树棠	召亭	北京大学政治学系教授	北平后门内碾儿胡同十八号
梅贻琦	月涵	北平国立清华大学校长	北平国立清华大学

第二届（1934年度）

姓　名	别　号	职　务	通讯处
张准	子高	见一届	见一届
叶企孙		见一届	见一届
顾毓琇	一樵	见一届	见一届
周炳琳	枚荪	北京大学法学院院长	北平国立北京大学
秉　志	农山		北平静生生物调查所
周鲠生		国立武汉大学政治系教授	武昌国立武汉大学
张可治		国立中央大学工学院教授	南京中央大学工学院
梅贻琦	见一届	见一届	见一届

第三届（1935年度）

姓　名	别　号	职　务	通讯处
陈衡哲			四川大学校长任鸿隽转
燕树棠	召亭	见一届	见一届
叶企孙		见一届	见一届
顾毓琇	一樵	见一届	见一届

续表

姓　名	别　号	职　务	通讯处
邵逸周		国立武汉大学教授	武昌国立武汉大学
秉　志	农山		见二届
周炳琳	枚荪	见二届	见二届
冯友兰	芝生	清华大学文学院院长	北平国立清华大学
梅贻琦	月涵	见一届	见一届

附注：邵逸周由刘树杞代，秉志由张春霖代。刘树杞已故，曾任北京大学理学院院长，张春霖供职于北平静生生物调查所。

第四届（1936年度）

潘光旦	仲昂	清华大学教务长兼社会学系教授	北平国立清华大学
叶企孙		见一届	见一届
顾毓琇	一樵	见一届	见一届
燕树棠	召亭	见一届	见一届
孙洪芬		北平中华教育文化基金会总干事	北平南长街二十二号
吴　宪	陶民	北平私立协和医学院教授	北平私立协和医学院
冯君策		北平大学工学院教授	北平西城大觉胡同七号
周炳琳	枚荪	见二届	见二届
梅贻琦	月涵	见一届	见一届

附注：周炳琳为教部代表，冯君策名简，君策为其字。

清华大学档案：1－2：1－85。

9. 国立清华大学第五届留美公费生考试委员会

梅贻琦	主席	国立清华大学校长、西南联合大学常务委员
叶企孙		西南联合大学物理系教授、清华特种研究所委员会主席
吴有训		西南联合大学理学院院长
施嘉炀		西南联合大学工学院院长
周炳琳		西南联合大学经济学系教授
王守竞		资源委员会中央机器厂经理
徐佩璜		资源委员会化学原料厂主任
孙　极		滇北矿业公司经理
周建侯		教育部派代表

廿八年十二月廿六日奉部第 33062 号指令派定。

清华大学档案：X1－3∶3－107∶2。

10. 国立清华大学考选留美公费生第一届专修各学门指导员

学　门	指导员	通信地址
应用光学	叶企孙	国立清华大学
	王守竞	南京兵工署理化研究所
	何增禄	杭州浙江大学物理系
应用地球物理	翁咏霓	北平地质调查所
	袁希渊	国立清华大学
	叶企孙	国立清华大学
仪器及真空管制造	颜任光	南京交通部电政司
	丁佐成	上海大华仪器公司
	萨本栋	国立清华大学

续表

学　门	指导员	通信地址
国防化学　硝酸制造 硫酸制造	陈可忠	南京山西路国立编译馆
	俞大维	南京兵工署
	吴钦烈	南京兵工署理化研究所
兵工（枪炮制造 弹道学）	俞大维	南京兵工署
	吴钦烈	南京兵工署理化研究所
	王守竞	南京兵工署理化研究所
	杨记 ［继］曾	南京兵工署
钢铁　金属学　炼钢	周子竞	上海中央研究院工程研究所
	周志宏	上海高昌庙军政部炼钢厂
飞机制造（原动机 机架）	徐培根	南京航空署
	钱昌祚	南京航空署技术处
	潘鼎新	南京海军部飞机制造厂机械课
水利及水电工程（河工）	李仪祉	陕西西安水利局
	沈百先	南京导淮委员会
水利及水电工程 （水电）	恽荫棠	南京建设委员会
	施嘉炀	国立清华大学
作物育种	Harry H. Love	南京金陵大学农学院
	沈宗瀚	南京金陵大学农学院
土壤肥料	翁咏霓	北平地质调查所
	张乃凤	南京金陵大学农学院
植物病理	戴芳澜	南京金陵大学农学院

续表

学　门	指导员	通信地址
兽医	程绍迥	上海博物院路十五号上海商品检验局
统计	陶孟和	北平社会调查所
	吴定良	南京中央研究院社会科学研究所
	赵人俊	国立清华大学
	秦景阳	南京经济委员会
	吴大钧	南京主计处统计局
国际金融及贸易	唐文恺	上海香港路四号银行公会银行学研究处
	秦景阳	南京经济委员会
	萧叔玉	国立清华大学
	李苢均	上海国际税则委员会
公共行政	王雪艇	南京教育部
	罗志希	南京中央大学
	钱端升	国立清华大学

清华大学档案：1－2∶1—85。

11. 国立清华大学考选留美公费生第二届专修各学门指导员

杨绍震	历史（注重美国史）	刘崇鋐 洪煨连 陈衡哲
夏　鼐	考古学	傅孟真 李济之
孙令衔	油类工业	张子高 刘楚青 孙洪芬 韦尔巽
时　钧	造纸工业	同左

续表

温步颐	陶瓷工业	同左
王竹溪	理论流体学	叶企孙 周培源 王守竞
赵九章	高空气象学	叶企孙 竺可桢
萧之的	海产动物学	张震东 章尔玉 汤佩松
殷宏章	应用植物生理学	李继侗 汤佩松
汤湘雨	农学（注重选种）	沈宗瀚 李汝琪
杨 蔚	农村合作	吴景超 董时进 卜凯
赵 鐏	人口问题	吴景超 陶孟和
戴世光	国势清查统计	赵守愚 杨公兆 吴秉常
黄开禄	劳工问题	吴景超 陶孟和
宋作楠	成本会计	赵守愚 杨端六 刘季陶
费 青	国际私法	燕召亭 郭闵畴
曾炳钧	地方行政	沈仲端 陈岱孙 吕剑秋
张光斗	水利及水电（河工组）	李仪祉 高镜莹 汪胡桢
徐芝纶	水利及水电（水电组）	张仲仪 黄则辉 周子蕃
钱学森	航空（机架组）	王士倬 钱莘觉 王守竞 王助

清华大学档案：1－2:1—85。

12. 国立清华大学考选留美公费生第三届专修各学门指导员

王锡黉	语言学	赵元任
张骏祥	戏剧（注重舞台技术）	余上沅 张仲述
王宪钧	概然逻辑	金龙荪

李树青	土地问题	吴景超
谢　强	货币问题	赵人俊
陈振汉	经济史	方显廷 陈岱孙
李士彤	法律（私法）	燕召亭
龚祥瑞	公务员任用制度	钱端升
李庆远	地理	翁文灏
王遵明	金属学（注重无铁合金）	吴正之 叶绪沛
张全元	电化工程	张大煜
潘尚贞	酿造工业	陶駉声 张子丹
杨遵仪	古生物学	杨钟健
张宗炳	昆虫学（注重害虫）	胡经甫
张信诚	土壤微生物学	汤佩松 杨俊凯
沈　同	畜牧	顾谦吉
薛　芬	水产学	陈同白
郭本坚	炼钢	周仁
徐民寿	纺织	唐炳源
刘光文	河工	施嘉炀 李仪祉
王宗淦	动力工程	庄前鼎
张　煦	长途电话	胡端祥
钱学榘	航空（原动机）	王守竞 钱昌祚
钟朗璇	电机制造	倪俊 钟兆琳
贝季瑶	机械制造	支秉渊
俞秀文	教育	高君珊 陈鹤琴

续表

胡先晋	历史	马衡 蒋廷黻
方声恒	仪器制造	丁巽甫 严慕光
李庆海	大地测量	方颐朴
张宗燧	天文	于青松 钱树人 张云（辞） 张钰哲

清华大学档案：1－2：1－85。

13. 第一届留美公费生名录（1933年）

应考学门	姓名	年龄	性别	籍贯	毕业学校	研究或服务经历
应用光学	龚祖同	29	男	江苏南汇	清华大学物理系（1930）	曾任清华大学物理学系助教二年，又在清华大学物理研究所研究一年。
应用地球物理	顾功叙	26	男	浙江嘉善	清华大学物理系（1930）	曾任浙江大学文理学院物理学系助教四年。
仪器及真空管制造（真空管制造）	蔡金涛	26	男	江苏南通	交通大学电机工程学院电信系（1930）	曾任广州市政府自动管理委员会工程师，国立中央研究院物理研究所助理员。

应考学门	姓名	年龄	性别	籍贯	毕业学校	研究或服务经历
仪器及真空管制造（真空管制造）	蒋宝增	27	男	江苏镇江	交通大学电机工程学院电信系（1930）	曾任清华大学物理学系助教三年。
国防化学	夏勤铎	20	男	安徽寿县	清华大学化学系（1933）	
国防化学	苏国桢	27	男	福建永定	清华大学化学系（1931）	曾在清华大学化学研究所研究一年，现任清华大学化学系助教一年。
硝酸制造	孙增爵	22	男	浙江余杭	清华大学化学系（1933）	
硫酸制造	寿乐	24	男	浙江绍兴	金陵大学理学院化学系（1930）	曾任实业部上海商品检验局技士，金陵大学化学助教。
钢铁金属学	吴学蔺	24	男	江苏武进	大同大学理学院物理学系（1930）	曾任浙江大学文理学院物理系助教二年，国立北平研究院物理研究所助理员一年。
飞机制造（原动机）	顾光复	22	男	江苏川沙	交通大学机械工程学院工业门（1933）	

应考学门	姓名	年龄	性别	籍贯	毕业学校	研究或服务经历
飞机制造（原动机）	刘史瓒	24	男	浙江鄞县	交通大学机械工程学院工业门（1933）	
飞机制造（机架）	林同骅	24	男	福建闽侯	唐山土木工程学院构造系（1933）	
兵工（枪炮制造）	朱颂伟	27	男	浙江嘉兴	浙江大学工学院电机工程系（1932）	曾任清华大学工学院电机工程系助教一年。
兵工（弹道学）	熊鸢翥	24	男	湖北广济	清华大学物理学系(1933)	
炼钢	杨尚灼	27	男	江西高安	交通大学机械工程学院工业机械系（1931）	曾在胶济铁路四方机厂实习二年以上。
水利及水电工程（河工）	黄文熙	男	26	江苏吴江	中央大学工学院土木科（1930）	曾任中央大学土木科助教一年半，慎昌洋行建筑部 Designer 二年。
水利及水电工程（河工）	覃修典	男	25	湖北蒲圻	清华大学土木工程学系（1932）	曾任整理海河委员会助理工程师。

应考学门	姓名	年龄	性别	籍贯	毕业学校	研究或服务经历
水利及水电工程（水电）	张昌龄	男	26	江苏江宁	清华大学土木工程学系（1933）	
作物育种	戴松恩	男	27	江苏常熟	金陵大学农学院农艺系（1931）	曾任金陵大学农学院农艺系助理五年，金陵大学农学院农艺系助教二年。
土壤肥料	夏之骅	男	27	安徽六安	北平大学农学院农业化学系（1929）	曾任中央大学农学院农业化学系土壤肥料两科助教一年，中央研究院社会科学研究所农业生产技术调查土肥部调查员一年又八个月。
植物病理	魏景超	男	24	浙江杭县	金陵大学农学院园艺系（1930）	曾任金陵大学农学院植物系病理组助教三年。

应考学门	姓名	年龄	性别	籍贯	毕业学校	研究或服务经历
兽医	寿标	男	30	浙江绍兴	金陵大学农学院生物系（1926）	曾任金陵大学生物助教，中央大学农学院助理，广西农务局兽医技士，实业部上海商品检验局技士，中央农业实验所技正。
统计（乙）	罗志儒	男	31	四川江津	北平师范大学研究院教育系（1925）	曾任河南省第一师范教员，杭州省立第一中学教员，中央研究院社会科学研究所经济学组助理四年半。
国际金融及贸易	王元照	男	24	江苏沭阳	清华大学经济学系（1930）	曾任清华大学经济学系助教一年，又在清华大学研究院经济研究所研究二年。
公共行政	徐义生	男	24	江苏武进	清华大学政治学系（1931）	曾在清华大学研究院政治研究所研究二年

清华大学档案：1-2:1-87-003。

14. 第二届留美公费生名录（1934 年）

应考学门	姓名	年龄	性别	籍贯	毕业学校	研究或服务经历
历史（注重美国史）	杨绍震	26	男	江苏武进	清华大学历史学系（1933）	曾任清华大学历史学系助教一年。
考古学	夏鼐	25	男	浙江永嘉	清华大学历史学系（1934）	
油类工业	孙令衔	23	男	江苏无锡	东吴大学理学院化学系（1932）	曾在燕京大学化学系研究院两年得硕士学位，同时任燕京大学化学系助教二年。
造纸工业	时钧	21	男	江苏常熟	清华大学化学系（1934）	
陶瓷工业	温步颐	27	男	广东揭阳	金陵大学理学院化学系（1929）	曾于 1929 至 1930 年在燕京大学研究院得理学硕士学位，1930 至 1933 年在南京金陵女子大学任教员，1933 至 1934 年在内政部卫生署任技士。
理论流体学	王竹溪	23	男	湖北公安	清华大学物理学系（1933）	

应考学门	姓名	年龄	性别	籍贯	毕业学校	研究或服务经历
高空气象学	赵九章	27	男	浙江吴兴	清华大学物理学系（1933）	曾任清华大学物理学系助教。
海产动物学	萧之的	28	男	湖北武昌	沪江大学理学院生物学系（1928）	曾于1931至1933年在燕京大学理学院生物学系得硕士学位，1928至1929年任沪江大学生物系助教，1929至1931年、1933至1934年任武昌中华大学生物学系教员。
应用植物生理学	殷宏章	27	男	贵州贵阳	南开大学理学院生物系（1929）	曾于1933至1934年在清华大学研究院特别研究生一年，1929年春至1933年任南开大学生物系教员四年半。
农学（注重选种）	汤湘雨	26	男	湖南益阳	金陵大学农学院农艺系（1933）	曾任金陵大学农学院农艺系助教一年。

续表

应考学门	姓名	年龄	性别	籍贯	毕业学校	研究或服务经历
农村合作	杨 蔚	27	男	山西忻县	金陵大学农学院农业经济系（1930）	曾任山西铭贤学校农科农村经济教员，代理主任，合作推广指导，兼金陵大学土地利用山西调查主任；天津南开大学经济学院教员，兼华北农产改进社运销组主任。
人口问题	赵 鐊	22	男	浙江杭县	清华大学社会学系（1934）	
国势清查统计	戴世光	26	男	湖北武昌	清华大学经济学系（1931）	曾在清华大学研究院三年期满。
劳工问题	黄开禄	25	男	广东蕉岭	清华大学经济学系（1934）	
成本会计	宋作楠	28	男	浙江金华	南开大学商科（1929）	曾任中央大学民众教育学院统计学教员，现任铁道部荐任官试署办理铁路资产保险并担任整理账目。

续表

应考学门	姓名	年龄	性别	籍贯	毕业学校	研究或服务经历
国际私法	费青	29	男	江苏吴江	东吴大学法律学院法律系（1929）	曾于 1929 年 12 月起任国立成都大学法科教授，1931 年 6 月起在上海执行律师职务，1933 年 8 月起任北平朝阳学院法科讲师。
地方行政	曾炳钧	29	男	四川泸县	清华大学政治学系（1929）	曾于 1929 至 1934 年在社会调查所历任助理研究员及研究员共五年，1934 年 7 月起在社会科学研究所担任研究工作。
水利及水电（河工组）	张光斗	23	男	江苏常熟	交通大学土木工程学院构造系（1934）	
水利及水电（水电组）	徐芝纶	24	男	江苏江都	清华大学土木工程学系（1934）	
航空（机架组）	钱学森	24	男	浙江杭县	交通大学机械工程学院铁道工程系（1934）	

清华大学档案：1－2∶1－87－004。

15. 第三届留美公费生名录（1935 年）

应考学门	姓名	年龄	性别	籍贯	毕业学校	研究或服务经历
语言学	王锡寯	24	男	浙江奉化	清华大学外国语文系（1933）	清华研究院外国语文研究部研究二年。
戏剧（注重舞台技术）	张骏祥	25	男	江苏镇江	清华大学外国语文系（1931）	自 1931 年起在清华大学外国语文系任助教四年。研究：专门研究西洋戏剧史及舞台技术。
概然逻辑	王宪钧	25	男	山东福山	清华大学哲学系（1933）	国立清华大学研究所研究二年。
土地问题	李树青	28	男	辽宁凤城	清华大学社会学系（1935）	
货币问题	谢强	24	男	江苏吴江	燕京大学法学院经济学系（1934）	燕京大学经济系研究所继续研究二年。
经济史	陈振汉	23	男	浙江诸暨	南开大学商学院经济学系（1935）	
法律（私法）	李世彤	30	男	河北天津	北京大学法学院法律学系（1935）	

续表

应考学门	姓名	年龄	性别	籍贯	毕业学校	研究或服务经历
公务员任用制度	龚祥瑞	24	男	浙江鄞县	清华大学政治学系（1935）	
天文	张宗燧	21	男	浙江杭县	清华大学物理学系（1934）	清华大学研究院肄业一年。
地理	李庆远	23	男	浙江鄞县	清华大学地学系（1934）	在中央研究院助总干事丁文江先生编关于中国地理书籍。
仪器制造	方声恒	25	男	浙江海宁	大同大学理学院物理学系（1933）	曾任交通大学研究所研究生一年，北平研究院物理研究所助理员一年。
金属学（注重无铁合金）	王遵明	23	男	江西鄱阳	清华大学物理学系（1935）	
电化工业	张全元	22	男	江苏武进	浙江大学工学院化学工程系（1935）	
酿造工业	潘尚贞	23	男	江苏常熟	浙江大学工学院化学工程系（1935）	

应考学门	姓名	年龄	性别	籍贯	毕业学校	研究或服务经历
古生物学	杨遵仪	27	男	广东揭阳	清华大学地学系（1933）	清华大学地学系担任古生物学及地史学助教业已两年，曾编就《中国地质论文目录》一册。
昆虫学（注重虫害）	张宗炳	21	男	浙江杭县	燕京大学理学院生物学系（1934）	定县中教会农事试验场害虫研究，燕京大学研究院研究一年。
土壤微生物学	张信诚	28	男	浙江鄞县	金陵大学理学院化学系（1930）	南京金陵大学化学系助教三年，北平协和医院微菌系研究生一年，南京金陵大学农艺系土壤肥料讲师一年，现仍继任。
畜牧	沈　同	24	男	江苏吴江	清华大学生物学系（1933）	清华大学生物学系遗传学助教两年。

应考学门	姓名	年龄	性别	籍贯	毕业学校	研究或服务经历
水产学	薛芬	29	男	江苏无锡	清华大学生物学系（1929）	1929 年 8 月至 1930 年 7 月在清华大学生物学系任助教一年，1930 年 9 月至 1931 年 6 月在南京中国科学社研究。1931 年迄今，在天津南开大学生物学系任教员四年。
大地测量	李庆海	26	男	河北深泽	交通大学唐山工程学院土木工程系（1934）	平汉铁路工务处技术课实习六个月，后派至平汉铁路工务处管辖之冯村新桥工程区工作。
炼钢	郭本坚	22	男	浙江鄞县	交通大学机械工程学院汽车门（1935）	
纺织	徐民寿	26	男	浙江吴兴	交通大学电机工程学院电力系（1932）	1932 年 9 月至 1933 年 3 月曾在两路闸口机厂实习，1933 年 3 月至今任上海中国联合工程公司电机工程师。

应考学门	姓名	年龄	性别	籍贯	毕业学校	研究或服务经历
河工	刘光文	25	男	天津	清华大学土木工程学系（1933）	曾在南京资源委员会服务一年半，后在清华大学土木工程系助教半年。
动力工程	王宗淦	21	男	浙江吴兴	交通大学电机工程学院电力门（1935）	
长途电话	张煦	23	男	江苏无锡	交通大学电机工程学院电信系（1934）	1934年7月至1935年6月在国立中央研究院物理研究所任练习助理员，1935年7月起任助理员。
航空（原动机）	钱学榘	21	男	浙江杭州	交通大学机械工程学院工业系（1935）	曾在杭州航空学校附属工厂及上海新中工程公司工厂暑期实习共二月。
电机制造	钟朗璇	23	男	广东南海	交通大学电机工程学院电力系（1934）	曾在上海中国亚浦耳电气厂电机部任助理工程师一年。
机械制造	贝季瑶	22	男	江苏吴县	交通大学机械工程学院工业系（1935）	

应考学门	姓名	年龄	性别	籍贯	毕业学校	研究或服务经历
教育 （女生额）	俞秀文	27	女	江苏太仓	沪江大学教育学院教育系（1932）	曾任上海工部局学校教员及教务主任，上海私立清心女子中学教务主任。
历史 （女生额）	胡先晋	26	女	湖北沔阳	北京大学文学院史学系（1932）	北大教育系研究一年，1932－1933年度在北平私立培华学校服务一学期，1933年在北大图书馆服务，1934年春至如今。

清华大学档案：1－2：1－87－005。

16. 第四届留美公费生名录（1936年）

应考学门	姓名	年龄	性别	籍贯	毕业学校	研究或服务经历
英国文学 （注重戏剧）	孙晋三	22	男	江苏松江	清华大学文学院外国语文系（1934）	清华大学研究院文科研究所外国语文部研究一年。

应考学门	姓名	年龄	性别	籍贯	毕业学校	研究或服务经历
比 较 语 史学	王岷源	25	男	四川 巴县	清华大学文 学院外国语 文系（1934）	清华大学研究 院文科研究所 外国语文部研 究一年半，并 充任四川省立 南充中学英文 专任教员半年。
历史（注 重 东 欧 史）	朱庆永	27	男	安徽 泗县	清华大学文 学院历史学 系（1933）	曾任南开大学 经济研究所研 究员二年。
社会理法	林良桐	28	男	福建 闽侯	清华大学法 学院政治学 系（1934）	军事委员会资 源委员会研究 中央政治制度， 行政院行政效 率研究会调查 院属各部会署 工作情况。
国际公法 （注重法 理）	王铁崖	24	男	福建 闽侯	清华大学法 学院政治学 系（1933）	清华大学研究 院法科研究所 政治学部研究 三年。
物理（注 重 电 音 学）	马大猷	23	男	广东 潮阳	北京大学理 学院物理学 系（1936）	

应考学门	姓名	年龄	性别	籍贯	毕业学校	研究或服务经历
化学（注重煤膏蒸馏化学）	张明哲	22	男	湖北汉川	清华大学理学院化学系（1935）	清华大学研究院理科研究所化学部研究一年。
化学（注重轻化煤炭化学）	武迟	23	男	浙江杭县	清华大学理学院化学系（1936）	
玻璃制造（注重光学玻璃）	孙观汉	23	男	浙江绍兴	浙江大学工学院化学工程学系（1936）	现在上海淀粉厂葡萄糖制造部分服务。
植物育种学（注重稻米改种）	章锡昌	25	男	江苏武进	金陵大学农学院农艺学系（1932）	曾任金陵大学农学院农艺学系助教四年。
果树学	沈隽	23	男	江苏吴江	金陵大学农学院园艺学系（1934）	充任南京总理陵园管理委员会植物园技术员二年。
水产学	郑重	25	男	江苏吴江	清华大学理学院生物学系（1934）	充任清华大学生物系无脊椎及比较解剖学助教二年。
飞机制造（注重原动机）	程嘉垕	24	男	安徽绩溪	交通大学工学院工业学系（1936）	
实用无线电	王兆振	23	男	江苏武进	交通大学工学院电力学系（1936）	曾在中央广播电台实习。

续表

应考学门	姓名	年龄	性别	籍贯	毕业学校	研究或服务经历
筑港工程	徐人寿	23	男	浙江吴兴	交通大学工学院构造学系（1934）	曾任上海市公用局码头仓库管理处技士二年。
造舰工程	钱惠莘	24	男	江苏金坛	交通大学工学院汽车学系（1935）	充任交通大学机械工程学院助教。
基础医学（注重细菌学）	曹松年	23	男	湖北沔阳	协和医学院医学院医学系（1935）	充任北平协和医院内科医师一年。
医学（外科，注重胸部）（1935）	张纪正	32	男	山东潍县	协和医学院医学院医学系（1931）	充任北平协和医院外科医师及住院正副医师长先后五年。

清华大学档案：1－2:1－87。

17. 1940 年留美自费学生名录

潘孝硕　　姜　尧　　萧彩瑜　　徐恩锡　　陈世材　　周贻困　　卞钟麟　　刘诒谨　　卢鹤绅　　王俊奎

清华大学档案：X1－3:3－110:5－025。

18. 1941 年留美自费学生名录

张钟元　　周舜莘　　张守全　　胡声求　　张宪秋　　周贻困

清华大学档案：X1－3:4:2－015。

19. 未确定资助时间的留美自费学生名录

李琼 李荣 林惠贞 吴栋材 王淑德 施家榘 陈金淼 李惠林 慎微之（Wei – ts Zen） 余懿德 万文仙 薛兆旺 郑安德 张汇兰 王克勤 许亚芬 国瑜（Kuo Yu） 马竹桢 张宣谟（Sien – moo Tsang） 徐教仪 朱葆真 徐泽予

清华大学档案：X1 – 3:3 – 110:5 – 002。

20. 获得奖学金资助之教师、助教（1941 年）

朱木祥 倪因心 毛应斗 张捷迁 陈汉标 王谟显 高振衡 朱弘复 吴尊爵 夏翔

清华大学档案：X1 – 3:3 – 109 – 007/X1 – 3:3 – 4:2 – 014。

孙中山佚文《还我自由禁烟主权》^①

丁义华 译

前任大总统孙中山先生于禁烟一事非常注意，近又亲拟请愿书一篇，登诸英美报纸，借向英国国民宣布其要求自由禁烟主权之意见，定于本月四号邮发。兹译录之，以鼓励同胞禁烟之热心。

鸦片于中国乃数十年来一大害也。其流毒之祸，视诸兵战、瘟疫、饥荒有过之无不及者。方今共和成立，敝国人民无不热心赓续烟禁，急望其速底于成。鄙人解任之后，亦时常耿耿于禁烟问题而反复深思之，知禁烟之第一要着固在全国禁种，然如不于禁种之时同时禁卖，则禁种之令极难施行。盖今日烟价倍增，倘复容人售卖，蚩蚩之农必嗜利种烟。以中国幅员之广大，时局之多艰，不禁卖而禁种，其非易易，故必禁卖禁运，非徒禁种一事，始可望其实行也。奈昨年中英订立鸦片新约，与禁卖禁运大有妨碍，使我国禁烟一政陷于进退维谷、荆天棘地之中，谅非贵国仁人志士之初心也。曩者贵国仁人志士协助敝国禁烟，感激之忱久已铭诸肺腑，今复掬我仁德心、公义心，恳求贵国人士于我国更新之始，还我自由禁烟主权，俾吾人能铲除此至酷至烈之毒

---

① 原标题为《孙中山先生向英人要求自由禁烟主权》。

物，而出我民于孽海焉。余确信，我国如有权禁运禁卖，其禁种一事定速具成功，故不惮代四百兆同胞，向大英国国民作此呼吁之求也。

《大公报》，1912 年 5 月 1 日。

钱穆佚文《苦学的回忆》

陈　勇　孟　田　整理

说明：钱穆（1895－1990），字宾四，江苏无锡人。1935年，北平各大学发动读书运动，时为北京大学教授的钱穆不仅在天津《益世报》"读书周刊"上发表长文《近百年来之读书运动》（后易名为《近百年来诸儒论读书》，收入《学籥》），还现身说法，为北平各大学的青年学子讲述其早年蛰居乡村，"未尝敢一日废学"的苦学生涯，以及读书之法和为学门径，成《苦学的回忆》一文。该文由沈同洽（钱穆原苏州中学同事、英文教师，后为中央大学外文系教授）译成英文，以中英文对照的形式发表在《高级中华英文周报》第28卷第700期上。该文未见收录于《钱宾四先生全集》（台北联经出版事业公司1998年版）及《钱穆先生全集》（北京九州出版社2011年版），今重新标点整理并略加注释，可与其晚年回忆录《师友杂忆》相为补证，以供研究者参考。页下注释为整理者注。

鄙人乃一苦学生出身，并无履历及资格可言。[①] 七岁始识

---

① 1911年钱穆从常州府中学堂退学后，转入南京钟英中学就读。就在他"负笈金陵"求学不久，武昌起义爆发，学校停办，钱穆就此辍学，自此后再也没有进入学校读书，所以钱穆的最高学历仅为中学，而且是尚未毕业。

字，在私塾三年余，四子书尚未卒业。后改入新式国民小学堂。① 不幸早孤，失教督②，十三岁考取府立中学。③ 至十七岁，适辛亥革命，未得应毕业试验。十八岁起为乡村小学教师，自是余之教书生涯，乃与中华民国之纪元同开始。今年为中华民国二十四年，亦即余从事教师生活之二十四年也。总计为小学教师者十年，为中学教师者又九年，今滥竽大学讲习者亦既五年矣。余以教书之余暇，从事读书，则亦迄今二十四年勿辍。

第一年初出任教④，得年俸一百四十元，每周任课三十六小时，又兼课外管理，并有寄宿学生三四人，早夕同寝处。⑤ 余每以午夜于枕上阅书，久之乃得失眠之症。第二年境遇较佳，课务自三十六小时减至二十四小时，然亦阅改国文课卷两班，算术课卷两班，各有百册，课外尚负监护之责。如是者又三年。而同事每推余为读书好学，因乡间虽有学校，却绝少见为人师者亦自读书也。尚忆余致书一友人，略谓："读书为学，必得四缘，一静地，二暇时，三拥多书，四得良师友，而其人天姿在中上者，乃得有成。如余则姿禀在中下，而四缘者无其一，惟可谓有读书之志耳。其不能有成，固已自知之。"自后每遇人称余读书好学，则必以此数语对，闻者亦常嗟叹称是。久之忽悔悟，若余处境，尚不得谓无地、无时、无书、无友，亦不得谓无姿禀，所缺者，仍是立志之不坚。苟抱决心坚意，则时地、师友、书籍、姿禀皆不足以阻我。如是为念，乃始发愤。自此以往，乃始为余正式从

<hr />

① 指无锡荡口镇果育小学堂。

② 钱穆12岁时，其父钱承沛（字汉章，号季臣）去世，时年41岁。

③ 指常州府中学堂。

④ 指无锡秦家水渠三兼小学。1912年春，钱穆在此任教。

⑤ 钱穆在1958年6月所写的《学籥·序目》中说："自念少孤失学，年十八，即抗颜为人师。蛰居穷乡，日夜与学校诸童同其起居食息。"九州出版社2010年版，第3页。

事读书之期也。是年为余之二十一岁。

余既决心读书，自念当同时并进者有两事：一为锻炼余之体魄①，一为规整余之生活，否则虽有志决不成。自是晨起则有朝操，午后、傍晚则有散步，临睡则有冷水浴与静坐。虽一瞬息，亦闭口为深呼吸。凡中西书籍，言及养生炼体之事，为余所可试者无不试。而日常生活，尤严立规程，起卧有定时，作息有恒规，不使有一晷刻之落空与失常。凡乡党闾里朋侪交游，一切应酬来往，可省则省，可免则免，而赌博、弈棋、饮酒、吸烟种种平日之消遣，一概戒绝勿再为。学校上课及一切杂务为余之休息时；下课职尽以后，则为余之正式工作时。早晨读经籍诸子，如《易经》、《尚书》等较艰深者为精读；晚间治史籍，如《汉书》、《资治通鉴》等，为泛览。下午课余读诗文集，如《十八家诗钞》、《经史百家杂钞》等，为转换与发舒。其它不成整段之时间，乃至每日上厕苟有五分、十五分之空隙，则浏览新书、杂志及旧小说、笔记等为博闻。

先后三四年，得读《五经》、《四书》、《老》、《庄》、《荀》、《韩》、《墨》、《吕》、《淮南》诸子；《左》、《国》、《四史》、《通鉴》诸史；《文选》、《古文辞类纂》、《经史百家杂钞》、《十八家诗钞》，以及韩、柳、欧阳、东坡、荆公诸集；《近思录》、《宋元学案》、《明儒学案》及象山、阳明诸家。每读必从头到尾竟体读之。一书毕，再及他书。有一读者，有再读者，有三四读者，并有三四读以上者，如此轮流读之。节衣缩食，皆以购书，毕心一力，皆以读书。余之稍知古今学术之门径与流别，胥于此

---

① 钱穆祖父钱鞠如 37 岁去世，父亲钱承沛 41 岁去世，长兄钱挚（钱伟长之父）40 岁去世。他在《八十忆双亲》中称："先兄乃与先祖父、先父三世不寿，而一门孤寡，亦复三世相传。"（见《八十忆双亲·师友杂忆》，九州出版社 2012 年版，第 27 页。）钱穆早年注重"锻炼体魄"，当与此有关。

数年树其基。

时松江朱君怀天[①]，与余同事同学。上课以外，两人之生活如一人，卧同室，朝夕同卧起，一书轮流同读，散步则同行，相互为讨论。朱君年少于余，聪明过余，而体质不如，惜不永年，至今思之，深为悼怅。余为编其遗文，刊《松江朱怀天先生遗集》一册，今北平各图书馆中或有之。[②]

此后余曾一度放弃余严格之读书生活，而从事于小学教育之种种实验与体察。终日与百余小学生相处，倍极以劳瘁，而晚间仍不免时时读书，结果积劳得脑〔瘝〕病，咯血。休养逾一年，始复健，而余与小学教育界之关系亦从此脱离。此时余年已二十八，得为中学教师。生活与前大不同，已与我以读书之环境及其种种便利；然余则殊觉余读书之精神与努力，及其愉快奋兴之感觉，实较前远逊也。

余读书无师承，故亦不知所谓方法与门径。十三岁前在小学一次得奖书几种，内一册系蒋方震译日籍，今已忘书名，其中皆述欧洲有名学者，以贫困未受学校教育而刻苦自修，终于成功之故事。余受此书之影响最大，实时时盘旋余之脑际，而永远给余以深厚之鼓励。[③]　其次则为曾文正《家训》、《家书》，余最先发

---

①　朱怀天（1898－1920），名允文，字怀天，世居松江县西门外钱泾桥。1916年秋任教无锡县立第四高等小学，教授国文，与钱穆为同事。

②　即《松江朱怀天先生遗稿》。朱怀天1920年农历8月3日去世，时年23岁。为纪念亡友，钱穆编辑《松江朱怀天先生遗稿》并作序（1921年7月无锡锡成印刷公司印行），分赠当时国内各图书馆收藏。《遗稿》分论著、翰札、日记、诗词、广宥言五部分。钱穆晚年在《师友杂忆》中所言的《朱怀天先生纪念集》，实为此书。

③　钱穆在1962年所撰《我和新亚书院》一文中回忆说："我在前清光绪年间读小学的时候，因为作文成绩特优，老师奖赏一本课外读物，我至今还记得书名是《自学篇》，由蒋百里先生从日文翻译过来的，其中记述了四十多位欧洲自学成功的名人小传，一篇篇刻苦勤学的奋斗故事，使我读了很受感动。"见《八十忆双亲·师友杂忆》"附录"，第395页。

愤读书，全依曾书指示，如有恒，不间断，一书读毕，再读他书之类。而余所读书本，亦全依曾书所教，如《文选》、《庄子》等，虽初读未尽深晓，然余终自首至终，默读不辍。

余初读书，惟知有湘乡曾氏与桐城姚氏。既读毕姚氏《古文辞类纂》、曾氏《经史百家杂钞》，及《十八家诗钞》，拟开始遍读唐宋八大家集。曾读过韩、柳、欧阳、东坡诸家，次及王荆公。而余之兴趣乃一变，觉荆公集中余所爱好者，多为姚、曾所未选，余始于姚、曾抱不满，继是乃舍古文辞义法之研究而转寻学术思想。最先读陆、王，次及《近思录》、宋元明《学案》，遂从此旁及佛书，上推周秦经籍诸子。而当时尚不知有汉学考据。①

嗣读《墨子》，大疑，觉其正文与小注皆有误。然余书皆石印劣本，疑不可恃，乃别购一浙局木刻本，而所误如故。因随读随记，名《读墨暗解》，志余疑焉。读未半，疑愈甚，窃意《墨子》书已垂二千载，岂有积误如此无人晓者，然在乡间无可咨

---

① 1953 年 2 月 10 日，钱穆在所撰《宋明理学概述·序》中，自叙其为学经历，可与本文相印证。该"序"云："入中学，遂窥韩文，旁及柳、欧诸家，因是而得见姚惜抱《古文辞类纂》及曾涤生《经史百家杂钞》。民国元年，余十八岁，以家贫辍学，亦为乡里小学师。既失师友，孤陋处负，以为天下学术，无逾乎姚、曾二氏也。同校秦君仲立，年近五十，亦嗜姚、曾书，与余为忘年交。一日，忽问余：'吾乡浦二田先生，有《古文眉诠》，亦巨著，顾治古文者独称姚、曾不及浦。同时选钞古文，其高下得失何在？'余请问，秦君曰：'我固不知，故举以问君耳。'嗣是遂知留心于文章分类选纂之义法。因念非读诸家全集，终不足以窥姚、曾取舍之标的，遂决意先读唐宋八家。韩、柳方毕，继及欧、王。读《临川集》论议诸卷，大好之，而凡余所喜，姚、曾选录皆弗及，遂悟姚、曾古文义法，并非学术止境。韩文公所谓'因文见道'者，其道别有在，于是转治晦翁、阳明。因其文，渐入其说，遂看《传习录》、《近思录》及黄、全两《学案》。又因是上溯，治五经，治先秦诸子，遂又下迨清儒之考订训诂。宋明之语录，清代之考据，为姚、曾古文者率加鄙薄，余初亦鄙薄之，久乃深好之。所读书益多，遂知治史学。"（九州出版社 2010 年版，第 1—2 页。）

询。偶翻商务《辞源》，有《墨子间诂》一条，大喜，乃急购《间诂》读之，始知凡余所疑，前人固已疑及，而其解则胜余多矣。然余亦颇有与前人暗合者。自此遂通汉学训诂、校勘、考据之曲折。而余始斐然有述作之意。

今幸得滥厕大学讲席，见来学者一入学即得师数十，得友数百。各学程均有门径与方法之指导，有极完备之图书馆供其参考阅览。自念往日独学冥行，真如在地狱中。然余以前读书苦处，每一回念，亦增乐趣。今大学诸君，时有彷徨烦闷、莫知适从之苦，而余往日则因见闻之孤陋，转得一意向往，绝无倦怠。今大学良师虽多，课程虽备，参考书虽富，而学者常苦汲汲匆匆，每不尽意，而无沉潜深细之乐。余往日则诗文只知有陶、杜、韩、欧，历史只知有史、汉、通鉴，思想只知有孔、孟、宋、明，考据训诂只知有王、俞诸书，一字一行反复玩味。转若今大学诸君读书，易增其知识上之苦痛，而余往日读书，则时与以感情上之慰藉也。

余今日之处境较之以往不啻霄壤；然奋励之志气，深细之体玩，或转不如前，益知环境无往不足以有为，而青年期之精神与志趣，最为难得而可贵。余于学术绝无建树，不敢妄谈所谓个人之经验与方法者轻以教人。惟愿大学诸君，在此读书运动之风气中，各自奋励，先立纯洁之趋向，赴之以坚忍之意志，无欲速，无近名。诸君今日已有一绝好之环境，又尚在青年最有希望之阶段，无论天资高下，要必有一种相当之成就，以造福于国家社会。鄙人于欣羡之余，不禁继之以祷祝，而犹愿竭其余力以追忆俱进也。

《近代史资料》总 134 号

主　编　刘　萍

执行编辑　刘　萍